打造卓越顾客体验

Excellent Customer Experience

客户联络中心班组管理实践手册

维音运营管理赋能项目组　著

企业管理出版社
ENTERPRISE MANAGEMENT PUBLISHING HOUSE

图书在版编目(CIP)数据

打造卓越顾客体验：客户联络中心班组管理实践手册 / 维音运营管理赋能项目组著. -- 北京：企业管理出版社，2025.5. -- ISBN 978-7-5164-3265-5

Ⅰ.F274

中国国家版本馆CIP数据核字第2025ZF1898号

书　　　名：	打造卓越顾客体验：客户联络中心班组管理实践手册
书　　　号：	ISBN 978-7-5164-3265-5
作　　　者：	维音运营管理赋能项目组
策　　　划：	张　丽
责任编辑：	张　丽
出版发行：	企业管理出版社
经　　　销：	新华书店
地　　　址：	北京市海淀区紫竹院南路17号　　邮　　编：100048
网　　　址：	http://www.emph.cn　　电子信箱：lilizhj@163.com
电　　　话：	编辑部（010）68416775　　发行部（010）68417763　68414644
印　　　刷：	北京亿友数字印刷有限公司
版　　　次：	2025年6月第1版
印　　　次：	2025年6月第1次印刷
开　　　本：	710mm×1000mm　　1/16
印　　　张：	14.75
字　　　数：	236千字
定　　　价：	88.00元

版权所有　翻印必究　·　印装有误　负责调换

前言

这本书的内容基础是 VXI China（维音中国）多年来的实战经验，通过对其提炼和总结，形成了一套贴近实际、切实可行的日常管理体系。我们希望这本书能够帮助班组长提升团队的业绩表现，同时也为客户服务中心运营管理者和同行提供参考，共同推动行业发展。

1996年，我从美国加州理工学院毕业后，加入美国加州的一家软件公司从事软件开发工作。1998年，互联网技术及其早期行业应用在美国快速兴起，我的工作领域也从传统软件开发转向互联网信息技术服务。就在这个行业变革的节点上，我的三位朋友王以辉、周骏和王从政在美国加州共同创立了 VXI——一家专注于客户关系管理的信息化服务公司。到2000年年底，随着互联网技术初步成熟，我所从事的开发工作告一段落。此时的 VXI 已在美国客户服务市场初具规模，凭借卓越的服务能力和行业洞察力，展现出突出的竞争优势和成长潜力。王以辉、周骏与我一样，拥有中国留学生背景；王从政是华裔留学生。与此同时，中国即将加入 WTO，迎来经济飞跃期，越来越多的跨国公司计划进驻中国市场，亟需值得信赖的合作伙伴为其提供客户关系管理服务。2000年，中国政府为推动信息产业发展，在互联网领域逐步放开增值业务市场准入，允许各类企业参与经营，并在移动通信设备等领域调整市场准入规则，逐步引入竞争机制。VXI 希望成为连接中美相关市场的跨国公司，发挥专业优势及运用行业发展经验，通过联动助力中国信息技术产业发展。我看到了在中国市场开展相关业务的可行性和发展前景，于 2001 年年初欣然接受 VXI 创始人团队的邀约，成为 VXI China（维音中国）的联合创始人兼 CEO，踏上了创业与经营管理之路。

在过去 20 多年的从业历程中，我们服务过计算机通信、零售餐饮、汽车金融等众多行业的头部企业，见证了这个时代客户联络技术应用的日新月异与持续优化：从早期 PABX（专用自动小交换机）、IVR（交互式语音应答）、CTI（计算机电话集成）、CRM（客户关系管理）的整合，到多网融合、多渠道融合、多平台整合，再到如今 AI（人工智能）技术在客户联络中心的广泛应用。尽管客户联络中心的服务内容、工具不断迭代变化，但我们始终秉承一个核心信念：追求提供有温度的服务，打造卓越顾客体验。我们希望每一次互动都充满真诚与关怀，通过细腻的洞察和贴心的沟通，真正理解客户需求，感知客户的情绪与期待。

客户服务行业是一个劳动密集型行业，对从业人员的综合素质要求很高。客户服务从业人员既要快速掌握新的产品知识、适应新的商业模式，又要在应对千差万别的顾客需求时调节和管理自己的情绪。在整个服务过程中，将服务团队分成小班组，设置并培养班组长等一线管理者至关重要。班组长是企业与客户之间最重要的桥梁，是团队的核心力量，也是企业服务质量的守护者。在多年的实践中，我们深刻认识到，一线管理者的能力、态度和执行力，甚至能够决定客户服务项目的成败。然而，许多班组长在实际工作中往往缺乏系统的管理培训，也没有清晰的工作指引，只能凭经验摸索。正是基于这一现实，我们决定撰写这本书，旨在为班组长和一线管理者提供一套行之有效的管理方法和操作指南，帮助他们快速上手，解决实际问题，并带领团队获得高效、优质的运营效果。

客户联络中心的运营效果在很大程度上取决于一线管理者的工作态度、管理能力和执行力。若这些管理者能够依照本书归纳的方法和流程认真实践，其团队定能取得显著的业绩提升。

本书是"维音智汇系列丛书"的开篇之作。该系列丛书凝聚了维音团队多年积累的管理智慧，旨在助力管理者提升专项能力。从几十人的小团队到数千人的大项目，从普通消费品领域到各类服务行业，在过去 20 多年里，我们与许多行业的优秀品牌合作，成功交付了上千个客户服务项目。这些经历促使我们构建起涵盖客户服务中心运营管理各环节的关键流程与管理方法。本书凝聚了这些宝贵经验的精华，聚焦班组长这一重要岗位，详细阐释其在日常工作中应遵循的流程规范与实操方法。

客户服务是每个品牌成功的重要支柱。现实中，绝大多数客户互动都由一线客服人员完成。每一次客户沟通的妥善完成，离不开班组长的专业管理。然而，客服中心普遍面临员工流失率高的问题：一方面，客服人员薪酬较低；另一方面，客服人员每天面对大量客户问题、抱怨甚至投诉。在这样的环境下，一线管理者需通过科学的管理方式，在有限预算内稳定团队，提升服务质量，努力超越客户期望。这是一项充满挑战却也蕴含成长机会的工作。

对于班组长而言，这一岗位是迈向职业管理生涯的重要起点。若能在工作过程中勤奋好学、追求卓越，不仅可以带领团队持续提升业绩，还能快速积累自身的综合管理能力。表现优异的班组长往往能够脱颖而出，逐步晋升到更高的管理层级。我坚信，这本书能够为每一位渴望进步的读者提供切实有效的帮助。

本书是维音管理团队多年实战经验的结晶。在此，我要向所有为此付出努力的同事表示由衷感谢！特别感谢张映雪、李慧和葛运娟三位同事，正是她们的坚持与付出，才让这本书最终付梓。同时，我也要感谢所有与维音合作的伙伴——在过去的岁月中，我们共同应对市场的挑战与机遇，携手成长，创造了许多成功案例。希望本书能得到大家的反馈和建议，激励我们在未来持续优化、不断进步。

最后，谨以此书献给数百万客户服务行业的从业者。愿它能为你们提供切实的帮助，助力你们在岗位上创造更大的价值！

维音中国 CEO　刘千里
2025 年 1 月 上海

目 录

第一章　满足和超越顾客期望——管理靶心目标　　1

第二章　角色认知——成为卓越班组管理者　　5
 第一节　班组长角色认知　　5
 第二节　保障班组执行力　　15
 第三节　闭环管理的思维和能力　　20
 第四节　自省思维和复盘能力　　29

第三章　运营指标管理——"以终为始"　　36
 第一节　建立班组业务指标监控分析体系　　36
 第二节　绩效目标达成闭环机制　　42

第四章　现场管理——业务管理和人员管理　　54
 第一节　巡场管理　　54
 第二节　高效组织班前会　　59
 第三节　员工业务辅导　　73
 第四节　现场听线、录音和聊天分析　　87
 第五节　业务数据观测及干预　　106
 第六节　员工状态管理和情绪管理　　108
 本章附录　每日现场管理工作事项清单　　116

第五章　班组业务运营支撑管理　　119
 第一节　排班、考勤和工时管理　　119
 第二节　合规管理　　126

第六章　顾客满意度和服务体验提升管理　　134
 第一节　服务意识和服务态度提升管理　　135
 第二节　服务补救管理　　146

第七章 班组人员管理——让员工"有态度、有能力、有动力" 155

第一节 招聘一线坐席的面试技巧 —— 156

第二节 新员工的全周期培育 —— 167

第三节 员工的激励关怀 —— 179

第四节 员工防流失管理 —— 195

第八章 重要业务场景的潜在风险防范 —— 205

第九章 班组管理中的问题发现和解决 —— 215

第一章

满足和超越顾客期望——管理靶心目标

在竞争激烈的市场环境中，企业能否脱颖而出，往往取决于一个关键因素：是否能够提供超越顾客预期的服务。简单来说，提升顾客满意度，甚至让顾客感到惊喜，是企业取得成功并稳固市场地位的法宝。

在这一过程中，客户联络中心扮演着至关重要的角色。它不仅是处理问题的部门，更是企业与顾客之间最直接的沟通桥梁。它是塑造品牌形象、提升顾客满意度的核心，承载着企业与顾客之间的所有互动与交流。

企业服务的目标远不止于满足顾客的基本需求，更希望每一位顾客都能感受到其需求被理解、被重视。超越顾客期望的服务，是我们力求实现的目标。

每一次与顾客的互动，都是展示企业价值和服务态度的机会。无论是简单的咨询，还是复杂的投诉处理，顾客的体验不应仅仅停留在"问题得到解决"层面，而应是获得一次"被尊重和关怀"的深刻体验。细致入微的服务能让顾客感受到企业对他们的关注，从而提升企业品牌美誉度。

为达成这一目标，无论是从项目管理角度，还是从班组管理角度，都需要围绕"超越顾客需求"这一核心开展工作。这不仅是对服务质量的要求，更是一种战略布局。我们需要时刻保持对顾客需求的敏感性，密切关注顾客的反馈与期望。

一、班组管理在满足和超越顾客需求中的重要性

相信大家都知道，一线坐席是公司与顾客之间的桥梁，无论是电话沟通、在线聊天，还是面对面交流，一线坐席的服务表现都直接影响顾客的体验与企业的形象。接下来，我们将从六个方面详细阐述一线坐席班组在企业服务中发挥的关键作用。

第一，一线坐席是顾客接触企业的"第一窗口"。

无论是咨询、投诉还是建议，往往顾客第一个接触到的人就是坐席人员。一线坐席在与顾客的首次互动中，传递的每一句话、每一个态度，都会成为顾客对企业的第一印象。一个得体的问候、一句真诚的回应，往往能为后续服务定下良好的基调，提升顾客对品牌的信任度与好感度。

第二，一线坐席扮演着"服务体验塑造者"的角色。

一线坐席的态度、专业度和表达方式，决定了顾客在整个服务流程中的感受。同样的问题，可能因为语气不同、解释方式不同，带来截然不同的顾客体验。因此，一线坐席不仅要掌握业务知识，还要具备良好的沟通技巧、共情能力和情绪控制能力，才能在高压和高频互动中稳住服务质量，塑造积极的客户关系。

第三，一线坐席是"问题处理的第一响应人"。

当顾客遇到困难或异常，一线坐席往往是最先接到反馈的人。此时一线坐席的反应速度、应变能力以及协调资源的效率，决定了问题能否及时解决。能否在第一时间给出解决方案，或者引导顾客走向正确路径，不仅影响顾客当下的满意度，更关系到顾客是否愿意继续与企业合作。

第四，一线坐席是企业服务标准的执行者。

一线坐席在与顾客的每一次沟通中，都要按照统一的流程和标准来提供服务，用规范的话术和专业的态度，让顾客无论什么时候、通过哪个渠道，都能感受到同样高质量的体验。这种一致性能够增强顾客的信任感和满意度，让他们更愿意长期选择企业服务。

第五，一线坐席是顾客信息的重要收集者。

通过与顾客的互动，一线坐席能够掌握顾客的需求、反馈及期望。这些信息对公司而言极为宝贵，能够为公司改进服务与产品提供重要依据。因此，一线坐席不仅是服务提供者，更是公司倾听顾客心声的重要渠道。

第六，一线坐席在推动服务创新方面同样发挥着重要作用。

坐席人员凭借与顾客的日常接触，能够迅速发现服务的问题与提升空间。许多情况下，坐席人员的反馈有助于公司察觉现有服务流程的不足，进而据此进行优化与创新，提升顾客体验。

综上所述，一线坐席班组不仅是保障顾客服务质量的关键，也是推动服务持续创新的重要力量。通过有效的班组管理，不仅能够提升顾客满意度，还能通过不断的创新与调整，适应市场的变化并超越顾客的期望。

二、如何通过班组管理满足并超越顾客需求

如何通过班组管理满足并超越顾客需求，这不仅是提升顾客满意度的关键，更是企业在竞争中脱颖而出的核心所在。

首先要明确一个观念：班组管理的最终目标是让每一次与顾客的互动都成为愉快的服务体验。需要从多个方面着手，确保班组不仅能够满足顾客的基本期望，还能预见并超越这些期望。接下来，我们将和大家分享几个要点。

（一）塑造以顾客为中心的企业文化

在班组管理中，最基础的一点是塑造以顾客为中心的企业文化。每一位员工都应将顾客需求置于首位——这并非一句空泛的口号，而是指导员工日常工作的核心思想。通过持续的沟通与培训，让每一位员工深入理解顾客需求，并在工作中切实做到以顾客为中心，提供超出预期的服务。

（二）将顾客需求融入管理机制

我们不仅要在服务环节满足顾客需求，更要将顾客需求深度融入管理机制。例如，在现场管理、服务质量提升以及绩效考核等工作中，均应将顾客需求作为衡量工作成效的核心标准。如此一来，顾客需求便不再是单纯的外部因素，而是转化为日常工作的核心驱动力，推动服务质量持续提升。

（三）提升班组员工的服务意识和专业能力

无论是对新员工还是老员工，提升其服务意识和专业能力始终是保障服务质量的基础。对于新员工，可通过系统培训帮助他们快速理解服务的重要性，提升服务技能；对于老员工，可通过定期培训、案例分享、角色扮演等方式，不断强化其服务意识，确保他们在每一次与顾客互动时，都能提供高质量的服务。

（四）提升顾客服务体验

另一个关键要点是深入了解顾客的期望和需求，以此提升顾客的服务体验。如何做到这一点？除了在语言表达上更加贴心、细致，还需注重服务细节，消除任何可能影响顾客体验的负面因素。通过定期开展专项服务提升工作，推动班组的服务质量持续提升。

（五）持续关注顾客满意度，并实施改进

最后一点同样至关重要：要持续关注顾客满意度。通过电话回访、在线问卷、社交媒体等多渠道收集顾客反馈，深入了解顾客的需求与问题。针对顾客反馈的问题，班组应及时分析，并采取有效措施加以改进。唯有如此，方能推动服务持续优化，确保顾客的每次体验都能超越上一次。

三、通过精细化管理，将满足并超越顾客需求的服务目标有效落地

在班组运营管理中，确保既定策略有效落实并产生实际成效，是最具挑战性的环节。因此，接下来将探讨如何通过精细化管理实现这一目标。

首先，精细化管理是保障策略落地的基石。

需明确：一旦确定管理目标，就应将其拆解为具体任务，对每项任务均需制定清晰的执行标准与成果验收标准。例如，对顾客服务的各个环节，都要明确责任人与具体工作步骤，并通过标准化流程予以支撑。班组管理的核心任务便是构建这样的标准化工作流程，精细化管理确保每个细节高效执行，不遗漏任何关键工作。

其次，为保障工作顺利推进，需建立清晰的工作规划与安排确认机制。

无论是日计划、周计划还是月计划，都必须明确总目标与阶段性目标。每个目标的实现都要确保相关策略和方法与之匹配。在计划执行前，需进行充分沟通与确认，确保各负责人和执行人员对计划有清晰认知，从而避免执行过程中出现偏差。

最后，要建立完善的检核与反馈机制。

检核是管理过程中的关键环节，应构建多层次、逐级递进的检核体系，实现从基层到高层的有效监控。检核不仅要检查工作完成情况，更要对关键任务进行高频次检查，及时发现并解决问题。每次检核都应形成详细记录，涵盖发现的问题及改进措施，以便后续复盘，确保问题得到彻底解决。

第二章

角色认知——成为卓越班组管理者

本章探讨班组长在项目班组管理中的重要作用，以及其需要具备的管理思维和能力。

班组长是班组管理的核心角色，其作用至关重要。事实上，不少班组长由优秀的骨干员工直接晋升而来，尽管这些班组长的业务能力非常出色，但需明确的是，管理工作和业务工作存在本质区别。如果班组长未能及时转变工作思维和工作方式，就可能在管理中出现效率不高、团队凝聚力不足的问题，从而影响整个团队的绩效。

因此，需要重新审视班组长的管理角色。班组长不仅是业务上的领头人，更是团队管理的核心，其工作不再只是个人能力的体现，更是带领团队共同进步的过程，帮助每位成员发挥最大潜力。

当然，角色认知只是第一步，要想真正做好班组管理，班组长还需要掌握关键的管理能力，比如如何有效沟通、如何协调资源、如何激励团队，以及如何处理团队中的冲突。这些能力不是与生俱来的，而是需要通过学习和实践不断提升的。总之，班组长只有在清晰认识自身管理角色的基础上，努力提升自己的管理能力，才能真正发挥高效管理的作用，带领团队迈向成功。

第一节 班组长角色认知

一、成为主动作为型管理者

我们来探讨一下班组长角色的正确认知和定位。特别是如何从"柜台式管理者"转变为"主动作为型管理者"，这不仅是每位班组长成长的关键，也直接影响着班组的建设和业务运营成效。

首先需要达成一个共识：班组长的职责绝非仅限于事务性工作，更不应沦为"柜台式管理者"。班组长必须主动出击，发现并解决问题，以展现管理的真正价值。事实上，"柜台式管理者"和"主动作为型管理者"在班组管理的效能和成果上会有天壤之别。

（一）"柜台式管理者"的特征和负面表现

如何识别自己或身边的班组长是不是"柜台式管理者"呢？可以想象一下去柜台办理业务时的情景，"柜台式管理者"一般具有以下几个特征。

被动工作态度：如果上级不安排任务，就不会主动去思考该做什么；如果员工不寻求帮助，也不会主动提供支持；即便问题很明显，也装作没看到，不愿主动解决。

只做眼前的事：通常忙于琐碎的事务，比如填表、处理考勤，却很少从全局出发考虑问题；不愿离开自己的舒适区，对新方法或创新的工作方式有所抵触。

沟通不积极：不主动与员工或同事沟通，也不主动向上级汇报，导致上级对班组的情况缺乏了解；说话缺乏条理，易造成信息传递不清晰甚至误解。

像监工一样管理：更多的是告诉员工"要做什么"，却很少提供帮助或指导；如果员工没做好工作，他们更倾向于批评，而不是站在团队的角度解决问题。

接下来，结合一些实际情况，具体剖析这种被动、短视、封闭的管理方式会带来哪些负面影响。

第一，团队效率低下。如果班组长总是被动等着问题找上门，而不是主动去发现并解决问题，结果会怎样？问题得不到及时处理，会像雪球一样越滚越大，最终演变成更复杂、更麻烦的难题。这样一来，不仅增加了团队的负担，还会拖慢整体工作效率。

第二，士气低落。团队成员在这样的环境中会有什么感受呢？当团队成员遇到困难时，发现得不到班组长的支持，慢慢地会感到孤立无援，甚至产生挫败感。久而久之，这种负面情绪会扩散开来，使整个团队变得消极、缺乏动力。

第三，整体绩效受阻。更糟糕的是，班组长如果始终停留在这样的管理模式里，整个班组会逐渐失去活力和凝聚力。没有活力的团队，就很难在复杂多变的业务挑战中脱颖而出，绩效自然也会受到严重影响。

这些问题正是管理方式不当导致的结果。每个人都可能遇到类似的情况，所以，关键是意识到问题的存在，然后主动去改变。

接下来，继续探讨如何转变形成积极、主动的管理方式，帮助班组提升效率，增强团队士气，最终实现整体绩效的突破。

（二）"主动作为型管理者"的特征和优秀表现

如果你希望成为一名出色的班组长，或者正在帮助别人培养这方面的能力，那么以下四个方面是非常值得关注的。

1. 作为班组的"领头羊"

主动作为型班组长要清楚自己的核心角色定位：你就是班组的"领头羊"，是第一责任人。这意味着什么呢？就是无论工作有多难，你都要全力以赴，不仅要确保工作做得好，还要带领整个团队不断进步。一个好的班组长不仅要解决当下的问题，更要推动团队向前，让大家觉得在你的带领下，班组总是在进步。

你可以问问自己：有没有真正在工作中承担起这个"领头羊"的责任？

2. 专注于做出成绩

优秀的班组长关注的是成果，而不仅仅是日常事务。他们会主动发现班组的问题，不等上级指出，也不拖延处理。更重要的是，他们会预判可能的挑战，并提前想办法规避。同时，他们始终在寻找新的工作方法，提升效率，确保班组越做越好。

大家可以思考一下：在最近的工作中，有没有主动发现问题，或者尝试用新的方法来提升效率？

3. 擅长沟通

管理离不开沟通，对主动作为型班组长而言，沟通能力更是一项重要特质。他们会主动和团队成员交流，了解大家的状态和想法，建立信任；他们也会定期向上级汇报工作，让上级及时掌握班组的情况。特别是在出现紧急情况或风险时，他们能够迅速上报，并高效协调资源，解决问题。

你可以问问自己：在沟通上，是否足够主动，是否让团队和上级都对自己有清晰的了解？

4.带领团队一起成长

主动作为型班组长始终把团队的成长放在心上。他们关注每一位成员的潜力，努力培养人才，提升团队的整体业务能力。同时，他们会用各种方式激励团队成员，让大家感受到关心和支持，从而把班组打造成有归属感的"大家庭"。

你可以问问自己：在日常工作中是否注重团队的成长？有没有关心和激励每一位同事？

案例

某项目在运营过程中，品牌方会组织几家服务友商进行良性竞赛，因此项目不仅有内部业务目标的要求，还有外部竞赛荣誉目标的要求。

在一次项目服务商竞赛中，班组长A接到了一个极具挑战性的任务，业务目标比以前提高了130%。虽然任务艰巨，但班组长A没有放弃，而是决心带领团队完成它。他采取了一系列措施来推动团队的工作：他首先向大家说明了任务的紧迫性和重要性，然后分析了团队的优势和资源，接着制订了详细的工作计划，并鼓励大家要有信心，同时也提供了各种激励措施。

在团队的共同努力下，这个班组实现了业务目标，在竞赛中也有了出色的表现。竞赛还没结束，班组长A便组织了一场动员会，明确了团队的新目标：成为第一。他根据每个成员的能力，分配了不同的任务，能贡献力量的成员全力以赴，暂时无法直接支持的成员就在旁边加油、倒水，做好后勤保障，节省每一分每一秒。

在竞赛的最后关头，团队成员还在全力以赴，希望能拉开与对手的差距。当竞赛结束时，他们获得了第一名，那一刻，全员喜极而泣！

通过上述案例，可以总结出班组长A在面对挑战时展现出的具体特点。

首先，班组长A面对超出原目标的挑战时，选择了迎难而上，而不是退缩。这是主动作为型管理者的一个重要标志——遇到问题，不回避，积极寻找解决的办法。

其次，在整个过程中，班组长 A 并没有抱怨外部环境、资源不足或者任务目标的高难度。他专注于目标本身，把精力放在如何完成任务上，而不是把时间浪费在埋怨上。这样的态度不仅让团队感受到正能量，也为大家树立了榜样。

再次，班组长 A 展现出一种强烈的信念——无论困难有多大，任务必须完成。他通过各种方法激发团队潜能，把目标变成了团队的共同追求。这样的决心会感染团队中的每一个人，提升大家的士气和信心。

最后，班组长 A 并不是一个人在战斗，而是充分调动了团队的力量。他鼓励团队成员互帮互助，形成了一种协作的氛围。通过这样的方式，团队不仅完成了目标，还增强了凝聚力。

班组长 A 之所以能在激烈的竞争中带领团队获得第一，靠的不是运气，而是这种积极、专注、团结的管理方式。

二、管理角色之为结果负责

接下来探讨班组长在管理工作中如何培养"结果导向型思维"。结果导向型思维是一种非常重要的管理思维方式，它决定了团队在面对目标和问题时的态度、方法，以及最终获得的成果。

简单来说，结果导向型思维就是把实现目标放在最重要的位置上。做事情时，关注的不是"做了什么"，而是"做成了什么"。也就是说，衡量标准不是完成了多少环节，而是最终是否达成设定的目标。

那么，是不是只要知道目标是什么，就算具备了结果导向型思维呢？其实并没有这么简单。真正的结果导向型思维还包括以下几个关键要素：确保事情做成的决心、明确自己的责任、科学管理整个过程。只有把这些因素都融入日常管理中，才算真正具备结果导向型思维。

接下来具体讲解结果导向型思维的具体内涵。

第一，将实现目标作为首要任务。

每一分努力都应该转化为实际的业务成果。在工作中，要时刻问自己：现在做的事情，离目标更近了吗？确保每一项工作都有助于目标的实现，而不是为了忙碌而忙碌。

第二，责任心：不推卸责任。

如果目标没有达成，首先要主动承担责任，而不是归咎于外界因素，如资源不足、任务太难等。更重要的是，敢于反思自己的不足，找到改进的方法，而非一味找借口。

第三，根据目标来规划行动。

确保行动计划能够直接推动目标的实现，而不是盲目地"先做着看"。在制订计划时，要分析不同策略的效果，根据实际情况合理分配资源和任务。

第四，面对困难，积极应对。

遇到挑战时，不退缩、不拖延，主动寻找解决问题的方法。确保自己和团队能够始终保持目标导向，最终达成预期结果。

第五，设立清晰、客观的评价标准。

给团队设定目标时，必须明确什么样的结果是优秀的，什么样的行为是应该避免的。让员工清楚"什么是成功"，这样大家才能朝着明确的方向努力。

第六，注重成果，而非仅仅是过程的付出。

遇到难关时，不要只关注投入了多少努力，而是要持续思考：努力能否真正转化为成果？过程固然重要，但最终衡量的是成果，这才是结果导向型思维的核心。

接下来，通过一个案例来对比具备结果导向型思维的班组长与不具备这种思维的班组长在面对相同问题时分别是如何处理的，以及最终带来了怎样的结果。相信这个案例能够帮助大家更加直观地理解结果导向型思维的重要性，也希望能够启发大家在日常工作中更多地应用这种思维方式，带领班组实现更大的突破！

> **案例**
>
> 某项目的咨询业务近期在早间和晚间时段出现顾客话务咨询量增加的情况。通过话务量预测和人力配置预测，项目需要新增天地班。主管让各班组长统计小组内愿意上天地班人员的数量。
>
> 班组长A收到主管下达的任务后，主观上认为团队员工连上晚班都抵触，更不用说上天地班了。他是这样做的：直接在团队工作群里发消息，让愿意上天地班的员工回复1，结果小组内无人回复。然后，班组长A就告知主管"我们团队没人愿意上天地班"。

班组长 B 收到主管下达的任务后，首先询问并确认了需要结果的截止日。然后推进了以下事项：当天通过组会当面向员工传达并解释新增天地班是由于近期话务异常上涨，若不执行，会导致当月接通率难以达成，最终影响每个人的绩效；会议中收集员工的顾虑或疑问，包括天地班具体的上班时间、会持续多久、是否有班次补贴等问题。

班组长 B 收集员工问题后，当天反馈给主管确认；得到主管确认后，将回复传达给每个组员。同时优先和家住得较近的员工沟通，说明上天地班的好处，引导员工接受天地班安排。最后班组长 B 在截止日期前，提交给主管组内超预期数量的人员名单。

我们来对比分析一下班组长 A 和班组长 B 在思维、行动和结果维度的区别（见表 2-1）。

表 2-1 案例中班组长 A 和班组长 B 在思维、行动和结果维度的对比

对比维度	待提升班组长 A	优秀班组长 B
思维	（1）自己先否定了这项工作推进的结果可能性 （2）把自己当作了传话筒 （3）认为自己传达了需求就完成了任务，员工不愿意不是自己的问题	（1）重视此项工作推进的结果对当月接通率的影响 （2）要在主管规定的截止日期前拿到结果
行动	只在工作群里发了信息，让员工回复，无人回复，就向上级汇报没人愿意接受工作	当面沟通，说明利害，解决员工疑虑，重点沟通离家近的员工
结果	零结果交付	超预期结果交付

通过上述案例中班组长 A 和班组长 B 在思维、行动和结果维度的对比，可以清楚地看到，在面对同一棘手任务时，展现出有结果导向型思维的班组长和没有这种思维的班组长完全不同的态度和方法，最终达成不同的效果。这种区别不仅直接影响班组的工作成绩和团队建设，还会深刻影响班组长自己的职业发展。接下来从几个方面来总结两者的差异。

首先，是态度上的区别。具备结果导向型思维的班组长总是以目标为导向，抱着"无论如何也要完成任务"的决心。他们不会因为任务的难度而退缩，而是积极主动地去寻找解决问题的办法。相反，没有结果导向型思维的班组长往往会对任务产生畏难情绪，把更多的精力放在抱怨或为未完成目标找理由上。这种态度上的差异直接影响了其面对问题时的表现。

其次，是方法上的不同。具备结果导向型思维的班组长在处理任务时，会主动规划行动步骤，制定清晰的策略，并根据实际情况灵活调整方法，确保目标最终达成，不仅传递任务，更深入其中，带领团队一起攻坚克难。没有这种思维的班组长通常只是简单地把任务交代给下属，缺乏有效的指导和监督，甚至完全依赖外界条件，无法主动推动工作进展。

最后，是效果上的显著差异。具备结果导向型思维班组长的团队往往因为有清晰的目标和正确的方法，能够取得优异的成绩，团队的士气也会随着成果的累积不断提升。相反，缺乏结果导向型思维的班组长可能会让团队陷入"忙了很多，但没有完成核心目标"的困境，最终不仅影响工作成效，还可能削弱团队对其的信任和支持。

一个总是能交出成果的班组长会被视为具有执行力和责任心的优秀管理者，会为其未来的职业道路带来更多机会。反之，一个长期停留在任务传递层面的班组长，虽然表面上"事情都做了"，但因为缺乏结果，可能会逐渐被忽视，难以获得更大的成长空间。总之，每位班组长都需要主动培养自己的结果导向型思维，避免只当一个"传话的人"。始终记住：确保把事情做好，把成果交出去，这是最重要的任务，也是岗位价值的真正体现。

三、管理角色之建设优秀团队

一个班组能否长久稳定地运转、高效地完成任务，关键在于团队的文化建设和人才梯队建设。这不仅是班组长的重要职责，也是全体成员共同努力的目标。下面将围绕如何打造充满正能量的班组文化以及如何构建合理的人才梯队两个方面，分享一些具体的方法和思路。

（一）打造充满正能量的班组团队文化

打造充满正能量的班组团队文化也是班组长的重要任务之一。我们的目标是让班组像一支坚不可摧的小分队，像一台高效、精准运转的机器。那么，作为班组长，应该怎么做呢？

要想让团队充满正能量，班组长首先得自己成为正能量的源头。如果班组长自己表现得积极、乐观，团队成员自然会跟着学，团队氛围也会受到积极的影响。反过来说，如果班组长消极、负面，那团队的士气就会受到打击。所以，班组长要用行动展现出积极的态度，鼓励大家互相尊重、关心和支持。团队就像镜子，映射的是班组长这个"领头人"的状态。

团队的力量在于协作。班组长要鼓励团队成员一起工作、互相帮助、分享资源和知识。可以采取一些具体的措施，比如设置小组任务、让大家结对子互助等。这样的合作不仅能提升工作效率，也能让团队成员之间的关系更紧密，团队氛围更融洽。

当团队成员完成了一项任务或者有出色表现时，班组长要及时给予表扬和肯定。这不仅能增强成员的自信心，也能让大家感受到重视。同时，也要鼓励同事之间互相鼓励、支持。只有在温暖的环境中，大家才能全身心投入工作，发挥出最大的潜力。

团队需要一个明确的方向。班组长可以通过表扬优秀员工和先进事迹来引导团队树立共同的价值观。例如，在工作中展现出色的协作精神，或者主动帮助同事，都应该予以表扬。如此一来，团队成员就会明白什么是值得推崇的行为，大家的目标和价值观也会更加一致。

最后，班组长要让团队成员看到团队在不断进步。为此，要积极提供学习机会，比如安排专题授课、案例分享，组织技能培训，鼓励自我提升。当团队每个人都在进步时，团队整体实力自然会越来越强大。

（二）合理的班组人才梯队建设

一个优秀的班组，人才梯队建设至关重要。只有通过合理规划和培养，让班组的人才队伍不断增强，才能保证班组的长期稳定发展。那么，具体该怎么做呢？接下来，分享几个可操作的方法。

1. 实行坐席升级和淘汰制度

需要让每个员工都有公平竞争和成长的机会。可以定期对员工的工作表现进行评估，表现优秀的给予晋级机会，表现落后的进行帮扶或者淘汰。这不是简单的"晋级"或"淘汰"，而是为了让团队始终保持高效运转，同时激励每个人去追求进步。

2. 设立辅导教练机制

优秀的团队少不了"传帮带"。可以挑选班组里的骨干员工担任辅导教练，帮助新人快速上手，或者协助解决工作中的一些难题。给这些教练明确的职责，并提供培训和支持，让他们胜任教练角色。这样的机制不仅能提高新人的成长速度，还能提升骨干员工的责任感和归属感。

3. 设立团队"专项官"

在班组管理中，班组长一个人可能忙不过来，这时候就需要大家一起来分担管理职责。可以设立一些团队"专项官"，帮助班组长分担不同领域的任务，比如：

· "氛围官"：负责营造团队文化，组织活动、关心员工。

· "业绩官"：协助分析业务数据，找出问题所在。

· "执行官"：负责现场管理、出勤管理，处理客户投诉等。

例如，班组里有个成员特别擅长组织活动，可以让他担任"氛围官"，策划一些能提升团队凝聚力的活动。

4. 培养"明星员工"

每个团队都需要榜样，通过树立榜样，可以更好地引导大家明确努力方向，营造积极向上的团队氛围。可以通过设立"明星员工"的表彰机制鼓励大家向榜样看齐，比如：

· "业绩明星"：根据业务指标评选出完成率高、表现突出的同事。

· "文化标杆"：奖励那些在团队文化上表现突出的同事，比如勤奋、乐于奉献。

5. 培养储备管理人才

班组长必须有意识地培养储备管理人才。这些人未来可能成为班组长的接班人，或者承担更重要的职责。这样不仅能为班组储备管理人才，也能让团队看到未来的发展空间，增强成员的归属感和忠诚度。具体步骤为：

· 步骤一，选人：从团队中挑选业务能力强、学习快、职业道德好、团队协作能力突出的骨干。

· 步骤二，制订成长计划：为储备管理人才设计专门的培训方案，比如专业技能培训、管理实践任务和挑战性任务等。

·步骤三，给予实践机会：让储备管理人才参与日常管理，比如帮忙处理客户问题、组织团队活动、参与决策等。甚至可以在班组长不在的时候，让他们负责一些事务。

·步骤四，定期沟通和反馈：班组长要经常和储备管理人才交流，了解他们的成长进度，及时给予指导。

班组的人才梯队建设是一项持续性、系统性的工作。通过实行坐席升级和淘汰制度，设立辅导教练机制、团队"专项官"，以及培养"明星员工"和储备管理人才，可以为班组的发展奠定坚实的基础。

第二节　保障班组执行力

团队执行力对于班组来说，至关重要。它直接影响团队业绩、成员成长以及整体的工作效能。执行力强，任务才能高效完成，目标才能达成，团队也会更有凝聚力，个人也能更快成长。

但是有时候班组的执行力并没有期望的那么高。很多班组长可能会把原因归咎于员工，但深入分析后会发现，往往是班组长在管理上存在问题，比如目标传达不清晰、培训支持不够、执行过程监控不到位，以及针对团队内出现的异常状况未及时发现和干预等。

作为班组长，如何有效提升团队的执行力呢？这需要从两个方面入手：一是班组长自身的管理动作质量，二是针对影响团队执行力的异常状况进行及时解决。接下来，分别详细说明这两个方面。

一、提升团队执行力——班组长管理动作的质量

提升团队执行力并不是一蹴而就的，需要从任务的布置到过程管理，再到总结复盘，形成一个闭环管理。接下来，将从几个关键步骤和方法出发，分享如何系统地提升团队执行力。

第一步，布置任务，确保目标清晰。

要做的第一件事是在布置任务时，让每一位员工都能清楚地理解任务的内容和要求。这里有两个关键点：

·明确目标和行动计划：清楚地告诉大家要达成什么目标，详细说明具体的做法以及需要注意的地方；制定检查点和检查标准，并设定任务完成的时间节点；预想可能遇到的困难，并提前准备应对方案。

·确保员工理解任务：通过开会、邮件或者群消息等方式，将任务要求传递给每一位员工；结合图表、流程图等视觉工具，帮助大家更好地理解任务背景和重要性；确认每位员工是否清楚自己的职责和执行方案，并通过问答环节解答疑问，确保没有任何误解。

第二步，建立奖惩机制，激发动力。

执行力离不开激励措施。公平透明的奖惩制度是推动任务顺利进行的重要保障。设立具体的奖励标准，比如工作表现优异的员工可以获得奖金、荣誉或其他福利。奖励要多样化，让每个人都觉得有机会获得。设定清晰的惩罚规则，比如哪些错误会导致惩罚、为什么要惩罚。惩罚的目的不是责备，而是帮助团队认识到问题的重要性，避免下次再犯。

第三步，过程管控，实时跟进。

任务布置完以后，班组长不能"撒手不管"，还需要紧密跟进任务的执行情况。定期检查工作进度，通过每日例会或者任务跟踪系统来了解执行情况。鼓励员工在执行中遇到问题时及时反馈。班组长要迅速回应，提供必要的支持。对于共性问题，可以组织集体培训来统一解决；对于个别有困难的员工，要进行一对一的指导和沟通。让大家知道，班组长始终在他们身后，为他们的执行提供帮助和资源支持。

第四步，完成任务后，全面总结。

任务结束后，班组长要带领团队进行一次全面的回顾和总结。大家一起讨论：哪些地方做得好？这些好的做法能否推广到其他任务中？找出任务中的不足，了解问题的根源和影响，并探讨如何避免类似问题再次发生。通过这样的总结，不仅能帮助团队不断优化执行流程，也能让大家从中学到更多的经验和技能。

提高班组执行力，从任务布置到执行跟进再到总结复盘，每个环节都要精心策划和管理。班组长不仅要做好指挥者，更要成为团队的支持者和引导者。通过这些方法，团队执行力一定会不断提升。

接下来，通过一个实际案例来探讨如何在班组管理中有效提升团队的执行力。这个案例非常具有代表性,希望大家能从中找到可以借鉴的方法和思路。

> **案例**

某项目班组发现,他们的工单升级率连续3周未达标。经过数据分析,班组长发现问题的核心在于:部分员工没有严格按照工单升级规范执行。一些员工遇到难以处理的顾客问题后,直接将工单转给二线处理,而不是按照规范先自行解决。

为了解决这个问题,班组长采取了一系列有针对性的措施来一步步提升团队执行力。

首先,班组长在组会上展示了近期的升级率数据,通过与其他小组的对比,直观地计算出本小组对整体数据的负面影响。这一举措让团队成员意识到当前的问题不仅影响了他们的绩效,也影响了项目整体的表现。这样一来,大家对改进工作的必要性有了统一的认识。

其次,班组长梳理了一份业务范围清单,明确哪些业务必须自行处理,哪些可以转接给二线。针对团队中的"尾部员工"(执行力较弱的员工),班组长逐一沟通,严格要求他们按照清单范围处理业务,并向他们解释错误行为对绩效和用户体验的负面影响。这些措施帮助员工明确了自己的职责,同时也提供了必要的工具和支持。

再次,为了监督执行,班组长创建了一个群组,要求员工每转出一个工单,都必须在群里提交转出场景和工单号,由班组长亲自审核并验收。班组长每天在群里公布验收结果和目标达成情况,同时筛查工单转出量,确保没有遗漏,并及时沟通解决问题。这种实时反馈机制,让每个员工都清楚自己的任务完成情况,也促使他们更加谨慎和规范地执行任务。

最后,班组长主动收集了产品和系统类工单的转出场景及顾客原声记录,梳理后向上级提交了产品流程优化的建议。此外,班组每周固定将顾客的声音和改进建议,在品牌方会议中进行反馈。这一做法不仅优化了流程,也提升了班组的工作效率。

一个多月后,小组的升级率达到了目标值,员工对于转接二线的规

> 则和界限也有了清晰的理解。通过每周的改进反馈，小组的建议被采纳，进一步推动了工作流程的优化。

上面案例体现了提升执行力的四个关键点：

· 达成共识，明确改进的必要性：通过数据分析和展示，让团队成员清楚当前问题的严重性，以及改善工作的紧迫性。

· 清晰传达要求，并提供支持：为员工提供明确的规范、清单和工具，同时逐一沟通，确保每个人都理解任务要求和执行的重要性。

· 强化过程管理，实时跟进：通过实时反馈群、每日核查等措施，对任务的执行情况进行全程跟踪，确保问题及时被发现并得到解决。

· 总结经验，推动持续优化：主动收集问题数据，向上反馈优化建议，不仅提升了团队自身的执行力，也推动了整个流程的改进。

这个案例充分说明：提升执行力，不仅仅是要求员工执行任务，还需要班组长通过清晰的目标传递、持续的过程管理，以及及时的总结优化，带领团队达成目标。希望大家能结合自己的工作实际，从中找到可以借鉴的方法，为班组的管理注入更多活力和执行力！

二、及时解决团队内影响执行力的异常状况

在团队运作过程中，可能会出现影响执行力的异常状况，这些异常状况如果得不到及时处理，不仅会影响工作质量，还可能降低团队士气。因此，作为班组长，需要具备敏锐的洞察力，及时发现问题，并采取有效措施进行解决。接下来，将从四种常见的异常状况出发，逐一探讨解决的方法。

（一）团队整体缺少"狼性"

有时候，团队可能缺乏对目标的强烈渴望和追求，表现得比较"佛系"。如何激发团队的竞争精神呢？以下是一些方法。

内部比赛机制：可以将团队分成几个小队，每队3~4人，通过小队之间的执行进度和工作成果进行比赛。这样的比赛不仅能让工作变得有趣，还能让团队气氛更加活跃，提高凝聚力。

奖励机制：设置一些有吸引力的奖励，比如荣誉、奖金或者有仪式感的小

礼物，激励那些积极主动、表现优异的员工。同时，对表现懒散或拖后腿的员工，采取一定的惩罚措施，帮助他们认识到改进的必要性。

借助外部力量：可以邀请上级参与某些任务要求的说明会，让团队意识到任务的严肃性和重要性。通过这种方式，增强大家的目标感和执行力。

（二）团队缺乏有效的沟通和协作

如果团队成员之间缺乏沟通和协作，执行力自然会受到影响。可以通过以下方式改善。

班组会议中的分享和讨论：在班组会议中特别安排时间，让大家分享和讨论工作中的问题，尤其是针对重要议题，深入探讨如何解决。这种公开交流既能让团队成员更好地理解任务内容，也能找到更优的解决方案。

互帮互助机制：成立学习小组，由班组长或骨干员工带领，定期交流工作经验，解决问题。此外，采用师徒带教模式，让经验丰富的员工帮助新员工快速适应工作。

奖励协作行为：设立奖励措施，例如定期评选优秀的师徒、互助小组，或者建立积分制度，通过参与互助活动积累积分兑换奖励。这样既促进了团队成员之间的支持，也提高了整体效率。

（三）员工技能不足，资源有限

当团队成员的技能不足或资源缺乏时，会直接影响工作质量和效率。为了解决这些问题，可以采取以下措施。

针对性培训：结合过去工作中遇到的问题，设计一些有针对性的培训课程，将经过实践检验的方法和经验分享给大家，提升他们的业务能力。

"老带新"制度：安排经验丰富的员工与新员工结成一对一的伙伴关系，通过实际任务中的"传帮带"，帮助新员工快速成长。

支持岗位设置：选拔一名表现优秀的员工担任支持岗位，专门帮助遇到困难的同事解决问题，确保整个团队在执行任务时畅通无阻。

（四）员工不敢问或不愿反馈

团队中如果存在员工不敢问或不愿反馈的问题，会让潜在问题积累，影响任务完成。为此，需要营造一个开放、信任的团队氛围。

建立积极的反馈文化：可以设置"最佳建议奖"，奖励那些提出建设性意见的员工，让大家感受到反馈的价值。通过开会和培训，反复强调反馈的重要性，让员工意识到反馈不仅帮助团队进步，也促进个人成长。

提供匿名反馈渠道：比如建立在线匿名问卷，让员工放心大胆地表达意见和建议，而不必担心身份暴露。

定期一对一沟通：班组长与员工定期交流，在轻松的氛围中倾听他们的想法，关注他们的困惑和建议，让员工感受到自己的"声音"被重视。

明确奖惩措施：对于积极反馈的员工，给予奖励和表扬。对于隐瞒问题或拒绝反馈的员工，则适当采取扣分等措施，但要明确指出惩罚的目的是为了团队的改进和发展，而不是责罚。

作为班组长，需要在团队运作中保持敏锐，及时发现并解决这些影响执行力的异常状况。只有通过激发团队活力、加强沟通协作、提升员工技能以及建立有效的反馈机制，团队才能在执行力上不断提升，实现更好的工作成果。

第三节　闭环管理的思维和能力

班组管理中有一个常见问题——工作推进中存在虎头蛇尾、有头无尾的情况。相信很多人都有这样的感受：一开始，可能制定了很多工作计划和目标，大家也都很有热情去落实。但是随着时间推移，任务执行的后半段常常缺乏检查和监督，导致工作进度拖延甚至不了了之。

这样的管理方式其实是非常不理想的。为什么呢？因为它无法确保所有任务都按计划推进，长此以往，会带来两大问题：

·班组整体效率下降：计划虽然做了，但没有落地执行，最终结果自然也不尽如人意。

·员工积极性减退：大家会觉得任务执行没有意义，规章制度也只停留在表面，久而久之，团队的凝聚力和进步动力都会减弱。

如何解决这个问题？闭环管理！为了避免虎头蛇尾，需要引入闭环管理的方法。闭环管理的核心，就是把任务从开始到结束都规划好，形成一个完整的循环，确保任务有始有终、持续改进。

一、闭环思维

刚才提到了闭环管理，现在来进一步探讨闭环思维——这是一种非常重要的工作态度和方式，尤其是在班组管理中，它对提升团队执行力和工作效率至关重要。那么，什么是闭环思维呢？可以用一个简单的例子来理解。

想象一下，有朋友请你帮忙买一本书，你会怎么做？你会先去书店或者网上买书，然后把书亲手交给朋友或者邮寄给他，最后还会确认对方是否收到或是否满意。这就是闭环思维的一个典型例子。

闭环思维的关键在于：从开始做一件事，到中间每一步的推进，再到最后确认结果，确保事情真正完成，并且让相关方满意。简单来说，闭环思维强调用过程可控来保障结果交付，做事要做到位、做到底，并确保有个好结果。

（一）闭环思维的核心点

在推进工作时，首先，要精准理解"结果"到底是什么。这不仅仅是表面上"要做什么"，而是要真正明白工作背后的目的和价值，确保交付的成果符合预期。

其次，过程的可控性是闭环保障结果交付的关键。需要对核心环节和关键任务进行提前规划，并在执行过程中做好有效管控，确保事情能够顺利推进，最终达到预期目标。

再次，责任心是闭环思维的重要体现。这意味着在过程中，要有担当，面对压力能够迎难而上，遇到问题积极寻找解决方案，并尽最大努力把事情做到最好，确保最终有一个圆满的结果。

最后，团队协作和配合意识同样不可或缺。闭环思维不仅仅是完成个人任务，还需要从整体角度出发，推动团队协作，确保相关工作顺利衔接，共同达成目标。

（二）闭环管理的两种类型

根据班组长在工作中的角色，可以将闭环管理分为两种类型：协作闭环和主导闭环。

协作闭环：班组长作为任务中的参与者，主要负责完成被指派的部分。就像别人拜托你帮忙做一件事，你不仅按时完成，还会反馈工作进展和结果，确保事情有个圆满的结局。

主导闭环：班组长作为任务的发起者和负责人，带领团队完成整个工作。就像你是队长，负责带领大家完成一项任务。从任务开始，你会先制订计划，过程中不断检查和调整，最后带领团队总结经验，确保任务圆满完成。

对于班组长来说，闭环思维不仅是一种工作方法，更是一种管理态度。为什么这么说呢？因为它要求班组长在以下两方面都要做到位：一个是班组长需要对自己负责的任务做到有头有尾，不能虎头蛇尾；此外，班组长不仅要完成自己的工作，还要带动团队成员，促进协作，用共赢的心态去解决问题，让团队整体更加高效。

二、实现 360 度的闭环沟通

360 度闭环沟通的核心思想是：在团队中，无论是上下级之间还是同事之间，都能实现完整的信息传递和反馈。这种沟通方式能确保信息无死角传递，让每个人都清楚目标、进展和结果，大幅提高团队的协作效率和理解能力。

接下来，将会结合两个主要方向——向上及横向闭环沟通和向下闭环沟通，具体分享闭环沟通的关键方法。

（一）向上及横向闭环沟通

作为班组长，要想确保团队执行力强，向上及横向的沟通非常关键。这里分为三个阶段：任务前、任务中和任务后。

任务开始前：主动明确目标。在接受任务时，班组长一定要主动向上级或协作部门明确以下几点：目标是什么（要完成的具体内容是什么）？时间节点是如何定的（什么时候要完成任务）？标准是什么（达到什么样的效果才算完成）？通过对这些问题的确认，可以确保任务方向不跑偏，为接下来的执行打好基础。

任务执行中：持续汇报进度。任务执行中，沟通尤为重要，特别是在遇到问题时。当任务进度受阻或出现无法独立解决的问题时，要主动向上级领导或协作同事说明情况，并提出解决方案。同时，需分享进展动态，定期汇报任务的进展情况，让相关人员随时掌握最新动态。这种在过程中持续的闭环沟通，可以帮助整个团队及时调整策略，快速解决问题，避免因信息不对称而导致更大的阻碍。

任务完成后：汇报结果与总结。班组长需要主动向上级或负责人汇报任务完成的情况：有哪些地方做得好？还有哪些地方可以进一步优化？这种总结性的闭环沟通，不仅可以让上级和同事对工作更放心，也有助于团队从中吸取经验，为未来的工作打下更坚实的基础。

（二）向下闭环沟通

作为班组长，向下沟通是任务顺利完成和团队成长的关键环节。在向下闭环沟通中，也有三个阶段需要特别注意的地方。

一是在给大家分配任务时，班组长需要做到以下三点：①清楚描述任务内容，让每个人都明白具体要做什么，如何去做；②明确时间节点，告诉大家什么时候需要完成，以及何时需要汇报进度；③强调期望标准，让大家知道完成任务的评判标准是什么。通过这种清晰的任务分配，可以减少后续执行中的误解和偏差。

二是在任务执行中，班组长需要与团队成员保持密切的沟通：在关键节点与任务负责人沟通，了解任务的进展情况。一旦员工提出问题或汇报进展，班组长要及时回应，提供支持，避免信息滞后对工作造成影响。这种沟通方式可以确保任务按照预期推进，同时也能为团队提供必要的帮助。

三是任务结束后，闭环沟通的最后一步是带领团队进行回顾和总结：表扬团队做得好的地方，增强团队的成就感。一起分析哪些地方可以改进，把经验和教训记录下来，为今后的任务提供参考。这样的总结不仅能够提升团队的执行能力，还能让团队成员在实践中不断成长，变得更强大。

360度闭环沟通的意义在于，让团队的每个成员都能高效协作、畅通交流。通过向上及横向闭环沟通确保任务目标明确，进展有反馈；通过向下闭环沟通确保任务分配到位、执行顺畅，最终形成一个完整的信息回路。

三、闭环管理工作法

闭环管理工作法是班组管理中非常重要的一种方法，强调从任务的开始到结束，每一步都要紧密衔接，形成一个完整的闭环。如果把工作比作画一个圆圈，闭环管理的目标就是确保这个圆圈能完完整整地画好，不留断点。

闭环管理以结果为中心，它讲究的不是单纯完成某个环节，而是从计划开始，到执行、检查，最后到改进，每一步都环环相扣，形成一个PDCA（计划—执行—检查—处理）循环，直到达到预期的目标或者彻底解决问题。接下来，将会结合两种闭环管理形式，即干活儿的闭环与解决问题的闭环，为大家详细讲解。

·干活儿的闭环：这一类型的闭环，关注的是把一项任务从头做到尾，最终交出一个满意的成果。

·解决问题的闭环：这一类型的闭环，重点在于找出问题的根源，并彻底解决问题，或者至少让它不再是影响工作的"大问题"。

班组长面临的挑战：如何确保闭环管理的完整性。闭环管理听起来很简单，但在实际操作中，会经常遇到"断环"的情况。断环，是指任务在计划、执行、检查、改进的某个环节上出现了中断，导致任务无法圆满完成。断环现象在工作中并不少见，因此，班组长需要学会识别这些断环情况，并采取有效措施来防范和应对。接下来，将围绕四种常见的断环情况，具体分析如何应对。

（一）缺检核环节，导致未能达到预期结果

检核是闭环管理中至关重要的一环，它就像一个中途的检查点，确保工作按计划执行，并及时发现和纠正偏差。如果这个环节缺失，就会导致整个管理流程断裂，无法达成预期目标，甚至让前期的努力付诸东流。接下来，先看一个案例，再分析其中的问题和应对策略。

> **案例**
>
> 某班组的SLA（服务级别协议）指标连续两周未达标。班组长通过深度复盘发现，问题的重点在于问题解决率不足。于是，他采取了一系列措施：针对双周问题解决率，梳理了重点场景，制定了处理思路和话术，并下发给员工使用。识别了尾端员工，并制订了相应的提升计划。
>
> 从这些推进的工作来看，方案本身是很优质的。然而，问题解决率并没有明显改善，日常观测发现差距依然很大。项目主管通过数据抽检发现：员工对话术的实际执行率只有32%，且尾端员工的问题环比下降不到5%。
>
> 最终发现的核心问题是：班组长下发方案后，没有对执行过程进行跟进和管控，导致方案未能真正落实到位。

案例中的情况在实际工作中并不少见。通常，检核不到位导致工作失败的情况，可以归结为以下四种：

· 任务下达完就不管了：有些班组长觉得，把任务分配下去就算完成。比如，有了新业务，班组长通知了员工，但没有检查员工是否真的理解了，或者是否能正确执行。

· 关键节点没检查：任务分配后，没有在中途检查执行情况，直到最后期限才发现问题，此时已经无法挽回。

· 检查标准不统一：安排多名人员进行检查，但没有统一标准，导致每个人按照自己的理解执行，最终结果混乱。

· 辅导一次即放任不管：员工在执行中出现问题，班组长可能只辅导了一次，就没有继续跟进，导致问题没有得到彻底解决，员工依然会犯同样的错误。

为了避免上述问题，在实际工作中需要做到以下四点。

· 建立定期检查机制：通过系统工具或数据报表，实时跟踪任务的执行情况，发现偏差及时纠正；利用每日或每周会议，定期检查任务进展和执行情况，及时了解团队状态。

· 在关键环节加强检核：对任务的关键节点进行严格检查，确保每一步都按计划进行。例如，对话术使用情况的执行率，可通过随机抽查和数据验收来检核，及时发现并解决问题。

· 制定清晰的检查标准：安排检查任务时，明确执行标准和验收要求，避免多标准导致的混乱。

· 辅导后持续跟进：辅导员工时，不仅要讲清楚问题，还要持续跟进，看他们是否已改正。定期复盘辅导效果，针对未改善的地方，继续优化指导方式。

（二）缺少改进和提高

在日常工作中，有些员工总是按老一套的方法做事，不主动去寻找改进的机会，甚至对那些重复出现的问题习以为常，视而不见。久而久之，这种习惯就像陷入了一个"走不出去的圈"，不仅团队整体水平上不去，个人能力也得不到提升。

那么，作为班组长，该如何打破这个局面，带领团队不断进步呢？下面分享几点思路：

・团队改进的第一步，是班组长自身要有强烈的改进意识。班组长不仅要主动发现问题，更要带头寻找更好的工作方法。班组长的行动会直接影响团队成员的态度和行为，所以改进的意识必须从班组长自己开始。

・改进不是一个人的事情，而是需要整个团队的共同参与。班组长可以通过以下方式，推动团队建立学习和改进的文化：在日常工作中，鼓励大家主动找问题，思考哪些地方做得不够好，哪些地方可以改进。改进不只是发生在问题严重的时候，而是要成为日常工作的一部分，形成习惯。

・定期组织团队开回顾会议，是促进改进的重要方式。可以这样做：总结过去的工作，哪些地方做得好，哪些地方还需要提升；对重复出现的问题进行分析，找到背后的原因，避免下次再犯；针对发现的问题，明确具体的改进方法和责任人，确保问题得到解决。

通过持续的总结和改进，团队和个人的能力都会有所提升。每次改进都像是在"爬楼梯"，帮助我们离更高的目标更近一步。只要坚持下来，团队的执行力、协作力以及成员个人的能力都会越来越强。

（三）计划和执行脱节

有些班组长可能会把制订计划当成一个"给上级交差的任务"，随便填一填表格就算完事。在实际执行任务时，依旧按老习惯、凭经验行事，像在"救火"一样，完全没有方向。结果就是计划和执行"两张皮"，效率自然也上不去。

其实，班组长需要明白，制订计划绝不是为了应付上级，而是对整个班组的工作推进和团队表现有着重要的意义。一个好的计划能帮助我们更有条理地开展工作，明确方向，提高效率。接下来，分享如何制订真正有用的计划。

制订计划的核心：目标导向。在制订计划时，班组长首先要问自己：想要达到什么目标？目标需要具体、明确，比如是提高 SLA 指标还是降低投诉率。明确目标后，就可以围绕这个目标，设计具体的行动策略，而不是泛泛地写一堆不切实际的条目。

制订计划的方法：策略清晰。围绕目标，班组长需要制定具体的行动策略，可以从以下几个方面入手：

・哪些老方法可以沿用？经验有效的地方，可以继续使用，避免重复造轮子。

・哪些新方法值得尝试？针对当前面临的问题和挑战，创新尝试新的做法，有助于解决老问题。

・可能会遇到什么问题？如何应对？预判计划实施中的困难，提前设计预防措施和解决方案。

有效执行计划的关键：保障措施。计划制定好后，还需要有一套完整的保障措施，确保计划能真正落地执行。具体包括：将任务细化，明确每个成员的职责和完成时限，让每个人都知道自己该做什么；为表现优异的团队成员提供奖励，激发大家的积极性；通过例会和数据监控，及时检查计划执行情况，根据实际情况调整策略，确保目标达成。

好的计划，不是停留在纸面上的文件，而是实实在在指导行动的工具。计划与执行要紧密结合，班组长在执行中要始终围绕计划展开工作，避免两者脱节，确保方向明确、任务清晰。

制订计划，不是为了应付任务，而是为了让工作更加高效、有条理。班组长在制订计划时，要从目标出发，设计清晰的策略，并配合合理的分工和执行保障。只有这样，才能让计划真正落地，提升班组的整体表现。

（四）问题解决的断环情况

问题解决的断环现象也是班组管理中一个非常常见但也非常重要的问题。所谓"问题解决的断环"，指的是在问题发现和解决的过程中，缺乏连续性和完整性，导致问题未能真正被根除，有时甚至会反复出现。

首先，需要对问题解决的闭环结束达成一个共识：只有当产生问题的根本原因被消除，或者负面影响减弱到可接受范围内，才算问题解决闭环结束。例如，若某项班组指标没有达标，闭环结束的标准应为影响该指标的所有主要问题均被解决，使这些问题不再是导致指标不达标的原因，而不是简单地因为指标临时提升就结束闭环。

在实际工作中，有些班组长可能会觉得，某个指标在改善过程中达到了目标水平，闭环就完成了。大家认为是这样吗？其实不然！

为什么不是这样？因为指标的提升可能是由其他外部因素推动的，比如临时资源支持、团队短期努力等，而原来的负面影响因素仍然存在。一旦这些外部因素消失，指标很可能再次下滑。

正确的做法是什么？需要确认原来的负面影响因素已经被彻底解决，只有这样才能确保指标的提升具有长期稳定性。

为了更清楚地说明这一点，大家来看一个实际案例。

案例

某班组发现，当月新员工的效率指标与次月员工的效率指标存在较大差距，并且未能达成既定的阶段性目标。为了提升新员工的工作效率，班组长采取了多项措施，比如增加带教配比和班后集中辅导业务知识点等，但效果并不理想，效率指标的改善依然不明显。

通过对效率相关指标的多维度分析和对比，班组长发现：问题的根本原因在于新员工智能外呼工具的使用不足和使用低效，这直接影响了外呼率，从而拉低了效率指标。

班组长迅速调整了改善策略，制订了以优化智能外呼工具使用为核心的新计划，并严格执行闭环管理。改进策略包括以下两个关键步骤。

一是培训和验收。针对智能外呼工具的使用，组织集中赋能培训，确保新员工掌握操作流程。培训结束后，质检团队对员工进行验收提问，核查掌握程度。未通过验收的员工，安排二次培训并重新抽测，要求流程执行准确度达100%。

二是工单抽检和日维度监控。每天抽检新员工50条工单录音，核查智能外呼执行的准确率。同时，实时监控外呼率和效率指标的改善趋势，及时调整策略，确保改善效果可持续。

改善成果。通过这一系列闭环管理措施，班组指标显著提升：智能外呼工具的使用率连续一周上升，最终达到了93%。人工外呼率环比下降70%，效率指标大幅提升，最终稳定达成目标值。

班组长在成功达成目标后，组织团队对整个改进过程进行了复盘，梳理了以下内容：明确哪些策略有效，哪些可以推广。有哪些环节可以优化，以便未来改进。将改善策略列入新员工培育周期的重点策略之一，后续的4批新员工效率指标均稳定达成目标值。

通过这个案例，可以清晰地看到闭环管理的价值：
- 结果导向：每一步的执行都围绕最终目标展开。
- 检核与改进：不断检查并优化方案，确保工作有条不紊地推进。
- 根本解决问题：不仅解决了当前问题，还通过经验总结，为未来的班组管理提供了宝贵的知识和资源。

闭环管理不仅帮助班组解决眼前问题，更能持续积累经验，推动团队不断进步，就像一个螺旋，不断向上提升。

第四节　自省思维和复盘能力

工作中普遍存在一种现象——当问题出现时，我们罗列原因的方式常呈现特定倾向。我们很多时候会发现，在列出的多个原因中，大约有七成是外部客观原因或他人原因。这些原因可能确实存在，但这样的问题定位方式往往会让我们陷入被动——因为外部和他人原因是难以直接控制的。结果，问题没有得到实质性改善。

那么，作为班组长，该如何破局？答案就在于一种关键能力——"自省思维"。

工作中，总会有许多客观因素和外部因素，但重点在于：不能被外因困住，而是要用自省思维寻找改进的契机。作为班组长，要带头思考"我能做什么"，并通过具体行动带领团队突破困局。

一、什么是自省思维

简单来说，自省思维是一种积极向上的工作态度和方法。当在工作中遇到问题和挑战时，自省思维的核心不是纠结于那些无法控制的事情，而是转向思考：我能做些什么来让情况变得更好？

既然无法改变客观情况，那我们能做什么来有效应对？既然无法直接改变他人，那我们能做什么来最终达到预期目标？

下面通过两个例子来看一下自省思维是如何应用的。

> **示例**

【示例一】问题是指标持续出现异常下滑波动，班组长反馈的原因是：近期业务更新非常快，且上线前培训时间有限，导致员工业务知识掌握不好。

用自省思维改进策略寻找：既然业务更新非常快和培训时间有限这个客观情况我改变不了，那么在帮助员工掌握知识技能和上线应用上，我能做什么？

接下来，就是梳理"我能做什么"，例如：

· 是否可以把业务知识进行关键词或关键句提炼，帮助员工理解和记忆？

· 是否可以基于TOP场景的排序，对业务知识的重要性进行排序？

· 是否可以基于业务知识更新，提前给员工提供应对话术和快捷话术，员工上线后可以直接使用？

· 是否可以优化调整目前的激励机制，鼓励员工利用个人时间学习，或者开展业务知识竞赛来拉动大家的学习热情？

【示例二】问题是员工出现差评，班组长找到的原因是：当顾客提出一个非标准问题时，坐席无法灵活调整回答，只能机械地重复标准答案，应变能力不足。

用自省思维改进策略寻找：针对员工应变能力不足，我能做什么，帮助他后续能灵活地应对顾客的非标准提问？

接下来，就是梳理"我能做什么"，例如：

· 汇总常见的顾客非标准化问题，梳理应对话术供坐席使用。

· 是否可以举行头脑风暴会议，让员工集思广益，共同探讨如何应对各种突发情况？

· 是否可以建立一个包含常见非标准问题及其有效应对措施的案例库，供员工学习？

· 是否可以定期组织角色扮演练习，模拟顾客提出的非标准问题，让员工在安全的环境中尝试不同的应对策略？

自省思维帮助我们：看清问题的根源，不再被外部因素困扰，而是把注意力放在能改变的地方；从想要的结果出发，主动寻找改进的方向；通过制订切实可行的计划，把问题转化为提升工作的机会。

作为班组长，自省思维不仅仅是解决问题的一种方法，更是带领团队不断进步的重要工具。为什么这么说？通过自省思维，班组长可以引导团队专注于自身能控制的部分，主动改进工作，而不是被问题牵着鼻子走。当班组长用自省思维带领团队反思时，整个团队会形成一种积极向上的文化，更加注重学习和改进。通过不断反思和优化，班组长和团队能够更高效、更有针对性地完成工作目标。

如何在实际工作中运用自省思维？以下是几个关键点：

·面对问题，问自己"我能做什么"。遇到挑战时，不要一味纠结于外部原因，而是从自身的工作流程、方法和团队协作中，找出可以改进的地方。

·从结果出发，倒推改进计划。以目标为导向，想清楚想要达成什么结果，然后设计出切实可行的步骤去实现它。

·带领团队反思和进步。班组长要定期组织团队回顾工作：哪些工作做得好？哪些工作需要改进？通过这种反思，让每次工作都成为团队成长的机会。

自省思维让我们在面对问题时，不再束手无策，而是专注于可以控制的部分，找到改进的突破口。作为班组长，要主动培养这种思维方式，带领团队不断反思和进步，只有这样，才能更高效地达成目标，让班组越来越强。

二、具备复盘和改进意识

在日常工作中，虽然我们都希望一切顺利，但难免会遇到一些问题或负面事件。这些情况往往揭示了管理、流程或机制中的漏洞。如果能从中找出问题的根源并进行改进，不仅能防止类似问题再次发生，还能提升团队的管理和执行能力。复盘负面事件是班组长的重要工作，也是推动团队成长的关键方式。

复盘负面事件的首要意义在于发现问题、改进流程。通过还原问题发生的全过程，可以明确问题的本质，找到流程或机制上的漏洞，并提出具体的改进措施。

具体来说，复盘负面事件的步骤可以分为四步（见图2-1）：问题事件回顾、明确目标、找出根本原因、制定解决方案和实施。回顾问题事件时，要客观分析，聚焦事实而非情绪。明确目标时，确定需要解决的核心问题。寻找问题产生的根本原因时，可以运用"5Why"的方法，深入挖掘问题背后的本质。制定解决方案时，要具体到责任人、时间节点和实施步骤；在执行阶段，要通过跟踪和检查，确保改进措施落实并产生效果。

问题事件回顾

- 事件背景
  - 什么时间
  - 什么地点
  - 涉及哪些人
  - 发生了什么事情
  - 产生了怎样的影响
- 面临怎样的问题和风险
  - 事件发生后有怎样的问题产生
  - 后续在紧急应对措施上面临哪些风险和问题
- 紧急处理措施有哪些
  - 紧急处理措施要达到的目的有哪些
  - 实施的紧急措施有哪些
- 紧急处理的效果
  - 紧急处理效果如何
  - 紧急处理优秀做法
  - 紧急处理不妥做法

明确目标

- 明确目标，界定真正问题
- 基于问题事件，明确要解决的真正问题是什么，目标是什么

找出根本原因

- 锁定关键问题/影响因素
  - 拆解影响问题的方面/因素
  - 分析现状，分析各影响方面/因素是否存在bug（错误、缺陷或漏洞）
  - 找到大比例影响结果的关键问题/影响因素
- 根本原因分析
  - 分析引发关键难题/影响因素的原因有哪些
  - 根本原因是什么

制定解决方案和实施

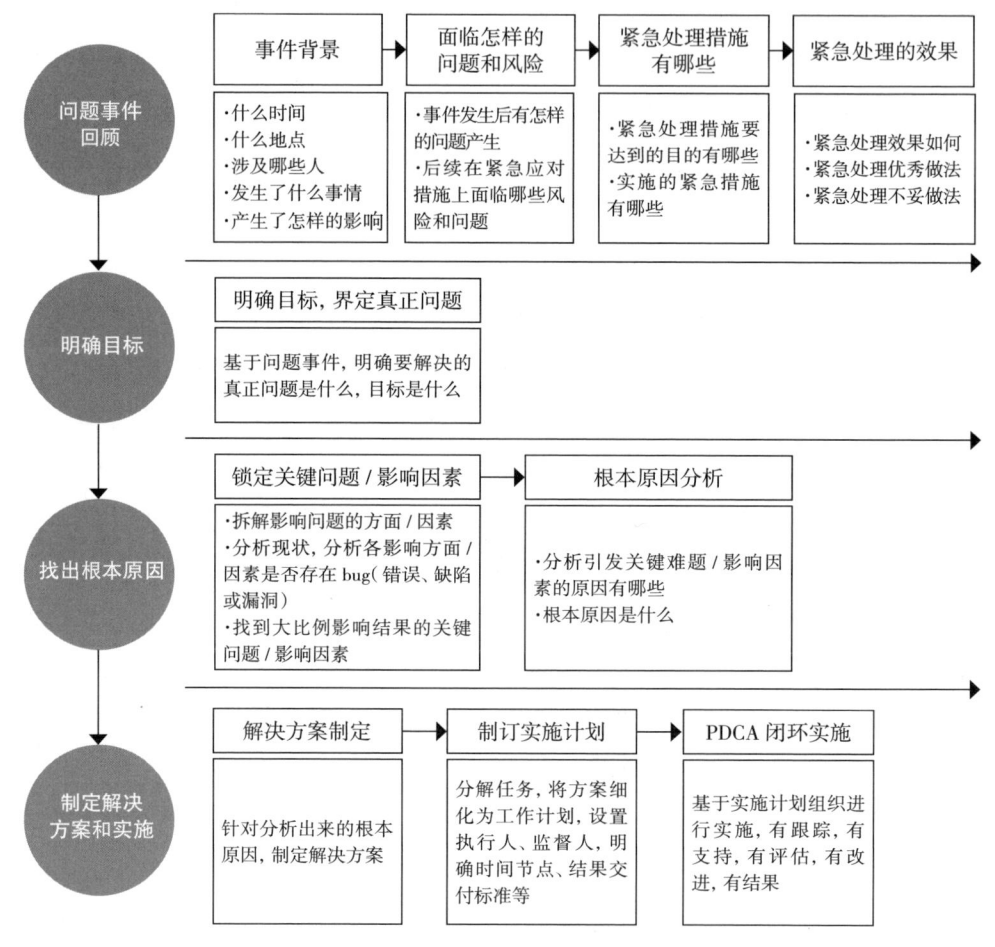

- 解决方案制定
  - 针对分析出来的根本原因，制定解决方案
- 制订实施计划
  - 分解任务，将方案细化为工作计划，设置执行人、监督人，明确时间节点、结果交付标准等
- PDCA闭环实施
  - 基于实施计划组织进行实施，有跟踪，有支持，有评估，有改进，有结果

图 2-1 复盘方法流程和要点示意图

复盘的核心在于两个关键点：一是准确定位问题根源，二是确保改进措施真正落地。根源分析不到位，改进措施可能无效，问题也无法得到彻底解决；而如果改进措施停留在纸面上，没有执行到位，复盘就失去了意义。通过一次次高质量的复盘，不仅可以解决眼前的问题，还能积累经验，提升团队的执行力和应变能力，为班组的长远发展打下坚实基础。

此外，复盘是班组管理的一种团队化手段，通过让全班组共同参与问题回顾，不仅可以明确责任，还能集合大家的智慧，从不同角度分析问题，找到更加全面的解决方案。这种共同参与的过程还能增强团队的凝聚力，让成员在面对问题时更加团结。针对班组团队面临问题的复盘方法和流程，请参见表2-2。

表2-2　团队面临问题分析复盘会-流程推进表

议程	具体安排	需要推进达到的目的
议程一：问题case（实例）发生的情况说明	（1）发生了什么：把问题case发生的来龙去脉说清楚 （2）产生的负面影响是什么：这个要重点说明，对公司、对项目、对员工、对团队，现在的影响及未来的影响是什么 （3）会议开展目的和需要参会人员参与的要求说明等： ①会议基调说明：本次会议是研讨共创会，不是问责，不是批判，而是共同复盘找原因、找解决和改进策略 ②说明会议要产出的内容 ③说明需要参会人员如何参与：每个人积极参与和贡献，互相聆听大家所有的观点，正面思考，提建设性意见	要让参会人员清楚地知道会议的开展目的，需要他们参与进来做什么工作和产出什么： ①找出引发case的关键问题 ②找出引起关键问题的核心原因 ③研讨制订解决实施策略计划
议程二：对围绕事件的信息、数据收集和梳理进行展示说明	（1）说明收集了哪些信息和资料（会前一定将相关的数据、资料等提前汇总和梳理） （2）说明已经分别按照4W（What、Where、When、Who）来梳理相关数据和资料（也可以按照其他维度来梳理，基于实际的议题分析需要） （3）展示整理好的图表、图形	一定要保证参会人员对信息及数据有全面、客观的了解，这样才能保证后续的共创成果，否则大家也只能"拍脑袋"式给想法
议程三：关键问题的讨论和锁定	（提前梳理+共创确认和补充） 先说明这个环节要达到的结果：找到引发负面case的关键问题，再按照以下的流程进行 （1）先展示会前初步确定的关键问题，明确说明需要大家共同判断： ①目前所列的关键问题是不是（填上序号，如1、2、3） ②是否有缺失的	针对团队面临的问题，要先把笼统的问题拆解为若干具体的问题： ①关键问题是符合80/20法则的 ②关键问题往往不止一个

续表

议程	具体安排	需要推进达到的目的
	（2）班组长给每人发多张便利贴，所有的参会人员基于前面的信息、数据等，写下他们认为目前存在的关键问题（提前准备便利贴，并提醒大家带笔）： ①针对已经初步提出的关键问题，如果认为是的话，填写序号 ②提出需要补充的关键问题 （3）写完后，让大家每人说明一下自己的想法：班组长在大家说的过程中，要进行记录和统计。初步梳理关键问题后，统计大家是否达成统一意见。补充的关键问题有哪些（要写到白板上或PPT上） （4）引导大家一起确认最终的关键问题，去掉非重要的（非重要的即为对结果影响小的，不符合80/20法则的）	
议程四：围绕引发关键问题的原因进行讨论和确定	（1）所有的参会人员围绕引发关键问题的原因进行头脑风暴： ①首先给大家时间，拟写引发关键问题的原因，限定数量，比如每人最少3条（千万不要让大家直接说，这样很多人会不发言） ②每人说明拟写的原因，重复的只留一个 ③如果用便利贴的话，可以将拟写的原因直接贴到白板上 （2）一起进行原因转换：针对客观原因和他人原因，我们能做些什么来获得目标结果 （3）引发原因的查漏补缺，引导大家思考和补充，最后排除无关的，挑出重要的	（1）团队面临的关键问题的产生原因基本是多维和多个的 （2）对多个原因要按照影响大小排序，排除无关的，聚焦核心的来制定解决策略
议程五：解决策略和实施计划	（1）解决策略有哪些（共创完成） （2）确定责任人、时间节点、成果标准等	解决策略制定后，闭环的落地追踪机制也要制定

重点说明：分析复盘会后要第一时间把解决策略实施规划表制作和完善好，经上级确认后发给所有的参会人员及相关执行参与人

希望大家通过复盘负面事件，把坏事变成好事，把问题转化为成长的契机。班组长在这个过程中要以身作则，带领团队找到解决问题的思路，并推动团队逐步优化。

第三章

运营指标管理——"以终为始"

第一节 建立班组业务指标监控分析体系

如何判断一个人是否健康？一般来说，我们会通过一些关键指标，比如血压、血糖、体脂率等，这些指标能够帮助我们综合了解一个人的健康状况，并据此对健康进行管理和改善。同样的思路，其实也可以应用到团队或班组的业务管理中。

那么，班组的业务和团队是否运作正常，应该怎么看呢？答案也是通过指标来反映。可以设计一个从时间维度全面覆盖，同时包含结果指标和过程指标的班组业务监控分析体系。这样一来，就可以通过数据清晰地了解班组的业务表现，发现潜在问题，并找到改进的方向。

为什么"结果+过程"监控非常重要？结果指标告诉我们班组业务的最终表现，比如任务完成率、客户满意度等，它们就像一个人的体检报告，能够快速反映整体健康状态；过程指标则帮助我们追踪实现结果的每一个环节，比如ATT（平均通话时长）、CPH（每小时处理通话数）、平响时间（平均响应时间）、员工利用率等，这些指标就像健康管理中的日常监测数据（比如饮食记录、运动数据等），能揭示影响结果的关键原因。

通过结合结果指标和过程指标，我们既能看到当前的状态，也能找到改善和优化的路径。

一、"以终为始"的班组业务指标监控分析体系的业务价值

"以终为始"的班组业务指标监控体系，其核心很简单，就是从最终的目标出发，倒推分析，把目标分解到每一个环节、每一个指标。这不仅能帮助我们关注最终的结果，还能确保每一步的工作都高效可控。

为什么这个方法特别适合客户联络中心呢？因为我们面临的管理难点很多，比如大量实时数据的监控、客户体验的提升、员工的个性化管理，等等。下面我们从几个具体的角度给大家解释这个方法的好处。

第一，全面掌控运营状况，快速发现并解决问题。

客户联络中心的工作是实时性的，客户的一个差评或者一次服务中断都会影响整体目标。有了这套监控体系，可以实时追踪各个关键指标，比如接通率、平均处理时长（AHT）、首次解决率（FCR）、客户满意度（CSAT）等。一旦某个指标下降，比如接通率突然变低，我们能立刻发现问题并及时干预，而不是等到客户投诉累积时才开始查原因。

第二，快速找出问题根源。

客户联络中心的业务流程很复杂，但通过指标分解，可以快速定位问题。例如，如果客户满意度下降，我们可以沿着指标链条倒推：是处理时长太长、等待时间过久，还是坐席代表的沟通质量出现了问题？这样就能节省大量排查时间，把精力集中在具体问题上。

第三，支持多维度趋势分析与预测。

客户联络中心的指标变化具有时段性和规律性，比如高峰期的服务压力、节假日客户需求激增等。通过监控和分析指标趋势，可以做环比、同比分析，或者对比活动实施前后的效果。比如，新上线了一个自助语音系统，可以通过对比上线前后的首次解决率和客户满意度来评估效果，同时预测未来可能的客户行为变化。

第四，精准定位尾部员工问题，促进团队提升。

客户联络中心的绩效管理需要精细化，不同员工的表现差异往往影响整体服务质量。通过这套体系，我们能清晰地看到每个坐席代表的关键指标，比如通话时长、客户满意度、解决率等。如果某些员工指标偏低，可以通过与表现优秀的员工对比，找到具体问题，比如是流程不熟悉还是沟通技巧欠缺，然后进行针对性培训，而不是"一刀切"地管理。

对于客户联络中心来说，"以终为始"的监控体系就是一套精密的导航系统，帮助我们在复杂的业务环境中保持清晰方向。它不仅让我们从结果到过程都有条不紊，还能帮助我们实时应对问题、优化服务体验、提升员工能力。希望大家可以在日常管理中多多尝试，相信会带来非常显著的效果。

二、"以终为始"的班组业务指标监控分析体系如何梳理和建立

管理岗要掌握一项关键技能：把目标拆得清楚，把指标管得明白。

项目管理的核心就是——将整体目标拆解为具体的子目标和关键过程指标，让团队看得清方向、抓得住重点、做得到结果。

那怎么梳理"结果指标"和"过程指标"呢？方法很简单：从上到下，一层一层拆，一环一环对上。先定清楚想要的结果，再去找哪些过程会影响这些结果，做到"结果可衡量、过程可管理"。

第一步，明确项目层的 KPI，确定一级结果指标。

首先要从项目的最终目标出发，识别最核心的考核指标，也就是一级结果指标。这些指标直接反映项目的交付成果，比如"客户满意度"和"按时交付率"。

关键点：一级结果指标相当于为我们指明方向，它回答了"我们最终要实现什么目标"的问题。

第二步，细化一级结果指标，确定二级子结果指标。

接下来，要把一级结果指标分解得更细致一些，通过拆解公式、拆解组成和分析因果逻辑的影响因素，找到它的关键组成部分，也就是二级子结果指标。

举个例子：如果一级结果指标是"客户满意度"，那么二级子结果指标可能包括"响应时间""问题解决率""服务态度评分"等。这些二级子结果指标帮助我们理解一级结果指标是如何一步步实现的。

关键点：二级子结果指标是桥梁，它告诉我们一级结果指标的实现路径是什么。

第三步，梳理业务流程，明确三级业务过程指标。

当二级子结果指标明确之后，要结合实际业务流程，进一步分析具体哪些环节和操作会直接影响这些指标。这就是要找到的三级业务过程指标。

比如，假设二级子结果指标是"响应时间"，那么相关的三级业务过程指标可能是"工单处理速度""员工利用率"等。这些过程指标是能够直接操作和管理的。

关键点：三级业务过程指标回答了"在日常工作中，我该在哪些地方

发力"，这里面包含了员工的业务执行动作，也包含了管理岗的管理动作。

第四步，构建多维度指标监控体系，实施闭环管理。

最后，需要将这些指标有机地整合起来，建立一套定期的数据监控系统。比如，可以通过每日、每周、每月的报表来跟踪指标的变化情况。

这样一来，当某个指标发生波动时，我们能及时发现并分析问题根源，迅速调整策略，确保整个体系保持良性运转。通过这种"发现问题—调整措施—持续优化"的闭环管理，团队能力和项目目标达成率都会逐步提升。

关键点：监控体系让我们不仅能看到"结果是什么"，更能实时知道"问题出在哪儿，怎么改"。

● 示 例

【由结果指标拆解到过程指标的方法示例】

1. 结果指标：酒店会员注册率（呼入业务）
2. 业务研究和分析

■ 通过对过往会员数据的分析，发现会员顾客的几个典型特点（年龄、职业、区域等）。

■ 对业务过程进行拆解：客服开口推荐→推荐成功→注册会员。

■ 会员注册率＝（新注册会员数/接待的非会员客户数）×100%。

思考：围绕酒店会员注册率，可以拆分出哪些子结果指标，过程指标？

（1）子结果指标——客服开口率（尤其重点关注符合目前会员典型特点的顾客）。

提升客服开口率的过程指标：

✓ 班组宣导要求完成率

✓ 奖惩机制合理设置

✓ 质检覆盖率和标准

（2）子结果指标——客服推荐成功率。

提升客服推荐成功率的过程指标：

✓ 推荐话术的针对性和有效性

> - ✓ 客服话术执行率
> - ✓ 模拟训练和掌握抽测通过率
> - ✓ 推荐成功率数据通晒和尾部辅导

在实际操作中，如果设计和管理指标的方式不够科学，很可能导致指标体系无法真正发挥作用。为了避免这些问题，以下是在拆解和管理业务指标时需要特别注意的几个关键点。

第一，避免没有一级指标，或者一级指标定位错误，抓不住重点。

一级指标是整个体系的核心，是直接反映业务目标实现情况的关键点。如果一级指标定位错误，比如因为项目过程中关注的重点发生了变化，但班组长未能及时调整指标，这会导致整个管理体系"跑偏"。

要点：定期回顾业务目标，确保一级指标始终与当前的重点方向保持一致。

第二，避免仅有结果指标，而没有三级过程业务指标。

如果只关注结果指标，比如客户满意度、交付率这些最终成果，而忽略过程中的关键环节，就会失去对业务过程的控制力。缺乏对过程指标的监控，就无法及时发现问题并干预，最终可能错失改进的机会。

要点：确保从结果指标到过程指标的层层分解，覆盖到每个关键环节。

第三，避免指标之间没有逻辑关系。

各级指标之间必须有清晰的因果关系，也就是"逻辑链条"。如果指标之间缺乏关联性，就像一盘散沙，不仅难以监控，还会让我们在分析问题时毫无头绪。

要点：在设计指标时，梳理清楚每个指标如何推动上级指标的实现，形成一个完整的逻辑闭环。

第四，避免拆解的指标没有业务含义。

拆解指标的目的是为了让每个环节都可以被量化和管理。如果指标没有实际的业务意义，比如定义了一个无法影响实际工作的指标，那么它不仅浪费资源，还会误导团队的努力方向。

要点：每个指标都要回答一个具体的问题，比如"我们做了这个动作，是否会直接影响目标的实现"。

第五，避免缺乏问题定位和问题分析能力。

指标监控的核心意义在于发现问题并解决问题。如果只是发现了偏差，但不能准确定位问题的根源，就很难采取有效的改进措施。

要点：在指标体系中，同时培养问题分析能力。通过监控数据，找到问题是"出在流程上还是执行上"，并制定针对性的解决方案。

设计和管理业务指标体系的核心，是让每一个指标都能真正为目标服务。我们要确保指标的重点清晰、逻辑严密、层次分明，并且能够指导实际工作。通过避开这些常见的误区，相信大家可以让指标体系成为班组管理中最强有力的工具！

为了更有效地帮助到大家，我们整理了三个常见的运营指标拆解方法，具体示例分别如图 3-1、图 3-2 和图 3-3 所示，大家可以在这个拆解结果的基础上，结合项目业务特点，进行调整优化后使用。

· 顾客满意度指标拆解，请见图 3-1 顾客满意度三级指标拆解示例。

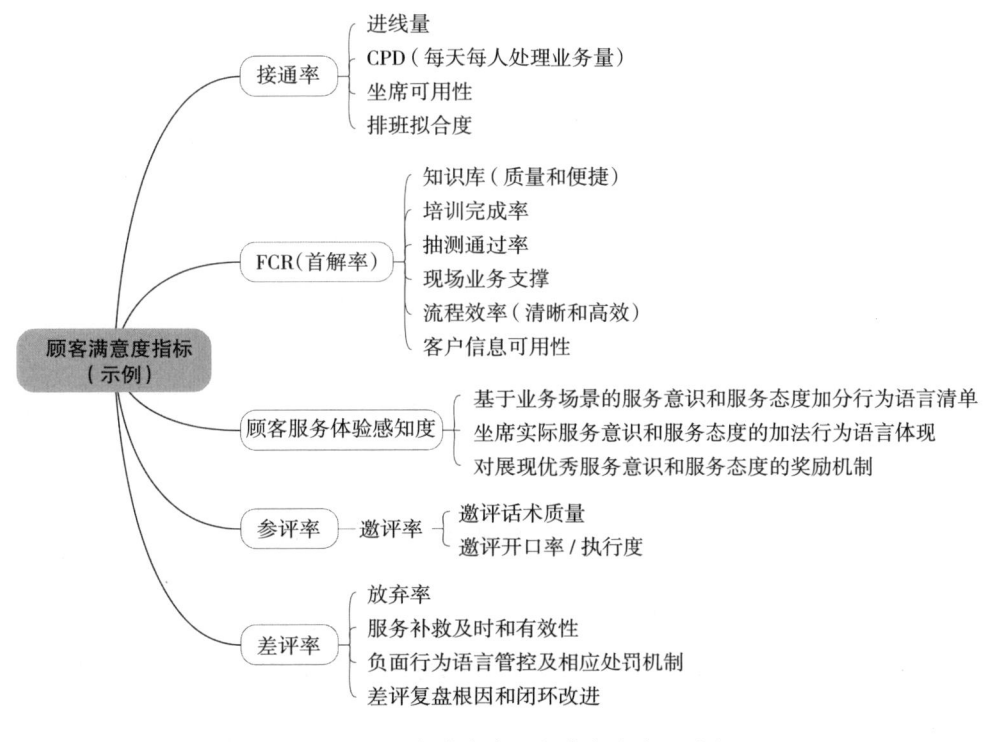

顾客满意度指标（示例）
- 接通率
  - 进线量
  - CPD（每天每人处理业务量）
  - 坐席可用性
  - 排班拟合度
- FCR（首解率）
  - 知识库（质量和便捷）
  - 培训完成率
  - 抽测通过率
  - 现场业务支撑
  - 流程效率（清晰和高效）
  - 客户信息可用性
- 顾客服务体验感知度
  - 基于业务场景的服务意识和服务态度加分行为语言清单
  - 坐席实际服务意识和服务态度的加法行为语言体现
  - 对展现优秀服务意识和服务态度的奖励机制
- 参评率 — 邀评率
  - 邀评话术质量
  - 邀评开口率/执行度
- 差评率
  - 放弃率
  - 服务补救及时和有效性
  - 负面行为语言管控及相应处罚机制
  - 差评复盘根因和闭环改进

图 3-1　顾客满意度三级指标拆解示例

- 接通率指标拆解，请见图 3-2 接通率三级指标拆解示例。

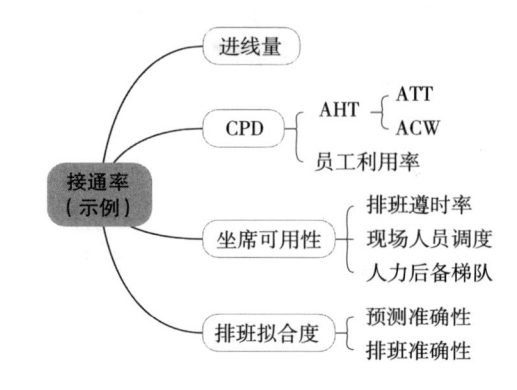

```
接通率        ┌─ 进线量
（示例）     │
             ├─ CPD ─── AHT ─┬─ ATT
             │              └─ ACW
             │      └─ 员工利用率
             │
             ├─ 坐席可用性 ─┬─ 排班遵时率
             │             ├─ 现场人员调度
             │             └─ 人力后备梯队
             │
             └─ 排班拟合度 ─┬─ 预测准确性
                           └─ 排班准确性
```

图 3-2　接通率三级指标拆解示例

- 质检通过率指标拆解，请见图 3-3 质检通过率三级指标拆解示例。

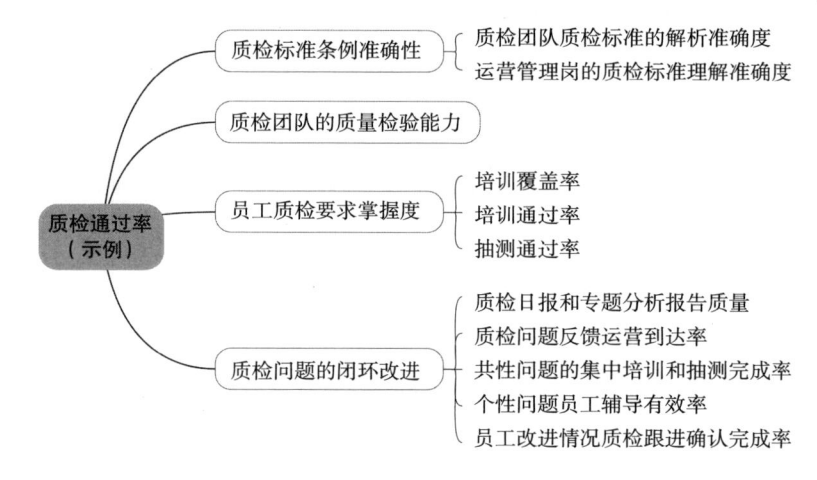

```
质检通过率    ┌─ 质检标准条例准确性 ─┬─ 质检团队质检标准的解析准确度
（示例）     │                     └─ 运营管理岗的质检标准理解准确度
             │
             ├─ 质检团队的质量检验能力
             │
             ├─ 员工质检要求掌握度 ─┬─ 培训覆盖率
             │                    ├─ 培训通过率
             │                    └─ 抽测通过率
             │
             └─ 质检问题的闭环改进 ─┬─ 质检日报和专题分析报告质量
                                   ├─ 质检问题反馈运营到达率
                                   ├─ 共性问题的集中培训和抽测完成率
                                   ├─ 个性问题员工辅导有效率
                                   └─ 员工改进情况质检跟进确认完成率
```

图 3-3　质检通过率三级指标拆解示例

第二节　绩效目标达成闭环机制

班组平时的工作指标管理，通常是根据周期来规划和执行的。常见的周期包括日周期、周周期和月周期。具体选择哪种周期，其实取决于当前的工作安排和运营需求。

比如，在平稳运营的阶段，可以通过每天的短期总结来发现问题和调整方向，周末做一次更全面的复盘分析，而每月则可以进行更加系统的总结和规划。这种方式可以确保班组在一个稳定的节奏里高效运转，同时能够及时解决日常工作中的小问题。

但如果遇到一些特殊情况，比如项目进入了关键节点，或者像大促这样的高峰时期，我们的周期管理就需要更加灵活。在这些时候，短期的实时跟进尤为重要。例如，在紧急业务冲刺阶段，可能会把周期缩短到以小时为单位，通过实时监控来快速发现问题并迅速应对，确保目标不偏离。这就好比打仗，在平时我们按部就班练兵，但关键时刻需要快速反应，甚至每小时调度一次，确保每一个环节都能高效运作。

无论选择哪种周期，每个管理周期都有一个核心点：明确当前工作的出发点和目标，并理解这两个点之间的"距离"。这个"距离"就是我们常说的绩效差距，它是目标和现状之间的差异（见图3-4）。

图3-4 绩效差距示意图

但请注意，绩效差距不只是一个冷冰冰的数字，它其实在告诉我们：问题在哪里？哪些地方需要改善？后续工作的重点是什么？换句话说，绩效差距是一盏指路灯，帮我们找到问题的方向，推动我们一步步接近目标。

实现目标就像爬山，要先搞清楚路上的障碍，然后规划好路线，最后一步步走向山顶。这个过程中，有三件事情是必须系统解决的：解决短板问题、制定策略计划、执行优化方案。接下来具体讲讲这三项任务。

第一步，解决现存的短板问题。

短板问题就像登山路上的大石头，它们是阻碍我们进步的最大障碍。如果不解决这些问题，后续的努力可能会事倍功半。通过数据分析和实际观察，明确班组工作中哪些环节存在问题。这些问题就是我们的"短板"，找出来就是第一步。

此外，不要被那些"鸡毛蒜皮"的小问题分散精力，而是重点关注对整体结果影响最大的短板。比如，如果客户满意度低，核心原因是响应时间太慢，那就优先解决这个问题，而不是纠结一些细节性的操作。

还有就是找出问题背后的根本原因，比如：是流程设计不合理，还是人手不足？这些分析是后续制定策略的基础。

第二步，制订目标达成的策略计划。

找到短板后，接下来要回答一个关键问题：我们该怎么做？这个阶段就像制定登山路线图，帮我们快速又稳妥地接近目标。"短板"就像工作中的"薄弱链条"，如果不加强这个链条，整体效率和效果都会受影响。此阶段重点是设计有针对性的改进方案，而不是泛泛而谈。

光补短板是不够的，要想让运营更高效、更优质，还得引入新的方法和思路。这就像一艘船，如果老是沿着同样的航线行驶，就不可能发现新的大陆。创新不仅让我们解决当前问题，还能为班组带来更多可能性。

第三步，策略行动计划的闭环落地。

因为再好的计划，如果只停留在纸面上，那也只是"画大饼"，无法真正推动我们的工作。最后一步，就是要把策略一步步落实到实际行动中，同时不断跟踪和调整，确保目标真正达成。

首先，我们要确保每一项策略都能够被切实执行。这就需要做到：明确责任人，确保有人对结果负责；设定时间节点，什么时候开始，什么时候完成，都要有明确的时间表；细化具体任务，具体要做哪些事情，每一步该怎么做，都要清清楚楚。

其次，在执行过程中，我们不能一放了之，还需要定期检查和跟踪，确保策略真正落地。按照设定的时间节点，检查任务的完成情况，看看是否达到了预期效果。如果发现有偏差或者问题，立即采取措施进行调整，避免小问题变成大麻烦。

最后，在每个管理周期结束后，要进行复盘总结，这一步非常关键。目标实现了吗？如果没有，差距在哪里？哪些做得好的地方可以作为最佳实践继续推广？哪些地方还可以优化，下次可以怎么做得更好？通过这样的复盘，可以把经验和教训沉淀下来，为下一次的目标管理提供宝贵的参考。

一、运营指标管理现存短板问题的分析

（一）从结果指标到关联过程指标，进行分析锁定问题及根源

当班组的结果指标，比如净满意度（见图3-5），未能达标时，应该如何深入分析问题，找到根本原因。这个过程可以被形象地比喻为"剥洋葱"：从大到小、从整体到细节，一层一层地分析，最终锁定核心问题并解决它。

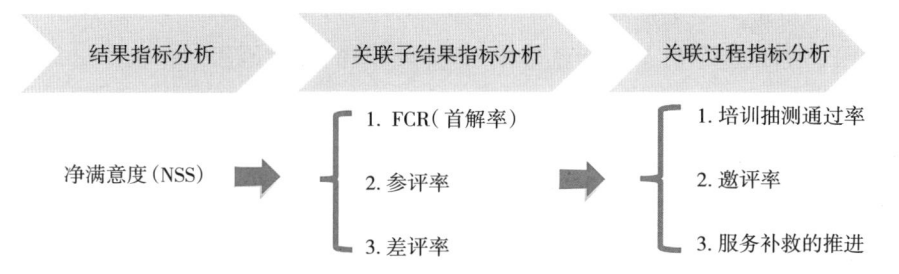

结果指标分析	关联子结果指标分析	关联过程指标分析
净满意度（NSS）	1. FCR（首解率） 2. 参评率 3. 差评率	1. 培训抽测通过率 2. 邀评率 3. 服务补救的推进

图3-5　净满意度指标拆解（含部分子结果指标和过程指标）

接下来，将会从三个步骤来讲解这个方法，以确保大家能够全面理解并顺利应用

第一步，通过数据对比，找到异常指标。

（1）小组过程指标对比分析。

我们首先要做的是，把班组的过程指标（比如客户处理时长、邀评执行率等）和达标的小组或者标杆小组进行对比，看看差距在哪里。通过这种横向对比，可以快速找到哪些具体指标表现不理想，从而缩小问题的范围。举个例子，如果发现标杆小组的客户处理时长是3分钟，而我们的班组是5分钟，那么这个差距可能就是问题之一。

（2）班组数据趋势分析。

除了横向对比，还要看指标的变化趋势。

同比：比如，本月的满意度和去年同期相比，是进步了还是退步了？

环比：比如，最近两个月的净满意度有没有出现连续下降？

通过这种纵向趋势分析，可以判断：问题是短期的偶然现象，还是长期存在的趋势性问题。比如，如果发现净满意度连续三个月下降，那说明这不是偶然现象，而是一个长期问题，需要引起高度重视。

（3）锁定异常和低水平指标。

最后，把发现的异常指标和低水平指标列出来，比如"邀评率低""响应速度慢"等，作为下一步分析的重点。

第二步，对组内员工指标进行分析，定位重点影响人员。

（1）员工间数据对比。

这一步是要把组内每位员工的指标拿出来对比，看有没有员工的表现显著低于其他人。举个例子，如果某位员工的邀评执行率只有20%，而组内平均水平是60%，那么这个员工可能就是拉低整体成绩的关键因素。

（2）重点人员定位。

针对这些指标偏低的员工，要重点关注他们的具体工作情况，比如：他们的操作是否符合要求？是否缺乏必要的技能？或者有没有其他客观因素影响了他们的表现？

第三步，深入分析其根本原因。

当锁定了问题指标和影响人员后，接下来就需要"深挖"根本原因，逐一排查问题的具体来源。

（二）按业务场景/工单类型分析班组指标，找出关键问题

为什么在班组运营管理中，要按业务场景或工单类型对指标进行细分分析？这个方法就像给复杂问题分类打标签，可以帮助我们更快找到问题所在，并更高效地解决它们。

在我们的日常工作中，不同的业务场景或工单类型常常面临不同的问题，比如：某些工单类型的解决率低、满意度差，可能是因为流程复杂；有些场景客户不满意，可能是因为处理人员的专业知识不足。通过把指标按场景细分，我们就能更清晰地看到：问题集中在哪些环节？哪些问题对整体影响最大？一旦明确了问题范围，就可以集中资源，优先解决那些对整体指标影响最大的场景，从而达到事半功倍的效果。

在分析每个场景时，不能只看运营指标的表现（比如净满意度），还要结合场景的咨询量或进线量来评估它的重要性。为什么要这么做？因为场景的权重会直接影响整体数据的表现。我们需要明确两个概念：

· 高权重场景：咨询量占比大的场景，对整体指标的拖累可能很明显。

举例：A 场景的净满意度（NSS）是 88%，看起来只比目标值（89%）低了 1%，但它占了整体进线量的 50%。

虽然差距小，但因为权重高，对整体 NSS 的拖累非常大。这个场景就必须优先改进，因为它对整体数据的影响最大。

·低权重场景：咨询量占比小的场景，即使表现差，影响范围也有限。

举例：B 场景的净满意度（NSS）是 85%，明显低于目标值，但它的进线量只占整体的 5%。

表现虽然差，但影响有限，对整体数据拖累不大。可以优先处理其他场景，把它排在后面逐步优化。

按业务场景或工单类型分析指标，可以让我们更精准地找到问题根源。同时，综合考虑场景的咨询量或进线量，可以帮我们更科学地确定问题的优先级：高权重场景优先处理，确保对整体数据影响最大的环节先改进；低权重场景则可以排后一步优化，分清轻重缓急，避免资源浪费。这种方法看似细致，但实际上能让我们用更少的时间和资源，取得更大的改进效果。

假设某项目的 NSS 目标值是 89%，我们可以按照 SR（服务请求）的大类将 NSS 细分为多个场景，并通过以下步骤进行分析。

（1）按照工单类型分别统计 NSS 的相关数据。

将 NSS 按不同 SR 大类划分，统计每个场景的 NSS 值，并与目标值（89%）对比，看看哪些场景达标，哪些未达标（见表 3-1）。

表 3-1　某项目 NSS 按照工单细分统计表

SR 工单类型	1 分	2 分	3 分	4 分	5 分	NSS
操作系统咨询	6		1	13	173	86.01%
闪屏	3		2	4	49	75.00%
自动重启	3	1		4	45	77.50%
搜不到无线网络		2		2	10	57.14%
钱包咨询	2			2	6	40.00%
……						

（2）核算场景对整体 NSS 的影响。

结合每个场景的进线量占比，计算该场景对整体 NSS 的贡献或拖累。公式如下：

影响值 = 场景进线量占比 ×（实际达成值 – 目标值）

按照场景的影响值，从高到低排序（见表 3-2），优先处理对整体 NSS 拖累最大的场景，并进一步分析与满意度有差距的具体原因。如闪屏这个类型要进一步分析 NSS 低的根本原因是什么。

表 3-2　某项目 NSS 按照工单细分影响值分析表

SR 工单类型	1 分	2 分	3 分	4 分	5 分	NSS	影响因子值	解决排序问题
操作系统咨询	6		1	13	173	86.01%	–0.08%	2
闪屏	3		2	4	49	75.00%	–0.09%	1
自动重启	3	1		4	45	77.50%	–0.07%	3
搜不到无线网络		2		2	10	57.14%	–0.05%	5
钱包咨询	2			2	6	40.00%	–0.06%	4
……								

通过按业务场景细分数据，结合每个场景的咨询量占比和指标表现，我们可以精准评估每个场景对整体班组运营数据的影响。高权重的场景（咨询量占比高）即使指标表现稍差，也会对整体数据造成显著拖累，因此必须优先关注和优化；而低权重的场景，虽然表现可能较差，但因影响有限，可以放在后续逐步改进。通过这种方式，能够分清轻重缓急，把有限的资源用在刀刃上。

优先处理关键问题，不仅能够快速提升整体运营水平，还能更科学有效地分配资源，确保工作的重点始终对准整体目标的达成。这种方法帮助我们从复杂的场景中找到关键突破点，避免资源浪费，同时大幅提高管理效率，让班组的运营更具成效。

二、拟定班组运营指标目标达成的策略计划

一个清晰、有力的策略不仅能提升效率，还能帮助我们更好地实现结果。在实践中，我们可以按照以下五个步骤来制定和执行策略。

第一步，梳理逻辑——从结果到问题，明确方向和短板。

策略的制定首先需要梳理清楚班组运营的逻辑，从最终目标到具体问题层层拆解。这一步就像画一张地图，让我们知道目标达成的路径以及沿途的障碍。

举个例子：如果目标是降低投诉率，我们就要一步步拆解出投诉率偏高的原因，比如客户不满的主要来源、员工技能不足或补救流程不完善。这一步的核心是找到短板，明确我们需要优先解决的方向。

第二步，策略制定——系统设计解决方案。

明确问题后，我们需要围绕现状和目标，制定全面的解决方案，确保每个问题都能得到有针对性的应对。具体策略可以分为以下几类：

- 原有必要策略任务：基础工作，比如日常培训、绩效跟踪等，必须持续推进，不能因为新增问题而忽略。
- 问题解决改善策略：针对现存问题设计改进措施。比如：如果投诉率高，可以加强员工处理客户不满的培训，或者优化服务补救流程。
- 未来风险防范策略：提前考虑可能的风险，并设计预案。比如：为短期工上线或大促活动提前制定风险应对措施。
- 新增策略：尝试新的工具或方法，提升运营效率和质量，比如：引入自动化工具或优化客户互动方式。

第三步，策略完成优秀标准——明确"好"的定义。

策略制定完成后，我们要明确什么才是"优秀完成"，这样大家对最终的目标会更清晰。

- 优秀表现的标准：用具体的指标衡量，比如质量数据、时效数据和员工行为标准。
- 具体交付的结果：明确策略实施后需要实现什么。比如："在两周内完成所有员工的投诉处理专项培训，并提交课程PPT、考题和成绩结果汇总。"
- 规避的负面表现：提前明确哪些结果是不可接受的。

第四步，检核、监督与调整的闭环管理。

任何策略都需要明确检核人、检核时间点和检核标准，确保执行方向不跑偏，进度不拖延。检核不仅是监督，更是发现偏差并及时调整策略的重要环节。

第五步，任务时间管理甘特图——让计划清晰可执行。

为了让任务推进更有条理，我们可以通过甘特图将所有策略的执行过程可视化。

通过甘特图可以直观地看到每项任务的时间安排和交叉情况；同时避免资源冲突，确保每项任务按计划推进；此外，班组长还可以随时跟进进度，发现问题及时调整。

我们给大家提供了一个策略计划表的示例模板（见表3-3），大家可以参考使用。

表3-3 班组运营指标目标达成策略计划表（示例模板）

序号	运营结果指标	子结果/过程结果指标	现存问题或风险点	策略任务	策略完成优秀标准	完成日期	检核人	检验要求	负责人
1	满意度	首解率		任务1：					
				任务2：					
				任务3：					
		邀评率		任务：					
		服务体验度		任务：					
		差评率		任务1：					
				任务2：					

备注说明：策略任务要针对性解决存在的问题，预防未来风险的发生，并且确保有新增策略，并对原有策略方法进行优化

三、班组运营指标目标达成策略行动计划的闭环落地

如何把策略计划转化为扎实的执行和优异的成果？这个是非常重要的。很多时候，计划看似周全，但因为执行不到位或检核缺失，最终变成"雷声大雨点小"。班组长的责任就是把计划细化到人、落实到行动，通过团队的共同努力，确保执行到位、结果交付。这需要我们从六个关键方面着手。

（一）团队宣导：让目标清晰，方向一致

策略执行的第一步是让每一位成员都了解背景和意义。只有全员清楚"为什么要做""要做到什么程度""要怎么做"，才能形成一致的行动力。通过班组会议，我们要向成员传递清晰的信息：解释为什么要做这项工作，比如这是年度重点任务，或者是影响绩效考核的重要环节；明确具体目标，比如"将净满意度提高到90%"或"工单响应时间缩短至2小时内"；强调时间要求，每个任务的开始时间、截止时间以及关键节点；最后，说明班组为任务提供的支持，如培训和工具等，帮助大家解除后顾之忧。

（二）清晰的任务分配：让每个人都知道自己的职责

任务分配必须做到明确清晰，确保每位成员清楚自己的具体任务、标准和要求。我们需要讲清楚任务的执行要求，包括时间、操作规范、品质和汇报标准；通过提问或模拟操作，确认员工真正理解任务，而不仅仅是听懂；同时，与专项负责人和检核人单独沟通，确保他们了解任务目标和检核方式；最后，用邮件或班组群发送任务清单，形成书面记录，方便随时查看，避免信息遗漏。

（三）提供支持和培训：让团队有能力完成任务

仅仅分配任务还不够，班组长还需要确保团队有完成任务的能力和资源。针对常见问题和优秀案例，可以提炼出清晰的流程或方法，组织全员培训。例如，使用话术模板提升客户沟通效果，优化工单处理流程，或者将复杂操作简单化处理，让员工更高效、更精准地完成任务。

（四）激励机制：调动积极性，打造团队氛围

科学的激励机制是调动团队积极性的关键。可以通过明确的奖励规则，比如日度奖励、周度奖励和进步奖等，来激励员工。引入竞争机制，例如师徒竞赛或小组对抗，促进团队成长；同时营造正向氛围，班组长要及时表扬好表现，引导员工之间互相鼓励，塑造健康的竞争和合作文化。

（五）发挥团队集体力量：互帮互助，共同进步

优秀的团队需要互帮互助的文化。经验丰富的员工可以带动新人，通过一对一指导或解决疑难问题来促进新人成长。班组之间以及与质检和培训部门的协作也很重要，质检部门可以提供数据支持，培训部门可以根据问题开展专项培训，共享资源，提升整体能力。

（六）工作推进过程控制和检核：执行和检核同步进行

执行计划时，检核工作必须同步推进，而不能等到结果不理想时才发现问题。班组长需要全程把控，通过定期检核、及时反馈和调整，确保策略落地。检核是闭环管理的核心，帮助我们发现偏差并修正，避免策略偏离方向。

> **◆ 示例**
>
> 【班组运营管理工作过程控制及检核的常见方法示例】
>
> 1. 培训业务知识后的有效检查与复盘
>
> ·培训中管理岗随机抽查培训内容，尤其是抽查课堂表现沉默的学员。
>
> ·培训结束后由学员互相进行角色模拟，检查掌握情况。
>
> ·培训结束后由学员进行心得分享以检查效果。
>
> 2. 培训业务知识后员工应用情况检查
>
> ·管理岗现场监听通话、抽听录音、会话分析，及与业务更新关联的指标变动情况等。
>
> ·请第三方协助检查，例如质检目的性的抽call等。
>
> 基于管理岗发现及质检团队反馈的问题，分析哪些问题属于能力问题引发，哪些属于会做但不做的执行问题。
>
> 3. 执行过程追踪及监控
>
> ·T+1日跟进T日员工数据，针对差异员工抽查会话/录音，确认差异和原因。
>
> ·过程中每隔2h通晒指标达成，表扬进步员工，提升员工重视度。
>
> ·对技能短板员工及时进行有效辅导，如场景化和实操化。
>
> ·向上级汇报监控过程及结果。

总结：从团队宣导、清晰的任务分配，到提供支持和培训、激励机制，再到发挥团队集体力量以及工作推进过程和检核，这六个关键点是确保策略执行到位的基础。班组长要确保团队成员知道怎么做、有能力做、愿意做，并且能高质量完成。这样，才能把纸面上的完美计划，真正转化为优异的运营成果！

第四章

现场管理——业务管理和人员管理

第一节 巡场管理

很多人可能觉得巡场就是"走一走、看一看",但实际上,巡场的意义远远不止于此。它不仅是班组长了解团队运行情况的关键方式,更是发现和解决问题、保障现场秩序和业务质量的重要手段。

简单来说,巡场的目的是确保团队的高效运转。它是班组长的"火眼金睛",可以帮助在第一时间捕捉到问题的苗头,无论是员工状态、业务执行情况,还是秩序管理。一旦发现问题,班组长可以迅速介入,避免问题扩大,真正起到"安全网"的作用。

一、巡场要实现什么目标

巡场要实现的第一个目标是确保现场秩序井然有序。作为班组长,要关注员工的行为规范,比如:是否按时签到、准时上岗;是否严格遵守工作流程;是否正确使用办公设备。除此之外,还要检查工作区域的环境合规性,确保整洁、无杂物,及时排查潜在的安全隐患。这些看似琐碎的细节,直接影响到团队的工作效率和安全。如果连现场秩序都无法保障,其他工作可能事倍功半。

巡场要实现的另一个重要目标是关心员工的状态。在高节奏、强压力的工作环境下,员工的情绪和状态难免会出现波动。班组长在巡场时需要特别留意:员工的精神面貌是否正常?是否有员工显得疲惫、烦躁或者情绪低落?如果发现问题,要主动和员工沟通,帮助他们缓解压力、调整情绪,避免问题扩大。员工的好状态不仅能提升工作表现,还能增强团队凝聚力。一个士气高昂的团队,才能在困难时共同进步。

最后，巡场还要实现一个非常重要的目标——及时发现和解决业务异常。比如：员工是否在某通电话上停留时间过长？是否有设备或系统出现故障？是否存在影响客户体验的问题？这些业务上的异常，往往会对服务效率和客户满意度造成负面影响。班组长需要在巡场时保持高度敏感，一旦发现问题，要迅速介入解决，确保业务顺畅运行。业务异常如果不能及时处理，不仅会影响当天的运营，还可能带来客户投诉和更大的管理风险。

巡场不仅仅是"走一走、看一看"，而是要带着明确的目标去观察和解决问题。从维护现场秩序，到关注员工状态，再到排查业务异常，巡场是班组管理中不可或缺的环节。

二、固定时间巡场的策略方法

一个好的巡场计划可以帮助我们及时发现问题，确保团队高效运转。下面就和大家分享如何通过固定时间巡场覆盖一天中的关键节点。

（一）班前会前后：巡场的第一道关口

在班前会前，班组长需要确认所有员工是否准时到岗。如果有人迟到，要了解原因并及时跟进。同时，这也是观察员工状态的好时机，看看他们是否显得疲惫、情绪低落，提前做好心理准备，为班前会奠定基础。

班前会后，要检查员工是否按照要求签入系统并开始工作。如果发现系统问题，比如无法正常签入或操作，要迅速上报技术支持并协助解决。另外，还要留意员工是否准备好了必要的工作工具，比如流程文件、话术参考或知识库。简单来说，这个时间段是确保"开好局"的关键。

（二）用餐前和用餐后：关注状态调整

在用餐前巡场时，要观察员工是否有疲劳迹象或注意力分散的情况。如果发现问题，可以适当提醒他们调整状态，用好用餐时间恢复精力。用餐后，要重点检查员工是否按时返回岗位，并迅速进入工作状态，避免因拖延用餐而影响业务效率。

（三）下班前后：确保收尾工作到位

下班前，班组长需要关注员工是否完成了当日的工作，有没有遗留任务需要特别处理。同时，下班时容易出现注意力下降的情况，这时候特别需要提醒员工保持专注。

下班后，还要检查员工是否按照要求退出系统，电脑电源是否关闭，办公设备是否妥善归位，确保没有浪费资源或留下安全隐患。这些小细节虽然不起眼，但直接关系到资源管理和工作环境的整洁。

固定时间巡场覆盖了班前会、用餐时间和下班时间这些关键节点，每个阶段都有其独特的重点。只要班组长巡场有计划、有目的，并且善于观察细节、主动沟通，就能把控好现场管理，让团队运转更加顺畅。

三、不定期巡场的策略方法

不定期巡场，这种灵活的巡场方式能够有效避免员工因"固定时间检查"产生的应付心态，同时让巡场更加贴合实际需求和现场情况。在日常管理中，不定期巡场可以帮助我们更敏锐地发现问题、调整状态，尤其是在高峰期或特殊时期，它更是确保服务质量的重要手段。

在每天 8 小时的工作班次中，建议班组长进行至少 4 次不定期巡场，每次巡场的重点可以根据时间和现场情况进行调整。特别是在业务高峰期或公司开展大型促销活动等特殊时期，不定期巡场的频率需要适当增加。这时候，员工的工作量和压力都比较大，巡场可以帮助我们第一时间发现问题并提供支持，确保客户服务质量不打折扣。

在日常工作中，下午的时间段（如 14:00—15:30）往往是员工专注度和工作效率的"低潮期"。这个时间段的巡场非常重要，不仅能提升短期效率，还能通过有效的互动和引导，增强团队的凝聚力。班组长可以通过以下方式管理团队状态：

·观察精神状态：注意哪些员工显得疲惫、注意力不集中，及时与他们互动，比如聊几句、鼓励他们，或者适当提供帮助。

·激发工作热情：简单的关心和引导往往能缓解疲劳情绪，让员工重新打起精神，提高整体效率。

·检查任务进度：了解员工的工作进展，帮助调整节奏，确保任务能够按计划推进。

当业务知识点发生变更时，巡场的目标不仅是发现问题，更是防止错误信息的传播。班组长需要快速行动，确保员工正确理解新信息，并立即纠偏。具体可以从以下几点入手：

・旁听通话：随机听取员工的通话内容，重点关注他们是否正确传达了新的业务信息。

・随机抽检：对未在通话中的员工进行提问，检查他们对变更内容的理解，并记录抽检结果。

・及时指导：对理解有偏差的员工进行现场业务解答，必要时安排针对性的短期培训，帮助他们尽快适应新要求。

业务变更容易导致操作和信息理解上的偏差，而快速有效的巡场可以帮助团队稳步过渡，避免对客户体验造成负面影响。

除了巡场时机的重点外，也要关注需要重点核查的内容。

首先是声音环境，需要确保工作区域安静，避免喧哗干扰其他员工，同时留意员工在通话中的语气和内容，确保积极、专业的表达，维护客户体验和团队形象。此外，合规检查也是巡场的重要部分，比如员工是否佩戴工牌、是否按规定存放纸笔、是否存在违规使用手机的情况等。与此同时，还要检查用电安全和物理环境的潜在隐患，防止意外事故发生。细节管理是巡场的核心，这些看似小的环节，直接关系到班组的运营质量和安全。

另一个巡场的重点是关注员工状态，特别是新员工、绩效较弱的员工或有离职倾向的员工。这些员工可能因为经验不足或心理压力大而影响工作效率。班组长需要主动观察他们的专注度、情绪和表现，及时给予支持和引导，帮助他们稳定情绪并尽快适应工作节奏。

四、巡场记录：保证问题跟进的闭环管理

巡场结束后的工作，这部分工作虽然看似简单，但它对团队管理和问题跟进非常重要。每次巡场结束后，班组长都应详细记录巡场的时间段、参与人员、发现的问题以及处理方式。这些记录不仅是日后总结和优化工作的依据，也是团队管理的重要参考。如果项目中存在早晚班轮换的情况，班组长还需要在下班前将记录表交接给下一班次的班组长，确保信息的连续性，让问题能够持续跟进，避免遗漏。

此外，如果在巡场中发现了重大问题或紧急情况，班组长需要立即向上级汇报。通过快速反馈问题和采取精准的应对措施，可以防止问题扩大化，最大程度保障现场运营的稳定性和安全性。记住，迅速的反应不仅体现了管理的专

业性，更是维护团队和业务正常运转的关键。

五、针对现场秩序、人员状态和业务管理方面的常见问题进行前置防范管理

巡场工作中的一个关键点是前置防范管理。班组长的巡场工作，不仅是发现问题和解决问题，更重要的是通过前置防范措施，减少问题发生的可能性。尤其是在声音环境管理方面，这一工作直接关系到客户体验。与其等到大声喧哗引发客户投诉后再去"救火"，不如从一开始就通过规范管理，避免问题发生。

（一）持续宣导：让规范深入人心

首先，班组长需要把"保持安静的工作环境"作为运营规范的重点，通过多种渠道反复向员工传达其重要性。在日常班组会议中，可以明确说明嘈杂的声音环境对客户体验的负面影响，并结合实际案例让员工看到喧哗行为可能带来的后果，比如客户投诉、团队绩效下降，甚至对个人发展的不良影响。此外，可以通过邮件、公告等形式，将这些规范以文字的形式固定下来，方便员工随时查阅和记忆。

这种多渠道、多形式的宣导，能够让员工真正理解规范背后的意义，从而自觉遵守规范。通过不断的强调，声音管理不再是"口号"，而是融入每个人的日常行为习惯。

（二）联合质检：强化监督与反馈

班组长可以与质检团队紧密合作，在日常录音监听中特别关注背景音的清晰度和安静程度。如果发现无关的谈话声或喧哗情况，质检人员可以快速记录并反馈给班组长。针对这些反馈，班组长应及时采取措施，比如提醒员工注意行为规范，或通过组织小范围的培训进行强化。

这种联合监督的机制，不仅能及时发现问题，还能帮助团队逐步优化细节管理。通过这样精准而快速的反馈，声音管理会更加有效，团队整体的运营规范性也会持续提升。

（三）视觉提示：用细节强化意识

在员工的日常工作区域，班组长可以张贴一些简洁明了的标语，比如"保持安静，请勿喧哗"，并将这些标语放置在显眼的位置，比如工位隔板或休息区。这样，员工在工作时随时能够看到这些提醒，强化规范意识。

这些直观的提示，不仅是对规则的重申，更是一种温馨的提醒，能够潜移默化地让员工养成良好的行为习惯，营造出一个安静有序的工作氛围。

（四）新员工培训：从入职开始规范行为

新员工的培训是前置防范管理的重要一环。班组长需要在新员工入职时，将声音管理作为培训的重点内容。不仅要讲清楚规范和要求，还可以通过案例分析和模拟演练，增强新员工对规范的理解。

例如，可以播放一段带有背景喧哗的通话录音，让新员工从客户的视角去感受不良环境的困扰。这种体验式培训能够让新员工更直观地理解规范的意义，从而增强他们的规则意识和执行力。

通过这些前置防范措施，班组长能够让巡场工作从"救火"式的被动解决问题，转变为更加主动的现场管理。这不仅能减少问题的发生，还能提升团队的整体效率，为客户提供更加专业、稳定的服务体验。前置防范管理的意义，不仅是减少麻烦，更在于为团队创造一个积极、安心的工作环境。这是每位班组长都可以努力实现的目标。

第二节　高效组织班前会

班前会是我们班组管理中一项非常重要的日常工作。可能大家会觉得，班前会每天都开，时间短，内容也很简单，似乎没什么特别的。但是你知道吗？班前会其实是我们班组管理中的关键一环，它不仅是员工开始一天工作的指引，更是班组长传递信息、激发团队状态的重要时刻。

然而，正因为班前会的"例行性"，很多班组长会陷入一种惯性思维，把班前会看成一种任务，完成就行，没有真正考虑到它的意义。这种缺乏目标和针对性的会议，可能会逐渐变得形式化，不仅浪费了时间，还可能让员工失去兴趣，甚至失去参与积极性。

要让班前会真正发挥作用，班组长需要明确它的核心价值，并始终围绕目标来组织会议。这不仅要求会前精心准备、会中高效组织，更需要会后认真跟踪落实。只有摒弃形式化的流程，用心对待每一次班前会，才能为团队的整体表现奠定坚实的基础，激发团队潜力，实现更高效的工作成果。

一、围绕两个目标的实现组织班前会

目标一：通过班前会打造良好的班组氛围。

一天的工作开始于班前会，而员工的精神状态直接影响工作效率和服务态度。我们需要通过班前会帮助员工迅速切换到工作模式。简单的一个问候、一句团队激励语，甚至一个小互动，都会让员工从生活琐事中抽离，集中注意力到工作上。比如，我们可以这样开始："大家早上好！昨天团队的表现很棒，尤其是某某在处理客户投诉时表现得非常专业，今天我们继续加油！"这样的开场会让员工感受到工作的积极氛围，同时也在心理上完成了状态的切换。

每个人都希望被认可，班前会是我们最好的机会，通过肯定每个人的付出和分享团队中的正面故事，激发员工的积极性。你可以这样说："昨天完成指标的同事请举手！非常棒！大家看，这就是我们团队的力量。今天，我们继续保持这个节奏，争取每个人都能有好成绩！"通过这种激励，不仅能提升员工的信心，还能增强他们的归属感，让他们觉得自己是团队中不可或缺的一部分。

目标二：推动班组业务达成。

班前会是传递业务信息的高效平台，但必须避免内容空洞。讲解业务时应突出简洁和实用，通过清晰的表达让员工易于理解。同时，要确保团队对目标的理解达成一致，明确每位员工的任务和分工，让每个人都清楚自己的职责。

需要注意的是，班前会的安排并不是工作的终点，而是一个新的起点。会后跟进至关重要。班组长可以通过简短的会议回顾或一对一沟通，检查任务的完成情况。这种跟踪机制不仅能提升任务执行力，还能增强员工对班前会内容的重视程度，确保会议效果落到实处。

二、充分的班前会准备

关于班前会的会前准备，很多时候，这部分工作容易被忽视。我们有没有遇到过这样的情况：开班前会时发现，讲解业务不够清晰，或者对客户投诉的问题没能准确传达清楚，导致员工会后执行起来方向不明？这往往是因为会前准备不足造成的。

用一个简单的例子来说明：用 1 分钟清楚地表达一个观点难，还是用 10 分钟讲清楚一个观点难？相信大家都会觉得 1 分钟更难。这就像我们的班前会，时间短，要求却高。短短几分钟内，既要条理清晰地传达任务，又要确保员工能理解并记住，这对我们的组织能力是一个很大的考验。而会前充分准备，就是解决这一问题的关键。

从影响班前会效果的角度来看（见图 4-1），会前准备的重要性可以说是最大的——它占到 40% 的比重。只有事先做好详细的准备，确保内容清晰、重点明确，才能在班前会中达到高效传达的目的。其次是会中组织，占到 30% 的影响。这部分的关键在于如何高效调动员工，让会议内容条理清晰、重点突出，同时营造积极的工作氛围。最后是会后跟进，同样占到 30% 的影响。很多时候，班前会上的内容如果没有后续跟踪，很容易被遗忘。会后跟进的作用就在于确保任务得到执行，讨论的事项能够得到落地。

图 4-1 会前准备、会中组织、会后跟进对班前会效果的影响

所以，大家可以想一想：如果会前准备不到位，会中组织得再好，员工可能还是会一头雾水；会后不跟进，再清晰的任务也可能不了了之。这三者就像一个闭环，缺一不可，而会前准备是这个闭环的起点。

（一）会前梳理并分析业务指标

业务指标分析不仅是我们与团队成员同步信息的一种方式，更是班组业务推进的重要参考依据。通过数据分析，我们可以找到问题的根源，制定改善方案，最终提升整体绩效。

1. 业务数据的收集和整理分析

首先，班组长需要明确：哪些业务指标与项目绩效息息相关，明确这些关键指标后，我们的分析就更有针对性，不会抓不住重点。可以将业务指标分为两大类：

- 结果指标：这些指标直接反映最终成绩，比如销售额、客户满意度等。
- 过程指标：这些指标关注执行过程，比如任务完成效率、员工利用率等。

接下来，数据的准确性和时效性至关重要。班组长要把繁杂的数据整理成一目了然的形式，方便大家分析和分享。建议大家可以用指标收集模板，每天更新数据，这样既高效又不容易遗漏。需要关注的数据包括：

·客户方同步的 KPI 指标：比如最终的业绩数据、过程指标数据，以及机构排名等。这些是客户视角下的核心指标。

·项目内的班组排名：通过内部排名，可以了解我们团队在项目中的位置，也方便进行横向比较。

·后台数据、日报表和质检报告中的关键指标：比如员工的利用率、接起率、CPD 等，通过这些指标我们可以找到团队运作的具体问题。

数据收集完成后，我们需要进一步分析，重点是三点：

·找差距：对比班组数据与项目标杆或目标值，找出差距在哪里。

·找异常：比如突然下降的指标，或者波动较大的情况，这可能是我们需要重点关注的问题。

·找尾部员工：关注表现较弱的同事，并分析导致他们表现较弱的具体原因，如是技能不足、态度问题，还是任务分配问题。

在分析的过程中，我们不仅要看班组内部，还要对标其他优秀班组，找出差距的具体原因和差别点。只有看清我们的不足，才能制定有针对性的改善措施。

具体班前会会前业务数据分析维度及重点如表 4-1 所示。

表 4-1　班前会会前业务数据分析维度及重点

序号	需要分析的方面	具体的内容说明
1	班组在项目中的排名	基于项目整体指标达成，班组的指标达成处在什么位置（头部、中部、尾部）；与标杆班组的差距
2	目标达成情况分析	结果指标和关键过程指标情况：累计达成值、当日达成值、差值、异常波动数据等
3	班组人员达标情况	详细分析人员数据：头部、尾部、平均值、中位数、异常波动人员等
4	业务场景拆解	按照场景拆分来分析指标达成情况和对整体数据的影响等，锁定关键问题场景
5	差值和异常问题原因分析和策略制定	差值和异常数据的原因分析，主要影响项是哪些；共 / 个性问题、主 / 客观原因，对应的提升计划

2. 基于班前会组织目的来梳理班前会中需要说明的指标

数据的展示方式直接影响员工的理解效果。相比于单纯讲解，我们可以借助图片、图表、视频等更直观的工具来呈现复杂的信息。通过这种多样化的方式，信息传递会更加生动易懂，员工也更容易记住重点。比如：

·图表：可以用柱状图或折线图对比数据，让排名或趋势一目了然。

·图片或短视频：适合展示激励内容，比如团队优秀表现或阶段性成果。

·链接或模板：如果需要后续参考，可以给员工提供更详细的资料。

班前会的内容需要围绕当天的目标来设计。以下是三种常见目标，以及对应的内容展示策略。

（1）目标一：增强团队凝聚力，激发拼搏精神。

如果今天的重点是提升团队士气，可以展示班组与其他班组的排名差距。比如：用一张图表清楚标出我们的名次，和标杆班组的具体差距。可以这样说："大家看，这是我们目前的排名，和第一名的差距是X%。这个差距并不大，只要我们再努力一点，完全有可能超越他们！"

这种对比能够直观地刺激团队的竞争意识，激励大家齐心协力，共同进步。

（2）目标二：让员工明确个人目标和差距。

如果想帮助每位员工清楚自己的方向，可以展示班组内顶尖员工的优秀表现。比如：把他们的业绩数据、服务质量分数等关键指标做一个简单的展示。对员工说："大家可以看一下，这些优秀同事是怎么做到的。他们在指标上的表现值得我们学习。如果我们设定目标，逐步缩小差距，就一定可以接近甚至赶超！"

通过这种方式，优秀的榜样能够激发其他员工的进取心。

（3）目标三：鼓励进步较慢的员工。

如果今天的重点是鼓励后进员工，可以展示近期进步最大的同事的成绩。比如：展示他们在某段时间内的提升曲线。可以这样说："这位同事前段时间遇到了一些困难，但他通过努力，已经取得了很大的进步！相信大家也能做到，只要愿意付出努力，每个人都可以取得突破。"

这种正向激励不仅能提升士气，还能让员工相信改变和提升是切实可行的。

（二）会前收集和梳理需传达的业务知识

关于班前会中传达业务知识，我们的目标不仅是让员工听懂，更重要的是帮助他们掌握这些知识，并能在实际工作中应用。然而，班前会的时间很短，这确实是一个挑战。

要做到这一点，会前的准备工作非常关键。班组长需要对业务知识进行梳理，确保内容既全面又清晰，同时简洁明了，让员工能够快速理解和消化。而在传达时，要特别注意方式方法，千万避免直接念读的方式。为什么呢？因为单纯念读容易让员工失去专注，无法真正理解，更别提实际应用了。这不仅会影响员工的工作表现，还可能导致我们的业务指标出现波动。

1. 确保业务知识的全面收集

首先，班组长要确保业务知识的来源没有遗漏或错误。这里有几个关键的渠道可以帮助我们全面收集业务信息：

· 知识库：这是最基础的业务信息来源，一定要确保最新的知识点已同步到位。

· 客户方的正式传达：包括客户方的临时会议、工作群通知，甚至点对点的个人传达。这些信息是客户方的第一手动态，必须全覆盖、不遗漏。

其次，对于一些重点业务内容，班组长需要特别关注。这些重点通常包括：

· 客户方的阶段性战略目标，比如某些时间段需要特别关注的指标或目标。

· 重要活动的相关业务流程，像活动期间可能会有一些特定要求。

· 常见的疑难问题和易错项，尤其是容易导致客户投诉的地方。

· 风控和合规方面的要求，这是我们业务中绝不能忽视的部分。

通过以上这些渠道和重点梳理，班组长可以确保收集到的信息既完整又准确。只有这样，班前会的内容才能切实帮助员工更好地理解和掌握业务，为工作打下扎实的基础。

2. 传达方式的梳理和内容准备

如何在班前会中高效、清晰地传达业务知识，这是班前会中非常重要的一部分，因为只有员工快速理解和掌握了业务内容，才能在实际工作中准确地应用。

为了让业务知识传达更高效，班组长需要在知识梳理和传达方式上下功夫。下面给大家总结了几种行之有效的方法（见表4-2），并列出了各自的重点，帮助大家在班前会中更好地组织和传递信息。

表4-2　班前会会前业务知识梳理准备的方法

序号	需要完成的梳理方面	梳理的重点方面说明
1	按照重要等级梳理内容	最重要的放在最前面，确保被讲解说明清楚
2	总结成关键词和关键语句	避免大段输出，提炼总结和归类，便于记忆
3	匹配的情景案例拟写	为了便于员工理解、掌握，针对宣讲中的重点项/易错项，在宣讲后设置一个简单的情景案例，以对话形式帮助员工掌握内容
4	SOP（标准操作程序）展示	若有流程方面的内容，提前做好相关的SOP，更清晰展示，以便员工快速理解；避免纯用文字说明流程，这样员工听不明白

希望大家在班前会中多尝试这些方法，用更清晰、更高效的方式传递知识，让员工不仅听懂，还能真正应用到工作中！

3. 若需要传达的业务知识很多时，需要额外推进的工作

当需要传达的业务知识比较多时，需要通过会前的准备工作来提高班前会的效率，帮助员工更好地理解和掌握这些知识。因为班前会的时间毕竟有限，我们需要在会前提前做一些安排，为会中的学习和讨论打好基础。

首先，在班前会的前一天，班组长应该将整理好的业务知识提前发送给员工。内容可以包括：

·关键词和关键句：帮助员工快速抓住重点。

·场景案例和流程图：让员工能提前理解业务的核心内容。特别重要的部分要用高亮标记，并明确要求员工会前完成阅读，还可以设置一些学习的验收要求，比如简单的测试或问题思考。这样一来，员工在班前会之前就已经有所准备，会中的讲解和讨论会更加高效。

其次，班组长还需要提前整理和更新知识库，确保所有相关业务资料都能随时查找。在班前会中，当讲解到某个重点时，可以直接对照这些文件进行说明。员工也需要知道这些资料的存储位置或链接，方便随时获取最新的业务内

容。通过这种方式，不仅能让员工在会中快速理解，还能让他们在工作中遇到问题时，知道去哪里找答案。

最后，班组长应该提前准备好相关的快捷话术。比如，当客户询问某类问题时，该如何快速回应；或者某个操作步骤的关键指令是什么。这些快捷话术在班前会中可以直接讲解和演示，员工听起来更直观，理解起来也更容易。同时，这也能帮助员工在实际工作中更快地应用所学，提高效率。

（三）会前梳理质检问题 & 投诉问题

质检问题和投诉问题的分析和解决，直接关系到客户满意度和我们的业务表现，因此处理得当至关重要。在这个过程中，我们不仅要明确问题，还要提供切实可行的解决方案，同时注意方式方法，避免引起员工的负面情绪。

在梳理问题时，我们要抓住重点，并尽量结合实际案例进行分析。这里有三个具体的优化方法。

1. 情景化准备

可以选取 1 到 3 种典型场景，用具体案例让员工更容易理解并代入，比如一通投诉电话的处理过程，或者一个具体的服务场景。

2. 从三个维度展开

· 按严重性：将问题分为一般问题、严重问题，或可能引发潜在风险的情况，帮助员工明确优先处理的重点。

· 按类型分类：比如态度问题、流程问题（操作不规范），分类讲解更清晰。

· 按普遍性区分：是个别现象还是普遍存在的共性问题。

3. 讲解时的逻辑顺序

为了让员工快速理解问题并掌握解决方法，讲解时一定要有清晰的逻辑顺序：

· 明确问题及后果：先说明问题是什么，以及它可能导致的后果，比如客户不满、投诉升级，甚至可能影响到团队的整体绩效。

· 分析问题的原因：进一步剖析问题的根本原因，是因为沟通不到位，还是流程存在漏洞？帮助员工找到改进的方向。

· 提供解决方案：最后，提供切实可行的整改建议，比如适合的沟通话术、语气调整，或者需要遵循的操作流程。通过具体的建议，让员工知道如何在类似场景中灵活应对。

当涉及分享投诉案例、问题录音或会话内容时，一定要提前征得相关员工的同意。我们要注意保护员工的情绪，避免让他们感到被指责或公开批评。分享案例的目的是让团队学习，而不是制造压力或负面情绪。

（四）会前梳理出勤人员名单及准备资料

关于出勤人员名单的梳理和管理，这看似是日常工作，但如果处理不当，比如遗漏临时请假、调班人员的信息，或者没有提前为返岗人员安排补学内容，就可能直接影响团队的运作。为了避免这些问题，我们需要在几个方面做足准备。

首先，班组长必须全面获取小组的请假、调班、返岗等信息。为了确保信息的完整性，可以通过以下方式进行：核查工作群内报备的请假和调班信息，结合人事系统进行二次确认，避免漏报。

其次，在掌握了人员信息后，班组长需要提前制定出勤人员表。这张表应在班前会的前一天完成，并确保在班前会开始前两小时内审核确认。出勤表的内容要清晰、详细，包括姓名、日期、调班、请假和返岗等情况。特别注意的是，关于请假返岗人员的备注说明，需要用高亮或备注标注。

最后，对于请假返岗人员，补学是必不可少的。班组长需要根据员工请假期间的班前会内容，提前准备好相关的学习资料，并确保返岗员工完成以下两项：一是学习补学内容，所有内容必须掌握；二是考试正确率必须达到100%，以确保学习效果。

返岗员工只有完成补学任务并通过班组长的审核，才能正式上岗。这是为了确保他们的知识和技能与其他同事保持一致，避免因信息缺失或理解不完整而造成工作疏漏。

（五）会前设计团队互动环节

班前会不仅是任务传达的机会，更是让大家动起来、说起来、笑起来的最佳时机。通过设计有趣的互动，能让每位员工都积极参与进来，营造轻松活跃的氛围，同时增强团队凝聚力。

首先，我们来说表扬环节。表扬是一种非常有效的激励手段，但它的关键在于做到有目的性、有公平性、有影响力。班组长需要提前明确激励的目标，比如鼓励高绩效、认可积极态度，或者表扬在难点问题中表现出色的员工。

接下来是绩优分享，这是一个非常重要的环节，但仅仅让员工上台分享是不够的。为了确保分享有质量、有深度，班组长需要提前帮助分享员工准备内容，可以陪同他们演练，确保：

· 思路清晰，分享内容具体可借鉴。

· 主题明确，如近期业务中的难点解决经验、任务推进方法、优秀服务态度，或者处理疑难客户的沟通策略。

如果需要使用纸质资料、图片或视频素材，也要提前整理好，确保分享过程顺畅并有感染力。这种用心准备的分享，不仅能传递经验，还能启发全员思考，提高工作技能。

最后，我们可以通过快问快答环节增加班前会的趣味性和互动性。班组长需要提前准备好问题，内容可以是业务知识、服务流程，甚至一些趣味性问题。并且，要提前考虑好快问快答的参与形式，比如抽签、点名、分小团队参与等。快问快答环节不仅能让会议节奏更轻快，还能帮助员工在轻松的互动中巩固业务知识，同时进一步活跃团队的氛围。

三、高效高质的班前会召开

接下来，我们从列队点名、业务传达到抽检验收，全方位梳理了班前会的关键环节。这些要点可以帮助班组长更加专业、有条理地组织班前会，确保会议高效推进，同时提升员工的参与感和执行力。

（一）会前列队与仪容检查

班前会开始前，班组长应至少提前5分钟到场，做好准备工作，并在指定位置迎接员工，组织员工列队。建议员工在会前2~5分钟自行列队，班组长可以协助调整队形。如果团队已经养成良好的列队习惯，可以沿用现有方式。

列队时，要确保：全员面向主持人，站位整齐，无遮挡。避免出现懒散、倚靠的状态，帮助大家调整到工作模式。同时，注意观察每位员工的精神状态，如果发现有同事情绪异常或状态不佳，可以在点名册中标注，方便会后进一步跟进和辅导。

点名环节是检查到岗情况的重要步骤。班组长应逐一点名，员工响亮回答"到"。这样不仅能快速确认到岗情况，还能通过声音判断员工的精神状态。对于未到岗的同事，要及时标注原因，比如请假、迟到等，并记录后续安排补开班前会的计划。

点名的同时，还可以快速扫视员工的仪容仪表，检查：工牌佩戴是否规范，整体仪表是否整洁和得体，精神面貌是否符合工作要求。

点名结束后，是调动团队气氛的关键时刻。班组长可以通过简单的问候激发员工的积极性，比如：说一声"XX组的各位同事早上好"，员工大声回应"早上好"，通过整齐响亮的声音确认大家已经进入工作状态。

如果希望进一步激发团队活力，可以设计一些有趣的口号或团队手势。例如，让团队一起喊出口号，或者通过统一的动作互动，增强员工的参与感和团队凝聚力。这样的轻松氛围能够帮助大家以更积极的心态开启新一天的工作。

（二）会中业务知识传达

业务知识传达不仅仅是班组长讲解业务知识，更重要的是帮助员工听懂、吸收并掌握，最终能在工作中正确应用。

首先，讲解的方法要灵活，贴近实际，具体方法有：①情景案例教学。针对重要业务，可以通过模拟对话场景和设计清晰的流程，让员工更直观地理解并操作。例如，假设一个客户投诉场景，大家一起来分析问题并提出解决方案。②提炼关键点。对于一般业务内容，可以提炼关键语句作为记忆点，同时引导员工通过知识库自主查询相关信息。③直观的SOP展示。涉及到操作流程时，使用流程图或分步说明，确保员工能够快速上手。

另外，讲解时要有清晰的逻辑顺序，具体如下：①业务背景。让员工了解"为什么"要做。②容易出错的地方。提前提醒注意事项。③后果分析。说明错误可能带来的影响。④具体方法和改进措施。给出明确的执行步骤。

在正式开始传达前，可以用轻松的方式吸引注意力，比如说："我讲完之后会随机抽3名幸运观众回答问题，答不上来的可要接受大家的'惩罚'哦！"

其次，在讲解过程中，通过提问观察员工的掌握情况，并根据反馈随时调整讲解进度。比如可以这样问："XX，你觉得这个流程的关键点是什么？"

如果发现有员工注意力不集中，可以通过点名提问来拉回他的注意力：

"XX，我刚刚讲到哪里了？你来帮大家回顾一下。"

最后，讲解结束后，主动询问员工是否有疑问，对难点进行二次说明，确保每个人都真正理解。

针对业务传达过程中常见的异常状况，班组长要提前做好应对措施。

接下来，我们来探讨如何应对班前会中可能遇到的三种情况：业务点有歧义、员工抱怨或不配合，以及员工提出意外问题。这些情况在实际工作中并不少见，班组长需要用灵活、冷静的方式来处理，既要保证会议的节奏，也要维护团队的良好氛围。

情况一：业务点有歧义。

当员工对讲解的内容产生疑问时，班组长要避免直接与员工争论，而是先确认问题的性质：

·共性问题：如果发现多数员工都有相同的疑问，可以用更换场景或模拟等方式再次讲解。比如用一个新的案例来帮助大家理解。如果仍无法确认答案，班组长可以记录问题，并告诉员工："这个问题我会核实后尽快给大家答复。"随后通过指定渠道发布正确答案，并将问题和解答存档，以供未来参考。

·个性问题：如果问题只涉及个别员工，可以安排其他人先开始工作，再单独辅导这位员工。辅导时也可以用情景模拟的方法，帮助他们更好地理解和掌握。

情况二：员工抱怨或不配合。

在宣讲流程或通知时，难免会遇到员工抱怨或不配合的情况。班组长需要提前向员工说明流程调整的原因和背景，让他们明白为什么需要改变。

如果现场出现抱怨情绪，班组长可以先安抚，例如说："我理解你们的想法，提出意见很好。我们先完成会议，会后再详细讨论这个问题好吗？"

这种方式既尊重了员工的意见，也能维持会议的秩序。会后，要深入了解员工不认可的原因，并逐一解答。同时，侧面了解其他员工是否也有类似的疑问。如果问题较为普遍，可以召开一次团队小会，进一步解释流程或规则，尽快消除误解。

情况三：员工提出意外问题。

当员工提出超出准备范围的问题时，班组长切忌随意猜测或给出不确定的答案。正确的做法是先肯定员工的提问，例如："这是个好问题，我需要再确认一下，预计在 XX 时间内答复你。"

这种回应既体现了对员工提问的重视，也避免了传递错误信息。会后，班组长需要迅速核实答案，并在承诺的时间内反馈结果。同时，如果问题涉及业务规则调整，要及时联系上级确认后，统一开展说明和抽检，确保所有人都了解正确答案。

应对这些情况的关键在于冷静、专业和灵活。通过清晰的沟通和后续的有效处理，不仅可以解决问题，还能增强团队成员对班组长的信任。

（三）会中的现场抽检验收

会中抽检不仅是检验业务知识传达效果的重要环节，也是帮助员工巩固业务知识、防止遗漏的关键步骤。下面我们详细看看如何分层次、有重点地进行抽检。

关于新员工的抽检：如果新员工人数不超过 3 人，班组长要确保每位新员工都接受全面抽检，帮助他们更快上手业务；如果新员工人数超过 3 人，可以在会议中重点抽查部分关键新员工，对其他新员工的抽检可以安排在业务不繁忙的时段进行补充。

老员工通常对产品知识比较熟悉，但容易忽视流程或政策的细节。抽检时，重点检查他们对公司政策和业务流程的掌握情况，确保在关键细节上没有疏漏。

在抽检时，班组长可以引导其他员工对回答进行点评和补充，这种互动方式不仅能增强团队参与感，还能帮助大家更深刻地理解知识点。对回答正确的员工，要及时给予鼓励和表扬，例如一句简单的"回答得很好，大家向他学习！"。对于回答不准确的员工，不要直接批评，而是通过补充、引导的方式帮助他们理解正确答案，同时避免尴尬。

四、及时闭环的会后追踪

如果会后没有进行有效的抽测和跟踪，容易导致业务执行中的问题积累，最终可能带来投诉增加、指标下滑等严重后果。尤其在业务更新、大促期间或批量新员工入组等关键时期显得格外重要。闭环追踪的目标是确保所有传达的业务内容都得到员工的理解和掌握，避免因知识不到位而引发客诉或指标波动问题。

为了保证覆盖率，抽测可以采用多种方式，以下这几种方法可以灵活组合，确保每位员工都被覆盖到：

・一对一实际情景对话：通过模拟工作场景，直接检查员工实际操作和应答能力。

・日常考核和每周考核：通过定期测试进一步巩固员工对业务知识的掌握。

・录音监听：对于当天的录音内容进行抽查，确认员工是否正确运用了所学知识。

班组长需要确保团队中 100% 的员工都完成抽测。如果因特殊原因无法做到全员抽测，可以有针对性地区分重点检查人员（见表 4-3），如回答不完整的员工、会中回答错误的员工。对于这些员工，要进行个性化辅导，并安排二次抽测，直到他们完全掌握业务内容。这个过程非常重要，只有确保所有人都达标，才能真正实现闭环追踪。

表 4-3 班前会后业务和事件传达效果跟踪抽测覆盖区分

序号	区分方法	覆盖区分比例的参考示例
1	区分新老员工	例如：新员工 100% 抽检，老员工 30% 抽检
2	分层区分员工	例如：优秀员工 10% 抽检，尾端员工 100% 抽检
3	根据班前会表现	例如：发现走神员工 100% 抽检，认真听讲并积极提问员工 30% 抽检
4	区分业务	例如：当日重点/更新业务 100% 抽检，常规业务采用尾端抽检

如果班组长当天有其他工作安排，建议协调储备班组长或质控同事协助完成抽测工作。同时，所有抽测结果都需要做好记录，包括问题点和改进措施，方便后续复核和持续优化。

对于会中状态异常的员工，班组长需要在会后安排一对一面谈，深入了解员工情绪或状态异常的原因。这是帮助员工恢复状态的第一步，但往往不能一次解决问题，因此，要持续关注并定期跟进，确保员工的状态逐步改善。避免一次沟通后就停止关注，要通过持续支持让员工感受到团队的关怀。如果需要额外的资源或帮助，也可以向上级反映，协同解决问题。

对于请假返岗的员工，班组长需要安排专门时间进行业务培训，帮助他们快速跟上团队进度。可以灵活安排在班前、班中或班后，并通过抽测确认他们是否掌握了关键内容。如果有多个业务更新，可以根据紧急程度与上级沟通，优先培训最重要的部分。所有补学员工需要签到，确保培训覆盖到位，并更新抽检结果，方便后续跟进。

班前会结束后，班组长需要及时整理考勤记录，内容包括：实际参会人员和未参会人员的名单；对未参会员工，记录缺席原因，并制订补开计划；对迟到员工，确保他们没有遗漏重要内容，可以通过单独补课或交接方式补充学习。

会议结束后，班组长需要根据会议的过程整理班前会传达日报。日报的内容应包括：会议的基本信息（时间、地点、主持人），会议议题、讨论内容以及行动事项，出勤情况及后续抽检结果。日报需按日期或主题分类存档，电子文档应妥善保管，并设置访问权限以确保信息安全。对于涉及敏感内容的部分，务必要做到严格保密。

第三节　员工业务辅导

作为班组长，我们的业务辅导能力不仅影响每位员工的成长，也直接关系到整个团队的运营绩效。因此，辅导员工时的方式和方法需要特别注意。在实际辅导中，班组长可能会出现以下常见问题：

·班组长只指出错误，没有为员工提供改进方法：员工知道哪里错了，但不知道该如何改正。

·班组长提供的方法不够实用：无法真正帮助员工解决问题，导致员工还是会重复犯错。

·班组长的语言不恰当：辅导中使用批评、指责等语言，可能伤害员工的感受和自尊心，甚至影响他们的工作信心。

这些问题看似细节，但对员工的成长和团队氛围都有很大影响。为什么会出现这些问题？主要有两个原因：一个是部分班组长没有足够认识到业务辅导对员工和团队的重要性,其次是不清楚影响辅导效果的关键因素,导致业务辅导的效果打了折扣。

我们可以通过一个简单的图示(见图4-2)来理解这个逻辑:员工的技能越高、状态越稳定,团队的表现就越好,对项目的贡献也越大。业务辅导的最终目标是帮助员工提高技能,同时让他们感受到团队的关注、认可和信任。

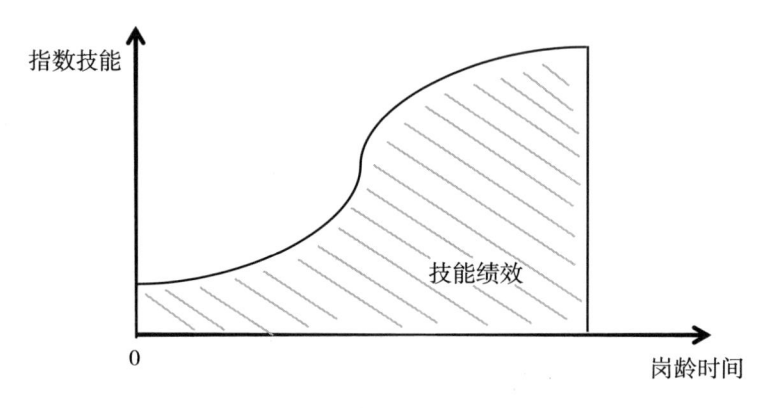

图 4-2 员工岗位工作价值产出图

图4-2展示了员工在岗位上的技能提升和工作产出随时间的变化趋势。横轴表示员工在岗位上的工作时长,纵轴代表技能指数,也就是员工在岗位上的熟练程度和能力水平。图中的曲线说明,员工刚开始时技能提升较慢,随着时间的推移,技能逐渐提高,产出也不断增加,直到达到较高水平后趋于稳定。图中的阴影部分代表员工在岗位时间内对团队或项目的累计价值贡献。可以看到,员工技能提升得越快,价值产出的增长越明显。因此,班组长在员工技能提升的关键阶段提供辅导,不仅能帮助员工更快进入高产出状态,还能延长他们技能成熟期的贡献时间,从而大大提升团队的整体绩效。

前面我们有提到,业务辅导的目标不仅是帮助员工掌握业务技能,更重要的是让他们感受到被关注、被认可和被信任。这对现在的新一代员工尤为重要,因为他们的需求和期待与以往有很大不同。如今的新一代员工,除了追求物质回报,更加注重个人价值的实现和情感需求的满足。他们希望在工作中被重视、被肯定,同时也希望能有机会表达自己的想法。如果这些需求得不到满足,他们可能会感到失落,甚至会选择离开。

这就告诉我们,新一代员工更倾向于人性化、有温度的管理方式。作为班组长，我们需要调整自己的辅导方式，不仅关注业务能力的提升，更要重视情感上的支持。

辅导新一代员工时，可以从以下几个方面入手：一个是在辅导过程中，多给员工表达意见的机会，耐心倾听他们的需求和困惑，让他们感受到自己是被尊重的。另外，当员工表现良好时，及时表扬他们的努力。例如，简单的一句"你的想法很好，继续保持！"就能让员工感到自己的价值被肯定。此外，在辅导中多与员工交流，不仅限于工作内容，还可以聊一聊他们的兴趣爱好或发展目标，拉近彼此的距离，增强员工的归属感。

一、员工业务辅导的"明正公双法"模型

为了帮助大家更好地理解和应用辅导技巧，我们从多个方面进行了总结，包括辅导前的准备工作、辅导过程中的管理行为和沟通方式，以及如何清晰地传授业务技能。最终提炼出了一个简单且实用的模型，叫作"明正公双法"模型（见图4-3）。

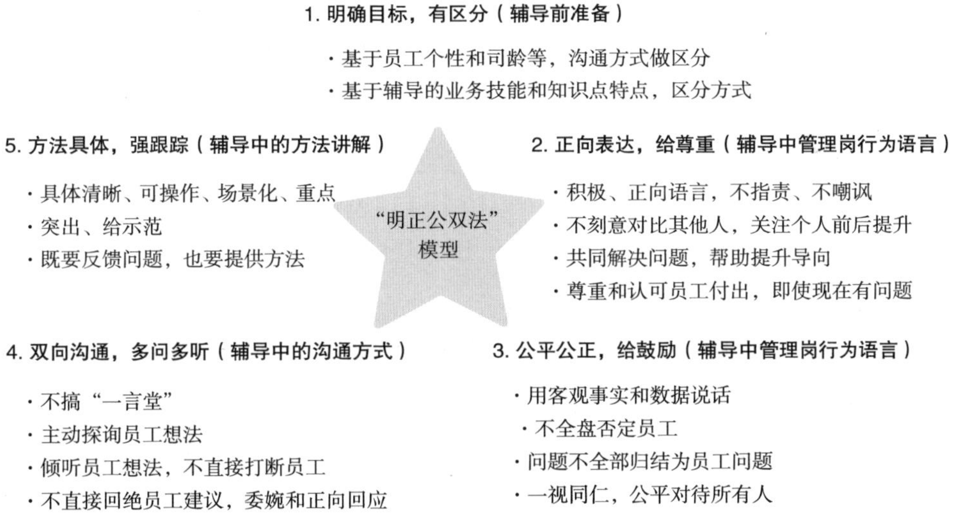

1. 明确目标，有区分（辅导前准备）
- 基于员工个性和司龄等，沟通方式做区分
- 基于辅导的业务技能和知识点特点，区分方式

5. 方法具体，强跟踪（辅导中的方法讲解）
- 具体清晰、可操作、场景化、重点
- 突出、给示范
- 既要反馈问题，也要提供方法

"明正公双法"模型

2. 正向表达，给尊重（辅导中管理岗行为语言）
- 积极、正向语言，不指责、不嘲讽
- 不刻意对比其他人，关注个人前后提升
- 共同解决问题，帮助提升导向
- 尊重和认可员工付出，即使现在有问题

4. 双向沟通，多问多听（辅导中的沟通方式）
- 不搞"一言堂"
- 主动探询员工想法
- 倾听员工想法，不直接打断员工
- 不直接回绝员工建议，委婉和正向回应

3. 公平公正，给鼓励（辅导中管理岗行为语言）
- 用客观事实和数据说话
- 不全盘否定员工
- 问题不全部归结为员工问题
- 一视同仁，公平对待所有人

图4-3 员工业务辅导的"明正公双法"模型

通过"明正公双法"模型，班组长可以更有效地传递业务知识，帮助员工快速掌握技能，提升工作表现。同时，这种辅导方式还能增强员工的信心和归属感，让团队的氛围更加积极向上。

(一)明确目标，有区分（辅导前准备）

在日常工作中，有些班组长可能会不自觉地用形式化的方式进行辅导，这种辅导表面上看似完成了任务，但实际上并没有真正帮助员工解决问题，也无法带来实际的改善效果。下面我们一起来分析问题，并探讨改进方法。

首先，我们来看"形式化辅导"有哪些典型表现：

· 只指出差距，要求达标，但没有分析原因或提供方法。比如告诉员工"你的业绩不达标，要尽快提高"，却没有帮员工分析问题出在哪里，也没有提供改进的方向。

· 辅导前缺乏准备，只在辅导现场拉取问题内容。有的班组长在辅导时，即兴查看会话内容，然后指出"你这里要安抚顾客"，但没有给出具体的安抚话术，员工听完依然不知道具体应该怎么做。

这种辅导方式的最大问题是，班组长只是完成了"指出问题"的表面工作，但没有真正解决员工的技能问题。员工既没有学会如何改进，也没有提升信心，类似问题在工作中还会继续发生。

要让辅导真正起到效果，班组长在辅导时需要围绕以下三个目标：首先，帮助员工理解问题并认同问题。只有让员工清楚问题的原因并接受现状，辅导才能有意义。其次，提供具体解决方法，确保员工掌握。不能只告诉员工"要做好"，而是要通过具体方法、示例或话术，让员工清楚下一步怎么做。最后，让员工感受到关注和支持。在辅导中，班组长的关心和信任能增强员工的归属感和积极性，激发他们的改进动力。

要达到以上目标，辅导前的准备工作至关重要。以下是两点建议：

· 在辅导前，班组长要结合员工的具体表现，分析问题的根本原因。可以准备：话术示例（告诉员工具体该怎么说，比如如何安抚顾客）、SOP图、标杆案例（通过优秀员工的示范，提供可学习的参考）。

· 根据员工特点定制辅导方式。辅导新员工时需要拆解细节，做出清晰示范，同时要有耐心，因为新员工可能需要多次学习才能掌握。辅导老员工时可以更直接、简洁地指出问题，着重强调他们可能忽略的细节。

(二)正向表达，给尊重（辅导中管理岗行为语言）

在日常工作中，处理差评、客诉、质检问题、抽测未通过或业绩不达标的情况时，难免会让班组长感到压力或沮丧。如果班组长在这种情况下无法管理好自己的情绪，就可能在辅导过程中不自觉地表现出批评或指责的行为。

当班组长在辅导中流露出负面情绪，比如直接批评或指责员工，会让员工觉得不被尊重或耐心对待。这不仅会打击他们的自尊心，还可能降低他们的工作积极性。换句话说，情绪失控可能会把辅导变成一次失败的沟通。

举个例子，如果员工因为操作失误导致差评，我们不应该直接说："你怎么又出问题了？下次注意点！"这种表达方式可能会让员工感到防备甚至抵触。而是要调整情绪，用更正面的方式去引导。

为了避免这种情况，班组长在辅导前需要先调整好自己的情绪，比如：

·冷静思考：先分析问题的原因，避免将情绪带入辅导过程。

·换位思考：站在员工的角度思考问题，比如他们是否缺乏经验、是否遇到了困难，理解他们的处境。

·语言积极化：用鼓励和支持的语气，而不是批评和指责。

1. 正向积极语言展现——给员工指出存在问题

给大家整理了给员工指出存在问题的正向表达示例（见表4-4），供大家参考使用。

表4-4 给员工指出存在问题的正向表达示例

序号	给员工指出存在问题的正向表达参考
1	目前你的指标还没达标，但我能看出你在努力改进。再给你一些方法，坚持下去一定会有所进步
2	这个解答有点问题，没关系，我们一起看看是哪里出了差错，我会帮你理清楚
3	我相信你不是故意出错的，我们一起来复盘，找找看问题出在哪儿，如何改进
4	这次的问题虽然出现了，但我相信你可以通过一些方法避免类似的情况发生，咱们一起来解决

2. 正向积极语言展现——减轻员工心理戒备

给大家整理了减轻员工心理戒备的正向表达示例（见表4-5），供大家参考使用。

表4-5 减轻员工心理戒备的正向表达

序号	减轻员工心理戒备的正向表达参考
1	成绩暂时不理想没关系，我相信只要你一步步按照计划去做，进步一定会越来越明显
2	每个人学习业务的速度不同，不必给自己施加太大压力，我们一起多花些时间学习和练习，相信你一定能赶上他们
3	你的能力是没问题的，只是还需要掌握一些技巧。我相信你是个黑马，只需要一点时间，我会和你一起不断进步
4	面对目前的情况不必害怕，很多新人都会遇到类似的问题。相信你聪明能干，我们再调整一下方法，一定能够做得更好
5	我相信这只是暂时的挑战，我们一起努力，加油，稍后一定能赶上

3. 正向积极语言展现——引出改善方法和计划安排

给大家整理了引出改善方法和计划安排的正向表达示例（见表4-6），供大家参考使用。

表4-6 引出改善方法和计划安排的正向表达示例

序号	引出改善方法和计划安排的正向表达参考
1	我完全理解你现在面临的挑战，考虑到你的情况，短时间内达到所有标准可能会有些困难。不过，我们可以从逐步提升开始，制订一个符合你发展的计划，一步步朝着目标前进
2	在处理类似的业务场景时，我们团队中有一位同事在面对类似案例时表现得非常好。我们一起研究她的方法，看看其中有哪些技巧可以借鉴并应用到你的工作中

辅导的目标是帮助员工成长，而不是让他们感到被指责。班组长在辅导中展现正面态度，不仅能缓解员工的紧张情绪，还能增强他们的信心和积极性。希望大家在日常辅导中，都能注意调整好自己的情绪，用正面的语言和行为去引导员工，让辅导更加有效！

（三）公平公正，给鼓励（辅导中管理岗行为语言）

作为班组长，员工对我们的信任和对团队的认同感，直接影响到他们的工作积极性和执行力。如果在辅导中缺乏公平，甚至将所有责任都推给员工，很可能让他们感到不被尊重、不被信任，甚至失去对公司的归属感和忠诚度。

首先，我们要认识到，员工的问题往往不仅仅是个人的责任，很多时候可能和管理层的指导方法、资源分配或工作流程设计有关。作为班组长，我们要有勇气反思自己的管理方式，而不是单纯责怪员工。

为了更好地体现公平和专业，我们可以从以下四个方面入手。

1. 公平对待问题，勇担管理责任

当员工出现工作问题时，要看到这些问题其实是团队整体管理的反馈，而不仅仅是员工的个人失误。班组长在辅导时，应该主动承担管理责任，这样员工会更愿意接受改进的建议，同时也更有动力去解决问题。

2. 专注个人表现，避免不合理比较

在反馈员工工作表现时，尽量专注于员工自己的表现，避免用其他成员作为直接的对比对象。例如，不要将一个入职 7 个月的新人，直接与有 3 年经验的老员工比较。这种比较不仅不公平，还可能让员工觉得被忽视或不被理解。专注于帮助员工提升自己的表现，更容易获得他们的信任和积极反馈。

3. 全面评价，认可努力与进步

评价员工时，既要指出问题，也要肯定员工的优点和努力。比如，不要只说"你的业绩还不够好"，而忽视他们最近在其他方面的努力和进步。可以这样说："虽然这次的目标还没达成，但我看到你在沟通技巧上已经有了很大进步，接下来我们可以再进一步优化方法。"

这种全面的评价方式更容易激励员工改进。

4. 用数据说话，保证评价公正客观

在反馈问题时，一定要基于具体的数据和事实，而不是凭主观印象。比如，可以提前收集相关的录音、会话记录或工单作为依据，这样不仅让反馈更有说服力，也能让员工感受到管理的专业性和公正性。

公平和专业是班组长辅导的基础，体现出这两点，不仅能帮助员工接受问题、改进表现，还能增强团队的凝聚力和信任感。希望大家在辅导过程中，多从员工的角度出发，用专业的态度和方法，帮助员工成长，为团队创造更好的工作氛围！

（四）双向沟通，多问多听（辅导中的沟通方式）

先带大家看看两个常见的辅导场景，然后请大家想一想，如果你是员工，会有什么感受？

场景一：班组长全程只讲业务，员工在旁边从头听到尾，没有任何互动。

场景二：班组长不问员工具体情况，也不和员工一起分析问题，更没有鼓励员工表达自己的想法或困难，而是直接说："你必须按我说的做！"

从员工的角度来看，这样的辅导会有什么感受？没错，这就是典型的"一言堂"式辅导：班组长只顾自己讲，不了解员工的真实情况，也不确认员工是否听懂或能执行。结果看似说了很多，但员工可能完全没听明白，也未必认可，更不知道怎么用，辅导的效果自然很差。

要避免这种情况，辅导时必须实现双向沟通，让辅导变成一次有效的互动和探讨。以下是 4 种具体的方法。

1. 主动询问，了解情况

辅导开始时，不要急着讲自己的观点，可以先问问员工的看法。通过提问了解业务问题的前因后果，弄清楚员工是否遇到了困难。例如："你觉得这里的问题出在哪里？""在操作中有没有遇到什么困难？"

2. 一起分析，找准问题

根据员工的反馈，带着他们一起分析问题点，让他们逐步意识到问题所在。通过引导，让员工参与思考，这样不仅能加深理解，还能帮助他们找到适合自己的解决方法。

3. 适时引导，共同商讨

如果员工提出的想法和班组长的预期不一致，不要直接否定，而是耐心引导。例如："你的思路很不错，但如果我们换个方式试试，可能效果会更好，你觉得呢？"通过这种方式，引导员工与自己达成共识，而不是强制要求他们执行。

4. 认真倾听，及时反馈

在沟通过程中，班组长要始终保持耐心和专注，认真听取员工的意见和建议，并及时给予反馈，比如："你的想法很好，我们可以结合这个思路试试看。"这种反馈能让员工感到被尊重，同时增强他们的信心。

辅导不是单向的"灌输"，而是团队间的共同探讨。通过双向沟通，既能帮助员工更清楚地理解问题，也能让他们感受到尊重和支持，从而大大提升辅导的效果。

给大家整理了询问员工想法的正向表达示例（见表4-7），供大家参考使用。

表4-7 询问员工想法的正向表达示例

序号	询问员工想法的正向表达参考
1	你觉得在这次回应顾客需求时，有哪些地方可能还不够好或者可以改进
2	针对刚才的问题，你有没有什么改进的想法？你觉得怎样调整会更有效
3	关于接下来的改进计划，你是怎么想的？我们可以结合你的想法一起制定方案
4	今天的辅导对你哪些方面的帮助最大？如果要用这些方法，你觉得会有什么困难？有没有什么建议让我们的辅导更有用
5	如果还有任何问题或者遇到困难，随时告诉我！提问题是学习的重要环节，我很乐意帮你一起解决

（五）方法具体，强跟踪（辅导中的方法讲解）

班组长在给员工反馈业务问题和辅导技能时，最重要的是提供具体、实用、场景化的方法。这样员工不仅能学会，还知道怎么用，并能在实际工作中运用起来。

辅导时，需要明确指出员工需要改进的地方，具体到行为和语言上。比如，不要只说"你这里做得不够好"，这种模糊的反馈对员工来说毫无帮助。我们需要清楚地列举问题点，例如："你刚才回答中用'可能'这个词，不够明确，容易让顾客感到不确定。"或者："你在客户询问时没有使用积极的话术，比如没有承诺跟进时间，客户可能会感到不放心。"通过具体化的描述，员工能更清楚地知道自己的问题在哪里。

在指出问题后，班组长需要给出清晰的解决方案和具体的改进方法，并且亲自示范给员工看，越详细越好。例如：如果员工在安抚顾客时用词不当，班组长可以这样说："你可以换一种说法，比如'我马上帮您处理，预计在30分钟内给您反馈'，这样会让客户感到更安心。"接下来，班组长可以亲自演示一遍正确的表达方式，直接做示范，让员工更直观地理解。

这种场景化的辅导方式，让员工可以清楚地看到问题的解决方案是什么，并知道如何应用到实际工作中。

最后，我们要帮助员工理解为什么这些方法有效，并通过对比让他们看到改进的价值。例如："你刚才用更明确的话术后，客户的满意度会提高，因为他们感受到了你的专业性和可靠性。"或者："我们用这个优化后的流程，可以减少后续的客户投诉，这就是改进带来的直接好处。"

通过对比之前和优化后的效果，员工不仅能感受到这些方法的价值，还能增强改进的信心和动力。

二、常见员工业务辅导的"疑难状况"辅导方法

在日常的班组业务辅导中，常常会遇到一些棘手的问题，比如员工对班组长的建议不认同、不愿配合工作，甚至会以各种理由推脱。如果这些问题处理不当，可能导致双方关系紧张，甚至破坏团队的工作氛围。

面对这种情况，班组长需要采用积极的沟通方式和有效的处理方法，既要化解冲突，又要让员工认同建议、保持积极性，同时维护双方的良好关系。这种方式不仅能解决问题，还能增强团队的凝聚力和信任感。

疑难状况类型一：员工不认同自己工作处理方法有问题。

接下来，先给大家举一个具体的案例，然后再带大家一步步分析如何解决。

> **案例**
>
> 员工A由于下班时间较晚，习惯优先处理简单工单，而将疑难工单留到下午。班组长之前提醒过，建议其上午优先处理疑难工单，但员工A表面答应，实际却没有任何变化。

这个案例并不少见，很多班组长都会遇到类似的情况。我们辅导沟通的目标是：如何在不打击员工积极性的同时，让他们认同建议并愿意配合改进。这就需要用到积极沟通，通过尊重和合作来找到解决方案。以下是具体的处理步骤。

（1）与员工进行沟通，主动询问他们的想法和意见，了解不认同的真正原因。可以问："你觉得现在的工作排序有哪些优点？对于上午处理疑难工单的建议，你觉得有哪些挑战？"

让员工有机会表达自己的看法，感受到被尊重。班组长在沟通中要认真倾听，找到员工不愿调整的原因，比如是否流程不合理、时间分配有困难等。如果确实发现问题，班组长也要客观采纳员工的反馈，推动改进。

（2）调整认知，获得认同。沟通中，要结合员工的反馈，针对他们的心理和性格特点提出建议。具体方法是：

·先肯定优点，比如："我看到你在处理简单工单时效率很高，这说明你的执行能力很强。"

·再指出问题，并解释逻辑和好处，比如："我也理解你优先处理简单工单的做法，这样可以在短时间内完成更多任务，提高工作效率，这是值得肯定的。不过，我也想和你探讨一下，如果我们能在上午精力最充沛的时候处理疑难工单，可能会更有利于问题的解决，并且能减轻下午的工作压力，下午工作的心态也会更积极和轻松的。"

（3）引导员工尝试改变。以商量的方式来尝试引导员工改变，比如："要不我们可以按照这个排序尝试两天看一下，尝试两天后我们一起对比看一下，最后我们采用最适合你的。你看可以吗？"

（4）提供具体方法，做好指导。

在员工认可建议后，班组长要提供明确、实用的改进方法，比如："你可以在上午优先查看工单中的高优先级任务，把复杂工单解决后再处理简单工单。"

同时，班组长可以亲自示范如何规划时间或设置优先级，帮助员工更直观地理解。

另外，如果员工的意见确实反映了流程或机制的不足，班组长要及时认可和推动改善。例如："你的建议很好，我会反馈给上级，推动流程优化。"这样不仅能解决实际问题，还能增强员工的信任感，让他们感受到自己的价值被认可。

疑难状况类型二：员工认为管理岗建议推进的工作没有作用或没意义，不愿意做。

我们以一个案例为切入点，来讲解遇到此类情况时，相关的解决步骤和技巧。

> **案例**
>
> 小Z的用户评价解决率只有35%，距离目标60%差距较大。班组引入了新的结单推送话术，希望提升解决率。然而，小Z觉得新话术过长，可能导致用户挂断，降低评价机会，因此执行不积极。

一些班组长可能会采取强制措施，比如直接要求"必须按我的要求做，否则就会受到处罚"。但这种方法不仅效果有限，还可能引发冲突，影响团队氛围。那么，如何通过更有效的方式来处理这种情况呢？

第一步，了解员工抗拒的原因。

面对员工不愿执行新方法的情况，第一步是沟通。耐心倾听员工的看法，了解他们的顾虑和想法。例如，可以这样说："小Z，我注意到你对新话术的执行有些犹豫。是不是担心话术太长会让用户挂断，影响邀评和评价机会？你的担忧有一定道理。咱们一起来看看，是不是有可以优化的地方，让话术更简短、效果更好呢？"

这一阶段的关键是尊重员工的想法，寻找可能存在的流程或机制问题。如果员工的反馈合理，我们需要采纳并推动改进，让他们感到自己的意见被重视。

第二步，清楚说明新方法的背景和原因。

接下来，我们需要给员工解释清楚，为什么要引入新的工作方法。让他们理解这不仅是一个要求，更是解决实际问题的措施。比如："用户评价解决率目前整体偏低，直接影响了客户体验和服务评分。新话术的目的是帮助我们提升解决率，同时让用户感受到更贴心的服务。我们也在持续优化流程，确保方法能真正有效。"

通过讲清背景和逻辑，员工会更容易接受新方法。

第三步，说明对员工个人的影响。

随后，要重点说明新方法对员工个人的好处。比如："如果能通过新话术有效提升评价解决率，你的绩效也会有明显的提升，奖金更高，工作也会更有成就感。至于你担心的话术太长导致挂断，我查了一些数据，发现多数用户愿意花 30 秒听完我们的重点内容。而且小李使用新话术后，评价率提升了 25%。"

同时，要坦诚告知不改进工作方法可能带来的影响，比如绩效落后可能影响评优或薪资调整。

第四步，提供支持，指导技能改进。

最后，需要针对员工技能上的不足提供支持和帮助。比如：可以示范如何用新话术与用户沟通，并安排员工练习，直到他们熟练为止。也要让员工知道班组长会关注他们的改进情况，提供反馈和辅导。例如："小 Z，我们可以先试着用新话术和几位客户沟通，我会在旁边观察，给你一些建议。你有任何问题随时问我。"

通过以上四个步骤：倾听与了解、清晰说明背景、解释个人影响、提供支持和指导，班组长不仅能减少员工的抗拒心理，还能帮助他们更快掌握新方法，实现团队目标。同时，这种方式也能拉近与员工的距离，增强团队凝聚力。

疑难状况类型三：习惯找借口反驳解释的员工。

在日常管理中会经常遇到一种情况，员工面对工作问题时总是找借口辩解。在这种情况下，如果处理不好，很容易激化双方的情绪，导致沟通陷入僵局。如何通过有效的沟通技巧，既避免冲突，又能引导员工接受问题、改进工作方法？

下面是一个具体的例子。

案例

小李是一名员工，经常在线和多个顾客聊天，遇到需要查询资料的情况时，往往没有在规定的时间内回复客户，导致质检扣分。班组长已经和小李进行了多次沟通，但小李总是找借口，如"用户纠缠""网络太卡""键盘鼠标不好用"等。

从心理学角度看，员工找借口实际上是一种自我保护的反应。小李可能是为了缓解内心的不安，掩饰自己意识到的问题。因此，班组长应该避免直接反驳员工的辩解，而是通过理性沟通来化解问题。

第一步，耐心倾听，理解员工心理。

当员工开始找借口时，班组长要首先耐心地听完员工的陈述，不打断，也不急于指责。这是一种尊重的表现，可以让员工感到被理解，避免让对话变得对立。

在倾听的过程中，需要注意从员工的辩解中发现隐藏的真正原因。比如，上面案例中小李提到的"网络卡"可能是他觉得自己处理不及时的原因。了解这些背后的原因，才能更有针对性地解决问题。

此外，如果员工在表述中提到了一些值得肯定的地方，班组长要及时给予正向反馈。这可以缓解员工的防御情绪，建立起更加信任的沟通氛围，为后续的解决方案铺路。

第二步，正向解释，避免负面情绪。

班组长在回应时要保持平和友好的态度，避免指责或批评，切忌流露负面情绪。我们的目标是通过耐心、细致的解释，让员工理解工作要求的背景和目的，并帮助他们看到自己行为可能带来的负面影响。

比如，班组长可以说："小李，我理解你提到的网络卡顿等问题，确实可能影响工作效率。但从整体角度来看，及时回复客户是我们提升服务质量和客户满意度的重要一环。如果每次都延迟回复，会导致客户的不满，也影响我们的质检评分。"

通过具体的例子和清晰的语言，帮助员工理解调整工作方法的必要性。

第三步，探讨问题解决方法。

在这个阶段，班组长需要与员工共同探讨解决问题的方法。通过询问和沟通，了解员工在工作中遇到的实际困难或技能上的不足。

对于员工提到的"借口"，班组长要带着理解的态度去探讨，了解是否还有其他更深层次的原因。比如："除了你提到的网络卡顿等问题，我也注意到你在查询资料时可能会超出规定的响应时间。我想了解一下，这是否与你的打字速度或者对业务知识的熟悉度有关？在使用知识库时，你是否觉得有什么困难？或者有什么地方我们可以优化来帮助你更高效地工作？"

这样做的目的是帮助员工认识到问题的本质，同时保持沟通的积极性，不让沟通变得对立。

第四步，提供支持，落实改进策略。

最后，班组长要与员工一起梳理出解决问题的方法和策略，并制订个性化的改进计划。比如，如果员工的技能不足，可以提供相关的培训资源；如果是工作习惯问题，可以安排经验丰富的同事进行辅导；或者，可以设定明确的改进目标和步骤，确保员工明白该如何改进。

例如："我和你一起设置一些快捷回复短语，这样在处理常见问题时可以节省时间。同时，对于需要查询的问题，我们可以制定一个标准流程，比如及时告知客户需要稍作等待，并在查询过程中适时回应顾客。"

班组长还要做好后续跟踪和过程管理，确保改进策略得到执行，并且持续监督直到改进有明显效果。通过以上步骤，班组长可以有效地引导员工认识问题，接受调整，从而提升员工的工作能力和工作态度。更重要的是，这样的沟通方式能保护双方的情绪，避免冲突，推动问题的解决。

第四节　现场听线、录音和聊天分析

本节内容我们探讨一个容易被忽视却非常关键的管理工具——现场听线、录音和聊天分析。这些工具在推动业务发展中发挥着不可替代的作用，但很多班组长可能没有意识到它们的重要性，甚至只是被动地使用它们。接下来，我们具体聊聊如何将这些工具融入日常管理中，主动推动团队和业务的发展。

很多班组长在管理中采取的是一种"问题驱动"的被动分析方式。通常只有在以下情况发生时才会进行听线或录音分析：

·业务指标异常：某个团队成员的指标明显低于其他人时，班组长才开始分析原因。

·顾客投诉/差评：发生投诉/差评后，根据要求查看相关的会话记录和录音。

这种做法虽然能够解决眼前的问题，但它的效果是有局限的。因为这些分析工具本来是可以用来预测、预防问题，并且持续优化团队表现，而不仅仅是用来"救火"。

相比于被动分析，主动使用听线、录音和聊天分析能够为班组管理带来很多方面的正向作用（见表 4-8），包括业务发展的关键阶段/情境正向推动、业务风险的事前防范、负面事件的复盘和根除等。

表 4-8 听线、录音分析和聊天分析的业务正向推进应用场景

业务正向推进的方面	具体的班组运营管理应用场景
业务发展的关键阶段/情境正向推动	（1）锁定团队共性问题，抓取具体业务场景的服务行为语言 （2）业务更新、新业务知识掌握和应用情况了解和干预 （3）基于短板问题解决或优秀做法推广的经验萃取提炼复制
业务风险的事前防范	（1）日常对异常通话情况了解和干预处理 （2）进行新员工、异常状态员工关注和辅导 （3）监控容易出差错时间段 & 特殊事件时期，防范风险
负面事件的复盘和根除	进行客诉问题解决及复盘改善

一、以"团队共性问题锁定"为目的专项工作开展方法

由于项目业务特性各异，相应的业务指标也会存在较大差异，但分析的逻辑和方法基本一致。这里我们假设班组现在顾客满意度出现了波动并未达标，我们可以通过录音和会话分析，精准识别问题的共性。

（一）圈定需要分析的录音和会话范围

核心逻辑是聚焦对整体满意度影响较大的场景和表现不佳的员工。这里我们从两个维度入手：一是进线量，二是不满意占比。

具体怎么做呢？我们以话务客服满意度为例。

首先，需要整理一定时间范围内的录音数据，这些数据应该包括：员工信息、班组信息、服务场景类型、客户评分结果等。通过分析这些数据，我们可以发现哪些员工和场景是"满意度"达成的薄弱环节。换句话说，找到"短板"。

接下来，筛选出那些未达到满意度目标的员工。然后进一步分析：这些员工在哪些服务场景中收到的"不满意"反馈最多？是因为某些特定场景的表现问题，还是普遍都不理想？

最后，综合考虑多种因素，锁定几个影响最大的服务场景。重点是挑选出进线量大且不满意反馈多的场景，进行详细分析。

（二）准确抓取到问题点

如何通过分析录音/聊天，准确抓取到问题点呢？

这里我们以话务客服的不满意录音为例，分步骤来说明方法。

首先，我们要对不满意录音进行质检打分。为什么要这么做？质检标准是客服服务质量的基础，它从多个维度对服务进行客观评价，比如沟通语气、问题解决能力、服务流程的合规性等。通过按照质检标准打分，我们可以清楚地看到问题具体出在哪里，为后续分析提供明确的依据。

在完成评分后，我们就可以深入分析"为什么顾客会不满意"。这里从两个核心维度入手：人员因素和非人员因素（见表4-9）。

表4-9 人员/非人员维度非满意原因分析方法

序号	分析非满意的维度	常见原因列举
1	人员态度问题	如未及时回应用户、语气不够友善、缺乏共情安抚等
2	人员技能问题	如方案提供错误、方案未完成执行、异常情况未及时报备等
3	人员跟进失责	如承诺未兑现、未跟进至问题解决（用户离线后未回电、断线未回拨、应跟进至收货/退款时未跟进）
4	非人员维度	包括产品、流程、工具、政策等方面是否存在问题

从人员和非人员两个维度入手，可以帮助我们更精确地识别问题所在。在人员维度上，主要关注通话技巧、服务态度和执行力等方面的问题，比如沟通是否清晰、服务是否贴心、承诺是否落实（如回电、跟进问题解决等）。而在非人员维度上，则重点分析流程设计是否合理、系统工具是否支持到位，以及是否存在政策上的限制导致服务无法及时响应。结合细致的质检标准和清晰的分析框架，能够全面识别这些问题，针对性地优化改进。

二、以"新业务知识掌握和应用情况了解干预"为目的专项工作开展方法

新业务上线后，虽然培训和抽测的通过率可能达到100%，但实际操作中，员工往往会遇到新的困难和挑战，导致指标波动。

（一）如何快速准确地锁定问题

为了快速锁定问题，建议采用实时监听的方式。实时监听可以帮助我们第一时间发现员工在新业务执行中的问题，比如操作不熟练、话术不规范等。一旦发现问题，可以立即进行干预和补救，避免潜在的服务质量下降。

对于新业务，监听覆盖率和比例需要远高于常规业务。覆盖对象要包括所有涉及新业务的员工，尤其是表现欠佳的员工，比如尾端员工、培训中互动不积极的员工，以及首轮抽测未通过的员工。如果某些员工连续两天表现达到95%的准确率，可以适当减少监听频率，降低覆盖率至50%，以提升监控效率。

关于针对不同更新类型的监听分析方法：

·话术更新：如结束语或禁止邀请评价，重点检查录音结尾部分，确保执行规范。

·答复口径更新：采用快进方式跳到用户提问部分，然后按正常速度听员工的回答，判断执行情况。

·流程更新：关注流程变更对处理结果的影响，结合操作痕迹进行复查，并重点检查效率数据变化较大的场景，确保员工执行到位。

（二）新业务上线后出现问题的改善措施

当发现问题后，采取有效的改善措施至关重要，我们可以从以下四个方面入手。

（1）统计问题和反思改进。如果发现同一个问题超过3人未掌握，需要反思讲解是否到位，而不仅仅归结为员工问题。这时班组长应重新讲解，确保内容清晰易懂。对于员工给顾客的错误答复，要第一时间进行回电补救，同时对员工进行新业务辅导，确保他们理解并认同新业务的要求。

（2）解决不执行的情况。如果发现员工不执行新业务流程，班组长要与员工沟通，明确未执行的原因。常见的原因可能包括：员工没学会、认为新流程不合理、认为增加了操作复杂度等。针对具体原因制订改进计划，并在团队内进行宣导，避免类似错误被重复。

（3）大促期间的特别应对。在大促期间，问题相对集中且流程复杂（如售前、售中、售后），需要汇总顾客常问的问题，进行针对性培训，同时将问题反馈给甲方客户。针对大促流程，建议在下一次活动前对相关内容进行复盘和强化培训，确保员工掌握。

（4）优秀经验的提炼与分享。对季度或月度表现优秀的员工，提炼他们的新业务成功经验，形成最佳实践。通过经验分享，让其他员工也能借鉴优秀的操作方法，快速提升业务能力。

为了让大家更直观地理解这些方法，接下来我们分享一个实际案例，帮助大家看到在新业务上线后，如何通过上述步骤精准发现问题并有效改进。这个案例也能更清楚地说明这些方法在实际应用中的效果。

> **案例**
>
> 项目要求在原有业务中增加一项新卖点，虽然前期的培训覆盖率和训后抽测通过率都达到了100%，但新业务上线的第一天上午，实际指标与预期差距很大。经过初步了解发现，一线员工普遍认为这一新卖点只会增加销售的时间和难度，对客户吸引力有限，因此产生了抗拒心理。

针对案例中问题的应对过程如下。

第一天下午，启动密集监听计划。为了尽快找到问题所在，管理层迅速启动了密集监听计划，确保每个时段都对录音进行核听，特别是针对新卖点的实施情况进行重点监听。

每两小时组织一次管理层小组会议，在这些会议中，监听结果被反复复盘，发现员工在实际操作中普遍存在的问题，如对新卖点的理解不到位、话术使用不当等。管理层将监听中发现的问题与解决方法，用3分钟的时间快速同步给所有员工，让大家实时了解问题并做出调整。

根据第一天的问题汇总，班组长们对员工进行了针对性培训，特别是对那些对新业务存在抗拒心理的员工。班组长还与这些员工进行了一对一沟通，深入了解他们抗拒的具体原因。根据反馈，培训内容也进行了适当调整，确保员工能够真正理解新卖点的价值并掌握应用方法。

经过两天的实践与反馈，管理层和员工共同创新出了一套更适合新业务销售的话术，并通过小组会议快速同步给所有员工。随着新话术的推广和应用，业绩逐步提升，这种明显的进步给员工带来了信心，进一步提高了他们的积极性和执行力。

这个案例充分说明了，面对新业务上线初期的挑战，快速发现问题、密集沟通反馈、针对性辅导以及创新改进，是解决问题的关键。通过员工和管理层的共同努力，最终实现了新业务的顺利推进和指标的提升。

三、以"业务风险的事前防范"为目的专项工作开展方法

在班组日常运营管理中，应注重避免"救火式"管理，转而推进主动、前置的问题管理模式。通过听线、录音和聊天分析，能够提前甄别和管理风险类事件、风险时间段及风险人员，有效发现潜在问题，从而降低后续问题发生的概率，提升效率和服务质量。

（一）日常对异常通话/聊天情况了解和干预处理

在日常管理中，班组长需要对异常通话或聊天情况有清晰的判断标准，并根据这些标准及时干预和处理问题。具体怎么做？我们可以分为以下三个方面来讲。

1. 制定异常通话/聊天的判断标准

根据业务线的特点，需要先明确什么样的情况可以被视为"异常"。一个核心维度是时间，通话/聊天时间过长或过短，都可能是问题的信号。

·时间过长：比如客服的 ATT（平均通话时长）过高，可能表明员工无法有效解决顾客的问题，或者与顾客的沟通偏离主题。

·时间过短：比如电销的 ATT 过低，可能是开场白话术缺乏吸引力，或者产品介绍过于冗长，导致顾客失去耐心，也可能是员工没有通过互动调动顾客的情绪。

除了时间，还可以结合项目特点增加一些其他判断维度：

·往复进线：同一个顾客在短时间内进线多次，可能表明问题未解决。

·连续催单：顾客催促次数达到一定阈值（如 ≥ 3 次），需要引起注意。

·特殊身份用户：如 VIP 顾客或敏感客户，服务中存在的问题需要特别关注。

·未兑现承诺：例如员工未在约定时效内联系用户，可能会产生客诉风险。

·紧急事件：接线人员根据沟通情况判断为紧急事件，比如顾客提到生命

威胁或通话涉及敏感内容等。

有了这些判断标准后，我们可以在日常运营中做到以下三点：①通过实时听线、分析录音和聊天记录，关注符合异常标准的情况；②提前锁定风险类事件、时间段和人员，避免问题升级；③对于发现的异常情况，第一时间采取措施，比如指导员工优化话术、加强服务技巧，或者直接联系顾客进行补救。

2. 提前梳理需要重点监听/旁听的对象

在班组的日常管理中，为了更有效地发现和解决潜在问题，特别是那些可能影响投诉风险、业务质量或 KPI 达成的情况，我们需要明确重点监听和旁听的对象，并制定有针对性的推进方法（见表 4-10）。

表 4-10 重点监听/旁听对象及针对性推进方法

序号	重点监听/旁听对象	推进方法
1	有投诉风险员工	要求员工自查并及时报备有投诉风险或通话时间超出规定的案例，由班组长进行跟进监听，协助解决问题，确保投诉风险得到有效管控
2	业务能力差人员	统计团队尾端员工名单及入职 0~1 个月的新员工；班组长根据时间段每日监听录音，预先设定监听数量，并将监听情况记录在专用表格中；针对监听发现的问题进行详细备注，并在事后开展针对性业务辅导，帮助员工快速提升能力
3	系统显示通话时间异常	针对系统中显示通话时间异常（如超时）的员工，班组长需立即介入，进行监听或旁听，并根据问题的具体情况及时干预或协作解决，避免问题扩大化
4	影响 KPI 的场景录音和工单	针对影响 KPI 达成的排行榜前五大场景，对相关工单业务、工单驳回及维权反弹案例进行系统抽检，分析问题根源，优化流程并跟进改进方案

3. 相关问题的及时发现、干预和处理

首先，我们来看同步旁听和监听的方法。在实际操作中，有两种主要方式：

·现场旁听：班组长可以通过三通接入的方式，直接与员工一起听用户通话，或者直接站在员工身边。这种方式不仅可以观察员工的表情、语调和情绪，还能随时为员工提供帮助，解答疑问，确保问题得到及时解决，避免出现红线风险。

·系统同步工具：利用系统的同步功能，与员工同屏同画面进行监听。在这种方式下，班组长可以实时听到或看到用户的内容，并通过内部通讯工具将建议话术发给员工，帮助他们快速应对，提升用户体验。

在监听过程中，班组长需要将有问题的案例记录在监听记录跟进表中。记录内容包括监听时间、员工姓名、录音编号、员工问题和辅导内容等，便于后续复盘和跟进。

其次，事后复盘也是提升服务质量的关键环节。我们强调有策略地听录音，既提高效率，又能准确抓取问题原因。以下是一个具体的分析方法，适用于超过15分钟的长录音场景：

·分段听录音：将录音条拖动到10分钟、15分钟、20分钟三个节点，关注员工是否存在服务态度问题，如空场、不耐烦、着急挂断、冷漠或推诿等行为。

·听取用户诉求：听录音的前5分钟，判断员工是否清楚用户诉求并提供了正确方案，分析是否为员工执行问题。

·识别流程支持问题：如果员工流程执行无误，仍无法与用户达成一致，需要进一步判断是否因用户诉求超出流程范围，或疑难用户问题在现有流程中无法处理。

·分析话术共情能力：听取员工在长录音中是否使用单一话术，缺乏共情，导致用户不满。这种问题可以通过话术优化来改进。

最后，我们需要建立员工报备机制，以确保疑难场景能够及时升级处理。以下是两个重点场景：

·疑难场景的报备。当员工遇到以下情况时，应及时报备班组长进行监听或旁听：提供正常服务但用户不接受、用户辱骂员工、通话时间过长等。

·客诉和舆情风险的报备。针对用户安抚无效并明确表示要投诉人员、产品或公司的场景，员工需立即报备班组长；班组长需快速介入，通过监听或旁听协助员工解决问题，避免风险升级。

通过同步旁听和监听、事后复盘及报备机制，可以全方位支持员工应对复杂场景，提升他们的服务能力，同时降低风险的发生概率。

（二）进行新员工、异常状态员工关注和辅导

通过明确重点关注的员工范围，并结合听线和录音分析进行针对性辅导，可以帮助员工更快提升业务能力，同时有效解决日常工作中的问题。在日常管理中，我们需要对以下几类员工进行重点关注：

新员工：入职不超过 60 天的员工，或转技能组不超过 30 天的员工，尤其是那些没有客服行业经验、对业务技能不熟悉的新人。他们的适应期需要特别支持和关注。

异常状态的老员工：数据长期处于尾端的员工；近期数据波动较大的员工；在质检中多次被发现问题的员工；无特殊原因，但月度年假、事假或病假累计超过 3 天的员工。这可能反映其工作状态不稳定。

预离职人员：通过同事、项目管理岗或人力资源部获悉有离职意愿的员工。这类员工需要特别关注其工作状态，以避免因心态问题对服务质量产生影响。

明确了这些范围后，就能有针对性地制定辅导和支持策略。接下来，我们来看如何利用听线和录音分析，采取系统性的方法来辅导员工。

针对每位员工的具体问题，采用一对一的辅导方式，确保辅导内容更具针对性。并切片分析录音，将员工的录音分为几个关键环节进行切片分析：

·开场：是否有礼貌，能吸引用户注意；

·厘清用户问题：是否清晰准确地了解用户诉求；

·情绪共频：是否共情用户，处理用户情绪；

·提出方案并达成共识：是否给出清晰、可执行的解决方案；

·执行操作：是否高效、准确地完成操作；

·结尾：是否圆满结束，给用户留下良好印象。

在每个切片环节中，指出员工的优点和不足，并针对不足之处提供改进方案。向员工展示优秀话术的案例，对比分析，并通过逐句对比找出不同，让员工更直观地理解如何优化。

辅导结束后，班组长可以通过提问或模拟场景演练，检验员工对辅导内容的掌握情况，同时明确员工的执行标准和目标。为了确保辅导成果能够落地，班组长应在次日进行跟进，并在第二周持续检查。辅导过程中，需详细记录辅导内容，填写辅导表，并让员工总结心得后签字确认，进一步巩固辅导效果。

（三）监控容易出差错的时间段 & 特殊事件时期以防范和发现风险

基于项目业务的特点，我们可以总结出以下一些风险较高的时间段和特殊情况，由于员工状态或管理资源的变化，往往更容易发生问题。

· 大夜时段（2:00—8:00）：员工精力下降，可能导致处理效率和服务质量的波动。

· 周六、周日和法定节假日：管理人员排班较少，员工在处理复杂问题时可能缺乏及时支持。

· 节前节后：员工状态波动较大，可能因假期气氛或返岗适应问题影响表现。

· 集中用餐时间及前后：员工分批用餐时，值守人数减少，导致工作量压力增加。

· 临近下班前30分钟：员工可能因急于完成工作或赶时间，导致服务质量下降。

· 大促活动期间：服务量激增，员工在高强度工作状态下更容易犯错。

· 线路排队爆线：当线路预测不准确或集中性问题导致排队爆线时，员工可能因压力过大或处理节奏失控而出错。

· 媒体来电、暗访或直播：这些场景具有高度舆情敏感性，任何不当的处理都可能引发较大的负面影响。

为了更好地应对高风险时间段和特殊情况，需要制定针对性的监控与管理措施（见表4-11）。这不仅有助于及时发现潜在问题，还能有效干预和解决可能影响服务质量的风险场景。接下来，我们具体看看如何在不同时间段和特殊情况下实施监控与管理。

表 4-11　特殊时间段/情况的防范处理策略

序号	特殊时间段/情况	防范处理策略
1	晚班监控	（1）关注晚班人员的工作状态，包括小休时长、接起量等指标，以评估接线效率 （2）针对大夜时段无管理值班的情况，重点监控晚间服务指标的达成情况 （3）安排值班代教关注员工的接线状态，发现状态异常时及时介入，确保问题得到快速处理
2	周六、周日及节假日监控	（1）由班组长或协调其他人员对风险员工实施监听，实时掌握工作状态 （2）出现问题时及时干预处理，避免风险进一步扩大
3	临近下班时间监控	（1）班组长在员工下班前固定时段进行巡场，及时关注员工状态 （2）若发现员工出现松懈或情绪波动，及时介入并提醒调整状态，确保服务质量稳定
4	特殊情况监控	（1）品牌舆情案例：在品牌方发布舆情案例或官方口径时，重点关注员工是否按规定答复、是否严格执行规范，以及是否存在舆情发酵隐患或错误引导的行为 （2）媒体来电、暗访与直播：关注员工是否准确分辨媒体身份，是否按规定话术执行，并确保按照模板升级上报，防止出现处理不当的风险

通过这些针对性的监控和管理措施，能够有效防范高风险时间段和特殊情况下的潜在问题，确保服务稳定性和业务达成目标。

四、基于短板问题解决或优秀做法推广的经验萃取提炼复制

在日常工作中，解决短板问题和推广优秀做法的关键在于总结和提炼经验，让整个团队都能借鉴和应用。这不仅有助于员工避免重复犯错，还能快速复制成功经验，提升团队整体效率和服务质量。为了更好地推进这项工作，可以从以下四个核心原则入手。

（1）优先选取亮点突出的、易复制的案例。这些亮点可以是一句打动顾客的话，或者一个特别用心的行为。通过分析这些亮点，我们能够找到具体可操作的方法，便于其他员工快速学习并应用到自己的工作中。

（2）选取不同沟通风格的优秀录音。要关注员工的个性和沟通风格的差异，选择不同类型的优秀录音：

・专业型：擅长用专业的知识和语言打动顾客；

・激情型：通过热情和感染力激发顾客兴趣；

・平铺直述型：语言简洁、逻辑清晰，适合直接高效的沟通场景。

这种分类方法可以帮助员工根据自己的性格特点和沟通风格，针对性地模仿和学习，从而更容易提升应用效果。

（3）整合不同录音中的优秀话术。在分析优秀录音时，还可以将不同案例中的优秀话术进行整合，形成一个层层递进的应用方案，达到 1+1>2 的效果。例如，在顾客犹豫时，可以结合情绪共频和利益引导的话术，进一步提升成交率。

（4）激发员工参与，设置优秀话术奖励机制。鼓励员工自发听取优秀录音，整理并整合其中的话术亮点。对贡献优秀话术的员工给予表彰和奖励，不仅提升他们的参与感，也能推动团队整体学习的氛围。

（一）如何找到和选取优秀录音/聊天记录

优秀案例从哪里来？这里有几个渠道可以帮助我们多方位地搜集（见表4-12），通过这些渠道，能够形成一个全面的优秀案例收集体系。

表 4-12　搜集优秀录音/聊天的渠道

序号	渠道	具体的说明
1	班组长主动搜寻	（1）锁定人员：通过对绩效表现和关键指标显著高于平均水平的人员进行筛选，例如采用四象限分析法，从顾客满意度和问题解决率两个维度锁定优秀人员 （2）锁定场景：针对业务中的高频场景和重要场景，寻找在这些场景中表现突出的优秀员工 （3）锁定环节：关注影响业务指标的关键环节，从中筛选出在这些环节表现优异的人员 （4）新业务/更新业务时机：针对新上线或更新的业务，选择最初表现优秀的员工，萃取他们的优秀做法进行推广
2	联动其他团队反馈	利用质检团队反馈的优秀录音作为参考，同时制定明确的优秀标准，确保筛选的案例具有推广价值
3	日常涌现的优秀案例	收集顾客方推荐的优秀录音/聊天案例、用户表扬的案例以及员工主动提交的优秀案例，并通过设立激励活动或奖励机制，鼓励员工积极分享和参与

（二）优秀经验提炼和输出的方法

关于如何识别优秀点，并将其提炼成提升顾客服务感知和满意度的"优秀做法"，在这过程中，我们不仅要关注员工的行为和语言，更要深挖这些表现背后的思维逻辑，确保提炼的优秀经验对大家都有实用价值。

优秀点的识别重点是找到那些能够显著提升顾客服务感知和满意度的行为、语言及其背后的思维逻辑。

·行为：比如，员工主动提供帮助，快速响应用户需求，或者超出预期完成服务。

·语言：特别是那些能够打动顾客的表达方式，比如精准共情和积极引导等。

·思维逻辑：深挖员工为什么这样做？是基于对顾客需求的洞察，还是基于对问题本质的精准判断？

在提炼优秀做法时，要特别说明每个步骤的意义。比如，某句话术的目的是缓解顾客情绪，还是引导顾客明确需求？让大家在模仿时弄清楚为什么这样做，才能更好地实现效果。

除了优秀的做法，还要注意标注哪些行为是需要避免的。比如：话术太生硬，可能让顾客觉得敷衍。清晰列出这些雷区，能帮助大家在实践中少走弯路。

通过识别提升顾客服务感知的优秀点，并提炼出清晰、可操作的优秀做法，我们可以帮助团队更快速地提升服务质量。同时，在推广优秀经验时，明确每个步骤的目的，并提醒需要规避的雷区，能够让这些优秀做法更具实效性。

表4-13是一个优秀经验提炼梳理模板，大家可以参考使用。

表4-13 优秀经验提炼梳理模板

优秀经验提炼梳理模板					
处理的主要步骤	步骤实现的目的	优秀行为语言要领	优秀话术	注意规避的雷区

(三)优秀录音/聊天亮点萃取的结果如何最大化应用效果

优秀案例的价值不仅在于被发现亮点,更重要的是让这些亮点被团队全面掌握和高效应用。具体来说,可以从以下三个方面入手。

1. 团队内的有效学习和掌握

要让团队真正掌握优秀做法,需要一套系统化的推进方式:

· 可视化方法步骤:将优秀做法具体化、步骤化,制作成电子或纸质资料,便于员工学习和参考。

· 可视化话术模板:优化已有话术,推出新的话术模板,并将在线客服的优秀话术直接添加到快捷话术库中,方便随时使用。

· 在岗培训安排:收集高频场景及优秀处理方案,分批次进行在岗培训,确保全员覆盖。

· 新人培训安排:将优秀做法加入到新人培训中,包括话术类和行为习惯类内容,帮助新人更快适应工作。

· 每日抽测:安排代教每天抽测已覆盖的员工,针对场景进行模拟测试,检查员工对优秀做法的掌握情况。

· 推进流程优化:对优秀案例中反映出的工作流程待改进点,班组长需要及时汇报并推动流程优化,提升整体服务效率。

2. 团队内每日宣导提升效果

在班组会议宣导中,可以充分利用早班会时间,每周重点覆盖若干优秀场景及其对应的处理方案。通过讲解问题背景和改进必要性,分析采用优秀做法带来的积极影响,同时对比不使用优秀做法可能导致的负面后果,让员工更直观地理解这些优秀经验的重要性,帮助他们更深刻地掌握并应用到实际工作中。

持续跟踪并展示效果,在夕会中邀请员工分享优秀做法执行后的心得和成果,强化应用效果,营造积极的学习氛围。

3. 建立优秀录音/聊天学习资源库

将优秀录音按顾客场景分类收集,制作清单,便于场景演练、晨会学习和员工自学。收集的内容包括:影响指标达成的关键场景优秀案例、体现典型优秀服务意识的案例、合规前提下超常规解决用户投诉的案例,以及优秀话术范本案例等。资源库内容会定期更新,并通过海报等方式公示新增内容和学习路径,帮助员工更方便地查阅和学习,同时鼓励大家主动参与学习和应用。

接下来,我们来看一个优秀经验萃取的案例,帮助大家更直观地了解如何提炼优秀做法并应用到实际工作中。

案例

在某项目中,有一名纠纷二线员工,满意度排名第一。为了推广他的优秀做法,我们对他的表现进行了深入分析,选取了他在5个高频场景中的录音,每个场景3条,共计15条录音,进行逐条切片式分析,总结出具体的优秀做法。

一是沟通技巧方面。在通话开始的前120~240秒,这名员工并没有急于提出解决方案,而是优先解决用户的情绪问题,拉近双方距离,为接下来的沟通打下良好基础。

二是话术技巧方面。在安抚用户方面,这名员工的具体话术和表达方式尤为突出,主要体现在以下三点。

(1)"一针见血"指出痛点。直接说出用户最关心的问题,让用户觉得自己被理解。例如,优秀话术:"骑手没有经过您的同意就把餐品放在了地上,而您家门口就是马路,人来人往,您肯定是担心餐品的安全。别说是您了,我听了都特别生气。"相比之下,普通话术可能只是泛泛道歉,缺乏具体化。普通话术:"骑手让您今天的体验受到了损伤,我代表骑手向您抱歉。如果我是您,我也会生气。"

(2)"将心比心"表达共情。通过分享自己的类似经历,让用户觉得自己真正被感同身受。例如,优秀话术:"我特别理解,我的工作也经常不方便接电话。我也常点外卖,有一次提前点的餐,中午饭点已经饿得不行,结果发现饭被商家取消了,我当时都气哭了!所以我真的特别心疼您现在的感受。"

(3)"肯定用户"缓解情绪。通过夸赞用户的善良和理解,让用户不好意思再发脾气。例如,优秀话术:"说到底,还是您比较善良,骑手都晚到一会儿您都同意了。要是我,可能没您这么宽容,真的要替骑手

> 感谢您。"
>
> 　　通过对这些沟通技巧和话术的总结，我们梳理出了《投诉解决"八段锦"》，将投诉解决的沟通技巧和话术融入到八个核心步骤中，形成全员适用的解决方案。接下来，通过培训和实践推广这些优秀做法，全员的投诉解决能力得到了显著提升。

　　这个案例说明，通过精准分析和提炼优秀经验，不仅能提升团队的整体服务水平，还能帮助每位员工在关键场景中更自信、更专业地应对用户问题。

五、进行客诉问题解决及复盘改善

　　关于如何全面分析顾客投诉问题，并制定有效的改善和解决策略，我们认为，整个过程可以分为以下五个核心步骤。

　　第一步，调取录音或聊天记录，进行事实还原分析。

　　我们需要调取录音或聊天记录，并收集其他相关信息，确保对问题有全面的了解。具体操作包括以下三点。

　　（1）收集信息和资料。需要将聊天记录复制或下载成录音，以便进行详细分析。同时梳理从问题发起到结束的所有环节信息，包括涉及的人员、操作方式和服务内容。此外，还需整理责任员工的相关数据，例如工作环境、班次、对应负责人以及值班人员的信息，确保对问题的全貌有清晰的了解。

　　（2）基于信息进行还原分析。班组长需要全面了解顾客与员工的交流细节，关注双方的态度、语气以及问题的具体内容。同时，要明确顾客的需求、期望和情绪，并分析员工的回应是否恰当。在此过程中，应记录员工在对话中的问题点，例如回答不准确、态度不佳或信息不清晰，并标注出相应的正确解答方式，便于后续改进。

　　（3）与涉事员工沟通前，需要明确沟通的目的——这次复盘的重点在于查找问题的根本原因并制定改进措施，而不是追究责任。要让员工清楚，沟通的目的是为了避免类似问题再次发生，同时推动整体工作流程和服务质量的优化。

第二步，用户需求和服务过程分析。

还原事实后，我们要深入分析用户的需求和员工的服务过程，明确问题的核心：

·用户的真实需求是什么？现有流程能否满足？问题是否因用户个人原因引发？

查找交流中的问题点时，需要记录员工在录音中出现的错误解答，同时标注出相应的正确解答方式。接着，分析客服人员的回应是否合理，以及是否能够有效解决顾客的问题。同时，评估员工提供的解决方案是否符合顾客的期望，并判断其逻辑性和是否符合公司规定，确保服务质量达标。

第三步，客诉原因分析。

接下来，需要全面理解顾客的投诉内容，并深入分析其具体原因。这可以通过整合多渠道信息来实现，包括历史服务记录、用户与第三方的通话记录、系统记录等，确保对顾客的需求和不满意点有全面的了解。

随后，对投诉原因进行分类分析，明确问题可能涉及的多个方面，例如顾客期望值未满足（合理或超预期）、服务态度问题、服务效率或流程问题、产品质量问题、客服人员失误问题，甚至顾客自身问题等，从而为制定改进措施提供依据。

第四步，补救方法分析。

基于对问题的分析，探索是否有针对顾客负面评价的补救方案，并及时推进补救措施，如主动联系顾客、提供额外补偿或优化服务体验，尽量降低负面影响。

第五步，锁定内部原因并制定改善策略。

为挖掘问题的内部根本原因，需要分析其是否源于员工执行、管理方式或流程设计的缺陷。接着，从两个维度对问题进行判断：其他人是否也存在类似问题？未来是否还有风险？如果答案是"是"，则说明问题具有多维性，需要系统性推进改进工作。基于这些分析结果，制定具体的解决策略，尤其是涉及管理项的改善部分，需重点规划和落实。同时，通过加强员工的技能培训和赋能，结合管理流程的优化，确保问题得到根本解决，不会再次发生。

通过以上五个步骤，大家可以全面剖析投诉问题的来龙去脉，并通过系统性的改进措施，减少类似问题的发生。这不仅提升了顾客的满意度，也为团队的整体优化打下了坚实基础。

以下是一个典型的客诉案例，展示了从问题还原到原因分析，再到改进措施的完整处理流程。

> **案例**
>
> 一位顾客收到礼盒套装后发现礼盒内没有产品，联系客服反馈时，客服因查询知识库无果，凭个人感觉回复"这就是一个空盒子"，导致顾客情绪升级并最终投诉。接下来，我们分步骤来看班组长是如何推进复盘和改进工作的。
>
> 1. 第一步是还原事实，全面了解问题的来龙去脉
>
> 整理基础信息：收集责任员工的基础信息，包括入职时间、问题发生时间、员工等级及所属上级等背景资料。
>
> 复盘原始会话记录：整理顾客的聊天会话记录，判断用户的进线需求和期望，查看对应服务政策、员工的沟通内容、回复时间及使用的话术。
>
> 梳理用户投诉的关键点：标注用户情绪变化的时间点，例如语气、态度的明显变化，并分析责任员工在这些阶段的服务内容和话术是否引发了问题。
>
> 与涉事员工沟通：倾听员工的反馈，了解其对问题的看法，进一步还原事实，明确问题的根本原因。
>
> 2. 用户需求和服务过程分析
>
> 接下来，需要分析用户需求和员工服务过程：用户需求分析，明确顾客的真实需求，并评估当前流程是否能够满足这些需求；查找交流中的问题点，评估客服的回答是否合理，以及是否提供了有效的解决措施。
>
> 3. 客诉原因分析
>
> 通过进一步分析，班组长发现客诉的根本原因包括：客服未按流程要求执行，凭个人感觉回复顾客，导致顾客不满；客服在问题处理过程中未及时上报班组长，错失协助机会，最终导致处理不当。

4.引发客诉的内部原因分析

在分析内部原因时,重点关注两个方面:员工侧原因和管理侧原因。

员工侧原因:检查责任员工的历史业绩数据,是否接受过相关培训,以及知识库是否覆盖了业务内容。核实员工是否有签字确认的培训与辅导记录。

管理侧原因:判断在整个服务流程中,管理岗是否存在可优化的部分。例如:员工在服务过程中是否主动寻求管理者支持?管理者是否能够满足员工的需求并协助解决问题?管理者是否帮助员工争取达成合理的顾客诉求?

5.闭环改进措施

为确保问题不再发生,班组长制定推进了以下改进措施:

·员工侧改进:针对不确定的知识点,要求员工第一时间上报管理者寻求协助,未上报但出现质检问题、错单或投诉的,由员工自行承担责任。班前会中会对这些要求进行明确强调,并要求员工签字确认。同时,实施每日知识点测试,对未通过测试的员工进行针对性辅导,并安排补考,确保员工对知识点的全面掌握。

·管理侧改进:每日对员工升级的工单进行质检,记录当班次所有员工提出的知识点,并整理成台账,作为次日测试的题目。同时,根据员工提出的问题查阅知识库,及时上报需新增或优化的内容。在班前会中连续一周宣讲该客诉案例,帮助全员加深理解和认知,进一步提升服务质量。

·流程侧改进:业务知识点必须先查看知识库,有内容的按知识库答疑,未覆盖的立即上报管理协助。

·支持侧改进:知识库需及时增加对应知识点,确保知识库内容覆盖全面。

针对以上改进措施制订详细的落地计划,并阶段性跟进执行效果。

第五节　业务数据观测及干预

在班组管理中，实时关注和分析业务数据是提高团队绩效和确保运营稳定的关键。通过数据的精准监控，班组长可以全面掌握团队的整体表现，及时发现并解决问题。接下来，从团队整体、员工个人以及突发状况三方面，具体看一看实时数据如何发挥作用。

首先，通过实时关注业务数据，班组长可以快速捕捉团队整体业绩的波动。例如，当某时段的关键指标（如接通率或解决率）出现异常时，班组长能够立即分析原因，并采取针对性的调整措施，如优化资源配置或临时增派人手，从而提高团队的整体工作效率。此外，这些数据还能够帮助班组长识别共性问题，进而组织有针对性的培训和指导，全面提升团队的业务水平。

其次，实时业务数据对于关注员工个人表现也非常重要。通过数据分析，班组长可以及时发现业务能力较弱或工作态度存在问题的员工，例如处理时长过长、错误率较高或业绩指标持续低迷的情况。针对这些问题，班组长可以及时与员工沟通，了解背后的原因，并根据具体情况开展辅导，帮助他们改进工作方法。

最后，实时数据还可以帮助班组长快速锁定突发业务、重点业务和突发状况。例如，当某条业务线的工单量突然激增，或服务效率显著下降时，班组长能够第一时间发现问题并迅速组织资源进行应对。这不仅能够确保班组在日常运营中的稳定性和效率，还可以将关键问题及时反馈给上级管理层，推动问题的快速解决，确保整体业务的顺畅运行。

那么，如何通过实时数据监控和管理，提升班组的运营效率和服务质量？我们将从数据管理与分析、数据异常处理与反馈，以及数据通晒与报告三个方面展开。

一、数据管理与分析

班组长需要拥有一份完整的小组人员及团队指标数据表，包含结果指标和过程指标，覆盖团队和个人层面。每日更新数据，并对未达标和重点关注的指标进行标注。这不仅能全面掌握团队状况，也为制定改进措施提供了依据。

班组长需按项目要求，每小时对重点业务数据进行监控，与上一时段数据对比，快速识别波动。如果发现指标异常，比如不满意度增加或参评量下降，可通过监听录音等方式检查问题点，如业务解答错误、服务流程问题或话术执行不到位。

如果业务流程存在疑问，班组长需与质检和客户方沟通，确保一致性和准确性，并在明确后快速传达新要求。

二、数据异常处理与反馈

当发现某时段内业务数据异常（如工单量激增或用户集中反馈同一问题），班组长需迅速上报，确保上级和相关部门及时介入，避免问题扩大。若异常涉及多班组，主动与其他班组及质检部门协作，统一解决方案并及时传达。

对数据异常的时段，抽取录音进行分析，确认是否因流程变更或突发业务引发。发现问题后迅速向上级反馈并制定调整策略。

实时监控员工通话时长、通话数量、小休时间等数据，发现异常立即核实。对通话过长、过短或频繁切换状态的员工，及时沟通了解原因，有针对性地采取措施。

三、数据通晒与报告

每天工作开始后30分钟内，在班组管理群内播报业务达成情况，标注异常指标并@（告知）相关人员，确保及时跟进。根据项目需求，每日进行3~4次实时数据播报，标注未达标或下降指标，帮助团队明确改进重点。

出现异常数据时，班组长需及时通知团队并同步上级管理层，快速响应并制定解决措施。下班前回收质检差错和辅导完成情况，确保所有问题都已处理到位。

班组长每天需输出质量监控日报，汇总质检结果、问题分析和改进计划，为管理层提供全景视图，并为团队提供学习方向。

通过实时数据的高效管理和分析，班组长能够及时发现问题、优化流程、提升员工能力，最终实现团队整体绩效的提升。这是班组运营的核心工作，希望大家在实际工作中灵活运用。

第六节　员工状态管理和情绪管理

这节我们来聊一聊客服岗位员工状态管理的重要性，以及如何通过有效措施帮助员工缓解压力、保持良好的工作状态，从而为顾客提供更优质的服务。

客服岗位的特殊性决定了员工的个人状态与服务质量息息相关。当员工情绪波动时，语气和语调可能会受到影响，耐心降低，从而直接影响与顾客的沟通效果。身体状况，尤其是嗓音问题，也会显著影响电话接起量和通话质量。此外，员工的主动性和责任意识如果不足，同样会对服务质量产生负面影响。

因此，关注和管理员工的状态，不仅是提升服务质量的关键，也是维护团队稳定的重要举措。要更好地支持员工，我们需要先了解他们压力和情绪的主要来源。一线员工的压力来源主要集中在三个方面：①客户互动带来的压力。在与客户沟通时，员工经常需要处理带有问题或不满情绪的咨询，这些情况可能伴随着苛刻的要求，甚至轻蔑或不尊重的态度。这种压力不仅对员工的专业能力是一个考验，同时也对他们的情绪管理能力提出了更高的要求。②工作本身的特点也是员工压力的重要来源。不规律的轮班往往会打乱生活节奏，增加身心负担，而长时间、高强度的重复性工作，则容易让员工产生倦怠感和无助感，进一步影响他们的工作状态和效率。③内部管理带来的压力也是员工压力的重要来源。沉重的绩效考核可能让员工感到力不从心，而严格的不容许出错的规定，则容易让他们始终处于紧张状态。此外，团队合作中若出现沟通不畅或误解，更会加剧员工的心理负担，进一步影响他们的工作表现和心理健康。

为有效应对这些压力，我们需要从员工状态管理的关键环节入手，采取针对性的措施来帮助员工缓解压力、调整状态。接下来，将从如何及时发现员工情绪状态异常、员工异常情绪疏导方法、消减员工的压力源以及建立班组正向文化四个方面，详细讲解具体的方法和策略。

一、如何及时发现员工情绪状态异常

关于如何通过日常观察和多渠道了解员工状态，我们可以从三个方面入

手:每日观察、巡场沟通以及其他渠道的信息收集,下面具体讲讲这些方法如何帮助我们及时发现员工的状态和情绪异常。

首先,在每天的晨会、夕会和小组讨论中,班组长可以通过细致观察,发现员工的状态是否存在异常。具体来说:

· 站姿和精神状态:员工是否显得懒散随意?是否显得精神疲惫,缺乏活力?

· 面部表情:是否有闷闷不乐的情绪?表情是否显得不屑一顾,缺乏参与感?

· 员工的投入性和互动性:是否有走神的现象?是否能够主动参与互动,积极表达自己的意见?

其次,在日常巡场中,班组长也可以通过观察和倾听,第一时间捕捉到员工的异常表现,并进行适当的关怀或调整:

· 观察员工的工作状态:看员工的坐姿,是否出现半躺的懒散状态?如果发现员工趴着工作,要留意是否因为身体不适,比如生病。

· 倾听员工与客户的交谈:关注员工的语气语调是否正常、嗓音是否有异常等,判断交谈内容是否清晰、有逻辑,确保没有受到情绪或状态的影响。

最后,有些员工的状态和背后原因,仅靠日常观察可能很难发现。这时,我们需要借助一些其他方式来更全面地了解情况。例如,可以定期开展匿名满意度调查,收集员工对工作环境、管理方式和培训的真实反馈,了解他们的需求和潜在问题。此外,可以安排小组内的后备人员与状态异常的员工沟通,侧面了解他们的想法和情绪。通过观察员工在团建活动中的参与度、朋友圈动态以及沟通群组的活跃度,也能更好地了解他们在非工作环境中的表现,从而发现潜在问题并及时跟进。

通过三会观察、巡场沟通以及多渠道的信息收集,班组长可以全面掌握员工的状态并及时发现异常。

二、员工异常情绪疏导的"2心1听1帮"法

图4-4所示的"2心1听1帮"模型是专门为管理者在处理员工情绪问题时总结出来的一套简单实用的方法。它帮助管理者更好地关注员工的情绪,及时提供支持。

这个模型的核心是从关心和同理心开始，通过认真倾听员工的想法，再结合实际帮助解决问题，为员工提供心理安慰和实际指导。这种方式不仅能缓解员工的情绪压力，还能提升团队的凝聚力。接下来，将会详细介绍这个模型的主要理念和具体应用方法。

关心 01
- 真正关心员工感受,关心发生了什么,不刺激员工
- 做让员工感受到被关心的安排和事情

"2心1听1帮"

倾听 03
- 让员工倾诉感受,宣泄情绪;认真倾听,给予回应

同理心 02
- 换位思考,理解员工的情绪和感受
- 告知员工"我能理解你的感受和情绪"

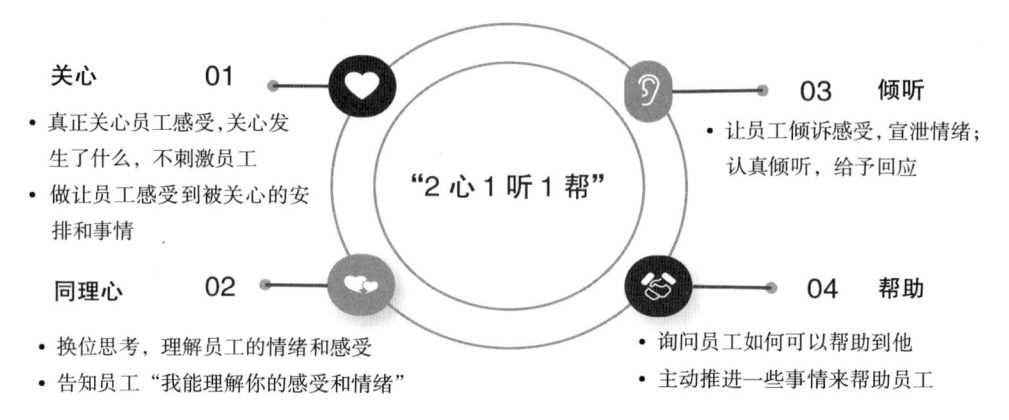

帮助 04
- 询问员工如何可以帮助到他
- 主动推进一些事情来帮助员工

图 4-4　员工异常情绪疏导的"2心1听1帮"模型

（一）关心：用心去关注员工

需要真正了解员工最近是否面临困难或者有生活上的压力，不仅要关注他们在工作上的表现，还要尝试从个人层面了解他们的感受。除了语言上的关怀，还可以通过实际行动传递关心，比如安排一些舒缓情绪的活动，或者贴心地准备他们喜欢的奶茶和零食。同时，也可以安排关系较好的同事与他们聊聊，帮助他们缓解情绪，用实际行动让员工感受到支持和温暖。

（二）同理心：站在员工的角度思考

试着站在员工的角度想一想，如果自己处在他们的位置，会有什么样的感受？这种换位思考有助于更好地理解他们的情绪和处境。在与员工沟通时，通过真诚的语言和态度传递这种理解，比如可以说："我能感受到你最近可能压力很大，这确实不容易。"同时，主动与员工展开对话，不只是简单地问问题，而是通过深入交流，一起找到问题的症结所在，从而真正帮助他们解决困扰。

（三）倾听：创造安全的沟通环境

倾听时，要做到全神贯注，避免打断或急于给出解决方案，耐心地让员工

充分表达自己的想法和感受。可以为他们创造一个舒适、开放的沟通环境，比如找一个安静的会议室，或者通过轻松的非正式谈话，让他们更愿意敞开心扉。在员工倾诉完后，可以适时总结并回应，比如："我听懂了你的担忧，接下来我们一起看看可以做些什么。"这样既能让员工感到被尊重，也能更有效地找到解决问题的方法。

（四）帮助：提供切实可行的支持

在面对面沟通时，首先需要通过交流判断员工的需求，他们是更需要心理上的支持，还是实际工作中的帮助。通过细致的倾听和提问，找到他们最需要的部分。接着，与员工一起探讨具体的解决方案或行动计划，确保目标清晰、步骤可行，让他们对接下来的行动有信心。

在实施过程中，作为班组长，要持续给予指导和支持，定期跟进进展，帮助他们克服困难。这样，员工会切实感受到，你不仅在倾听他们的问题，更在用行动帮助他们解决问题。

"2心1听1帮"模型的核心是关心、同理心、倾听和帮助。它让我们从情感和行动两个层面支持员工，帮助他们走出情绪困境，从而为团队创造更加和谐的工作氛围。

为了更直观地理解"2心1听1帮"模型的实际应用，我们可以通过一个具体的案例来说明。

案例

在某次通话中，员工小王接到了一位情绪激动的疑难用户。这位用户因诉求未能满足，在通话中开始咄咄逼人，甚至升级到恶语相向、侮辱小王的家人。由于工作规范要求，小王无法主动挂断电话，但情绪已经接近崩溃。他按下闭音键后短暂抱怨发泄，但仍影响了周围同事的工作氛围。

事后，班组长及时介入，首先对小王的情绪进行了安抚和疏导。班组长表达了理解和同理心，向小王说道："面对这样无理的用户，任何人都会感到委屈和愤怒，我非常理解你的感受。"随后，为了让小王缓解紧张情绪，班组长安排他到休息区稍作调整，同时由关系较好的同事陪同安慰，帮助其迅速从高压状态中脱离出来。

在小王情绪逐渐平稳后，班组长与他展开了一次详细沟通。首先，班组长对小王的专业表现给予了肯定："在如此恶劣的情况下，你依然保持了专业素养，没有在通话中做出过激行为，这是非常值得表扬的。"同时，班组长结合自己的工作经验，分享了类似的经历，进一步展现对小王情绪的理解，并强调客服岗位的特殊性和挑战性，帮助小王正确看待这类事件。

接着，班组长详细询问了事件的经过，与小王一起分析用户情绪失控的原因，并探讨是否有更好的处理方式。过程中，班组长也提醒小王："闭音抱怨虽然是一种情绪宣泄，但可能存在技术失误的风险，比如被用户听到或影响到其他同事，这可能引发更加严重的问题。"同时，班组长指出，这种行为在职场中需要特别注意，因为其既会影响工作规范，也会给团队带来隐患。

最后，为了避免类似事件的再次发生，班组长向小王提出了改进建议：如果再遇到类似用户，第一时间举手向班组长汇报，由管理层介入处理，避免个人情绪失控。此外，班组长还在班组内召开了一次宣导会议，通过此案例强调闭音抱怨的潜在风险，并重申团队的行为规范，以引导其他员工避免类似行为。

这次事件不仅让小王获得了情绪上的安抚和支持，也让他意识到自己行为的风险，同时通过团队宣导进一步强化了规范意识，为团队营造了更加专业、健康的工作氛围。

需要提醒大家注意的是，在处理类似事件时，一些经验不足的班组长可能会因为方法不当而出现问题。比如，有的班组长只关注安抚员工情绪，却忽略了提醒闭音抱怨可能带来的风险，这可能导致员工以后再次出现类似甚至更严重的问题。还有些班组长直接按规章制度批评员工，没有任何安慰或理解的表示，这会让员工觉得管理者冷漠无情，可能导致员工对团队失去信任，甚至选择离职。此外，如果班组长没有在团队中明确宣导闭音抱怨的风险，其他员工可能会误以为这种行为是被允许的,从而导致类似问题的反复发生。

通过"2心1听1帮"模型,我们可以从关心、同理心、倾听和帮助四个方面着手,帮助员工走出情绪困境,同时提升团队的凝聚力和工作氛围。比如,在案例中,班组长通过及时介入、理解员工的感受、与员工深入沟通,并提出改进建议,不仅帮助员工释放压力,也借此机会宣导行为规范,帮助团队形成了更加专业、健康的工作习惯。

这个方法告诉我们,在处理员工情绪问题时,不仅要关心和支持员工的感受,还要清楚地提醒他们可能存在的风险。通过用心关怀和实际行动相结合,帮助员工在健康、和谐的工作环境中恢复状态。同时,这也对班组长提出了要求,不能只是安抚情绪或直接批评,而是要在情绪疏导和规则管理之间找到平衡,既解决问题,又帮助团队不断进步和成长。

三、班组日常要推进消减员工的压力源

前面我们有提到,员工的压力往往来源于多方面,最常见的包括客户、管理者以及工作本身。如果这些压力得不到有效缓解,不仅会影响员工的情绪和工作效率,还可能对团队的整体氛围产生负面影响。作为管理者,我们需要认识到这些压力源的存在,并采取针对性措施帮助员工化解压力。接下来,我们从客户、管理者和工作本身三个方面,具体探讨如何有效减轻员工的压力。

(一)消减来自客户的压力

首先,情绪的生成和个体的认知密切相关。比如,坐席人员如果把客户的投诉当作有意的挑衅或"找麻烦",很容易产生负面情绪。但如果能理解客户的投诉实际上是对服务的期待和对企业的信任,这种认知转变会让员工以感恩的态度去处理问题,不仅缓解客户情绪,也减少了自己的压力。

为了实现这一点,我们可以通过以下信念来强化员工的认知:

- 当客户寻求帮助时,我需要理解他们的处境。
- 我是问题的解决者,而不是问题的源头——我要主导局面。
- 客户抱怨的是问题本身,而非针对我个人——保持客观角色。
- 学会镇定,深呼吸管理情绪。
- 即使客户不满,我也要保持职业素养,不受其情绪影响。
- 我的目标是传递积极情绪,正面影响客户。

这些正向的信念需要通过多种方式反复强化，让员工逐渐养成积极应对客户情绪的习惯。

（二）消减来自管理者的压力

班组长在管理团队时，要特别注意避免成为员工压力的来源。管理者的情绪和行为对团队有着重要影响，因此首先需要学会管理自己的情绪，认识到自己的反应可能直接影响员工的情绪状态。保持冷静和理性，避免因情绪失控给团队带来额外的压力。

同时，要鼓励员工坦诚表达问题和建议，通过及时的沟通减少误解和压力的积累。班组长还应适时肯定员工的努力和成就，例如在会议上公开表扬表现突出的员工，这不仅能提升士气，还能让团队氛围更积极、融洽。

此外，班组长必须做到公平公正，避免因偏向或误解而引发员工的负面情绪。在日常管理中，应尊重和关心员工。例如，在需要播放负面录音进行培训时，应提前与员工沟通说明目的，避免让他们感到尴尬，同时体现对员工尊严的重视。

通过这些方式，班组长不仅能够有效减轻员工的压力，还能增强团队的信任感，营造出一个更加和谐、积极的工作环境。

（三）消减来自工作本身的压力

很多员工的压力来源于工作本身，比如业务不熟练、技能不足，导致解决问题效率低下，还可能受到客户负面反馈和绩效压力的双重打击。这种情况需要班组长主动介入，通过业务辅导和帮扶计划帮助员工提升技能，让他们在处理业务时更得心应手。

此外，确保团队有充足的支持资源，比如系统培训、业务指导和必要的工具，为员工创造一个支持性工作环境。当员工的能力逐步提升，压力感自然会减轻，工作积极性也会随之增强。

四、建立班组正向文化

班组文化对员工的情绪管理起着潜移默化的作用。一个健康、积极的班组文化，不仅能提升员工的情绪控制能力，还能增强团队的凝聚力。为此，我们可以通过一些有趣的活动，把情绪管理变成一件"好玩的事情"，让员工在参与中学习和成长。以下是几个可以尝试的创意活动：

·情绪挑战赛：设计一些简单易行的活动，比如"一周不生气""每天保持微笑"或"每天说一句正能量的话"等。可以为完成挑战的员工设置小奖励，比如积分、奖品或团队荣誉。这种形式不仅激励员工积极参与，还能在挑战中潜移默化地培养他们的情绪管理能力。

·情绪角色扮演：通过组织角色扮演游戏，让员工模拟不同情境下的情绪处理，比如扮演客户、同事或管理者。在这个过程中，不仅可以提升员工对情绪的认知和管理能力，还能帮助大家更好地理解彼此，增强团队的合作与凝聚力。

·情绪故事会：鼓励员工分享自己的情绪管理经历，或者讲述自己见过的成功案例。可以将故事会设计为一个轻松的茶话会形式，让大家在交流中获取灵感和经验，同时也增进同事间的了解。

·情绪分享会：定期举办情绪分享会，邀请员工聊聊最近的情绪挑战和解决方式，可以是成功的经验，也可以是需要改进的地方。通过分享和讨论，员工能够感受到团队的支持和共鸣。

·情绪奖励机制：设立"情绪管理达人"等奖项，表彰那些在情绪管理方面表现优异的员工，比如面对压力时保持冷静、帮助团队缓解紧张氛围等。这种正向激励不仅能带动个人进步，也会有助于整个团队形成积极的情绪管理文化。

这些活动既能让情绪管理变得有趣生动，又能让员工在轻松愉快的氛围中不断提升情绪控制能力和团队协作能力。通过这样的方式，班组文化将更富有活力和凝聚力，从而打造出一个更和谐、更高效的工作环境。

在日常工作中，班组长也要让鼓励和表扬成为一种习惯。比如，在会议上可以公开表扬那些表现突出的员工，让大家看到他们的努力被认可，感受到被肯定的力量。平时如果发现某位同事在接电话时表现特别好，不妨及时走上前去，直接给予鼓励和肯定。对于那些正在进步的员工，即使进步很小，也要发自内心地表扬，让他们感受到自己的成长被关注。表扬时记得一定要具体，比如指出优秀表现的具体细节，以及这些表现是如何帮助团队和客户的。这样的正向激励不仅能提升团队士气，还能营造一种积极、和谐的团队氛围，让大家都更有动力去做好工作。

本章附录　每日现场管理工作事项清单

一、班组每日现场业务管理工作事项清单

表4-14是需要班组长每日围绕现场业务管理推进的工作事项清单。

表4-14　班组每日现场业务管理工作事项清单

管理方面	要实现推进的目标（参考）	每日推进的事项（参考，可增加和调整）
班前会的组织召开	（1）唤醒员工，使精神状态快速进入工作模式 （2）激励士气，增强团队融入感 （3）用场景化清晰的方式讲解业务知识，让员工"听得懂"记得住" （4）达成当天或近期的重要指标共识 （5）高效分配任务与责任	（1）会前准备： ·梳理并分析业务运营指标 ·收集整理需要传达的业务知识与投诉、质检问题 ·核查出勤名单，准备相关资料 ·设计团队互动环节，提升参与感 （2）会中组织： ·问候员工并检查仪容仪表 ·传达业务知识、投诉和质检问题，并现场抽检验收 （3）会后追踪： ·跟踪传达效果，抽测员工理解情况 ·关注异常员工或返岗人员，进行跟踪辅导 ·整理考勤记录和会议纪要
听线/录音/聊天分析	（1）发现并干预异常通话或沟通情况 （2）分析团队共性问题（如质检低分、客户不满） （3）检查新业务更新的掌握与应用情况，及时干预 （4）关注新员工与异常员工，提供有效的业务辅导 （5）防范特殊时段或事件期间的风险	（1）根据业务和人员管理需求，开展听线、录音和聊天分析，及时发现异常并干预 （2）记录分析情况，包括员工辅导记录，并详细更新台账 （3）针对问题推进后续优化与改进

续表

管理方面	要实现推进的目标（参考）	每日推进的事项（参考，可增加和调整）
数据分析通晒	（1）通过数据分析识别异常情况，及时干预并优化流程 （2）监测团队与个人数据，发现异常并及时调整 （3）防止因数据异常导致客户投诉或业务风险	（1）数据播报与分析： ·上班30分钟内发布日度数据，通知相关人员处理异常。 ·每天分3~4个时段更新累计数据，标注未达标或下降指标 （2）优化与预警： ·制定追赶与挽救策略。 ·若某时段内≥3名员工反馈相同问题，立即上报主管核实突发业务问题
合规管理	（1）提高合规意识，预防风险事件发生 （2）识别并解决合规问题 （3）确保新员工完成合规培训和验收	（1）宣导合规要求和近期典型事件 （2）排查常见风险点，如账号管理、通讯工具（如手机）使用 （3）当日处理合规问题并完成沟通 （4）对新员工进行合规培训和考试
客诉解决复盘	（1）及时处理客户投诉问题，快速推进安抚和解决，避免情况进一步恶化 （2）对投诉问题进行深度复盘，锁定问题根本原因，制定改进计划并落实	（1）班组长收到投诉案例后，应立即了解事件详情，必要时第一时间介入处理 （2）投诉解决完成后，需与相关员工沟通，全面还原事实，分析根本原因，制定改善策略并推进实施 （3）在班组会议中以匿名方式分享投诉案例及其原因，教育全体成员，避免类似错误再次发生 （4）联动TQA部门，以匿名形式将投诉案例融入岗中培训，分析总结后供团队学习
应急管理	（1）快速发现突发状况，及时上报并妥善解决问题 （2）有效处理突发状况对业务带来的影响，避免客户差评或不满	（1）在班组会议中明确要求：突发状况需及时反馈上报，以确保问题得到迅速处理 （2）针对已发生的突发状况，制定并落实应对措施，管理好员工情绪状态，确保业务按照应对规划有序进行，同时减少客户受负面情绪的影响

二、班组每日现场人员管理工作事项清单

表4-15是需要班组长每日围绕现场人员管理推进的工作事项清单。

表4-15 班组每日现场人员管理工作事项清单

管理方面	要实现推进的目标（参考）	每日推进的事项（参考，可增加和调整）
人员状态和情绪管理	（1）及时发现并引导员工情绪和状态异常，预防因情绪问题引发客户投诉和业务问题 （2）观察员工通话/聊天状态，识别业务难点和技能短板，提供支持，防止问题升级	（1）会中观察：在班前会、班组会等活动中留意员工状态，异常情况及时跟进 （2）巡场沟通：巡场时与员工互动，发现并跟进情绪或状态异常情况 （3）实时监控：利用通话时长、数量、小休时间等数据监测员工状态，异常情况及时询问并协助解决
服务态度管理	（1）提升服务意识和态度，树立专业形象 （2）预防客户辱骂引发的服务问题，保障客户体验和员工心理健康 （3）快速解决服务态度问题，防止事态扩大	（1）班组会宣导服务意识，分享正面案例 （2）客户辱骂时，员工及时上报，班组长第一时间介入处理 （3）对服务态度问题立即处理，复盘原因并制定改进措施
技能辅导和效率提升	（1）及时解决员工技能问题，避免投诉或负面评价 （2）提高员工工作效率，优化服务质量和提高满意度	（1）宣导问题报备机制，明确未报备可能引发的后果 （2）通过数据分析和巡场发现需协助的员工 （3）针对技能短板完成当日辅导并提供支持
出勤和排班管理	（1）严格考勤，规范行为 （2）及时应对人力缺口，保障业务需求 （3）确保员工清楚排班安排，避免影响工作效率	（1）核查考勤数据，处理迟到、早退、缺勤等异常情况 （2）收集特休需求，与业务需求结合，合理安排调班 （3）发布排班表，确保员工了解自己排班安排

第五章

班组业务运营支撑管理

第一节　排班、考勤和工时管理

本节我们来聊一聊排班、考勤和工时管理在保障业务指标和降低运营成本中的重要作用。这些方面看似基础，但实际上是支撑班组运营效率和服务水平的关键。

合理的排班可以确保在任何时间段内，我们的坐席团队资源分配都是精准且符合需求的。排班得当意味着顾客在需要帮助时，能够迅速得到响应，这不仅维持了较高的接通率，还大大提升了服务水平和顾客满意度。所以，要根据业务高峰时段合理配置人手，确保资源利用最大化。

严格的考勤管理能够确保每位坐席人员按照既定的时间表准时上岗，这是保持稳定接通率和应答率的基础。试想一下，如果因人员迟到或缺岗导致服务中断，不仅会降低顾客体验，还可能直接影响业务指标。因此，出勤率的管理非常重要，能够有效避免因人员不足而带来的不必要风险。

工时管理既是维护服务质量的保障，也是控制运营成本的重要手段。通过合理安排工时，可以避免过度加班，防止员工疲劳，同时优化人力资源配置。这不仅能降低成本，还能让员工保持较高的工作效率，实现服务质量和成本控制的双赢。

总结一下，排班、考勤和工时管理是我们班组运营的"三驾马车"，它们相辅相成，共同保障了接通率、应答率和服务水平，同时帮助我们合理控制运营成本。

一、班组的排班管理

排班管理是日常工作中的重要一环，如何在满足员工需求的同时，达成业务目标，是需要重点关注的问题。合理的排班不仅能够有效提升员工满意度，还能保障运营的稳定和高效。接下来，让我们一起看看如何具体实施这些做法。

首先，需要持续记录和总结员工的个性化排班需求，这样不仅能提升员工的满意度，也能减少临时换班和请假的情况。日常可以通过调查问卷、一对一访谈或者在线调查等方式，了解员工对班次、休息时间、加班安排等的需求和偏好。这些需求会被记录下来，用于后续排班时的参考，确保最大限度满足员工的个性化需求。

在排班完成后，与员工的沟通确认是一个非常重要的环节，这可以有效减少误解和后续调整的工作量。班组长需要根据项目排班要求，提前收集员工的特休需求，包括休息原因、日期和时间段，并将这些需求及时通过邮件反馈给排班师。如果排班师在安排时无法满足员工的特休需求，班组长需要迅速与员工协商，提出可更换的日期或班次，并在规定时间内将调整结果反馈给排班师，以确保排班的合理性和员工的满意度。

当项目排班表下发后，班组长需要第一时间在工作群中通知全体员工，同时与每位员工当面确认，确保每个人都清楚自己的班次安排。对于容易忘记排班的员工，可以建议他们通过手机日历或闹钟进行提醒。

若员工对排班计划有疑问或建议，班组长要耐心解答，并将反馈内容整理后提交给排班师，由其进行修正。修正后的排班表需要再次与员工沟通，解释调整原因和目的，确保员工理解并接受新的排班安排。这种清晰的流程可以有效保障排班的精准性，同时提升员工对工作的投入和满意度。

另外，在实际工作中，突发状况是难以避免的，比如遇到业务高峰，人员临时请假、迟到，或者员工记错排班。这种情况下，快速响应就显得尤为重要。班组长需要及时将情况向上级反馈，迅速商定调整方案。比如，当人员不足时，要密切关注现场业务量的变化以及 KPI 的完成情况，必要时通知后备人员顶岗支援，确保服务的连续性和业务的正常运行。通过这种及时高效的应对，我们不仅能够妥善解决突发状况，还能最大限度地降低对团队绩效的影响。

排班管理看似琐碎，但它直接影响着员工的满意度和业务的顺畅运行。通过精准的排班需求统计、及时的沟通确认以及高效应对突发状况，我们不仅能满足员工的个性化需求，还能保障团队的整体效率和目标达成。

二、保障出勤的考勤管理

考勤管理能够保障员工按照排班计划准时上线，确保人力充足，避免因人员不足而影响服务质量。同时，通过日常考勤，可以及时发现员工的状态异常，第一时间介入沟通与干预，防止问题扩大或员工流失。

此外，建立严格的考勤机制，还能规范员工行为，提升执行力，并帮助我们总结出勤问题，制定预防性管理措施。以下，将会从三个方面向大家具体说明如何高效开展考勤管理。

（一）制定详细的考勤规则

在制定考勤规则时，首先要明确出勤要求，包括上班时间、打卡时间以及迟到、早退、旷工的定义和处理标准。同时，需要对请假时限做出具体规定，例如事假、婚假、产假等需提前申请的时间要求。特别是针对临时请假，要求员工自行协调换班或替班人员，否则可能因不符合规定而不予批准。这些清晰的出勤要求能够帮助员工明确自身责任，避免因规则不清而产生误解。

此外，制定考勤规则时还需明确处罚机制，包括对迟到、旷工和无故临时请假的处理措施。同时要规范换班流程，例如申请、审批和通知的具体步骤，以确保换班安排的有序性。

为了让员工更好地理解和遵守规则，我们可以通过邮件、沟通群以及班组会议等多种形式向员工进行宣导，让每位员工都能清晰掌握相关要求。这样既能提高规则的执行力，也能保障团队的整体运营效率。

（二）每日严格考勤的推进

在日常的考勤管理中，核查员工的出勤信息是一个非常重要的环节。可以通过班前会点名的方式，记录员工的签到情况，同时核对工作系统的签入时间，确保与实际排班安排一致。针对员工的小休时间，也需要通过系统后台进行监控，及时发现并管控小休超时的情况，以保证工作的连续性和整体效率。

对于晚班或无需召开班前会的特殊班次，我们可以在班次开始前5分钟点名，确认所有员工是否按时到岗。如果发现有员工未返岗，需要一对一进行联系，了解具体原因和预计到岗时间，并及时跟进处理。

（三）常见考勤问题的处理

常见问题一：请假时长与申请时长不符。在员工请假期间，班组长需要保持与请假员工的联系，及时了解请假的进展情况，确认其是否能够按时返岗。如果员工提出延长假期，且理由充分，可以酌情批准；但如果理由不充分，则需要与员工详细沟通，找出问题所在并提出解决方案。

常见问题二：中途请假离岗。当员工因特殊情况提出中途请假时，班组长需要第一时间与上级同步审批情况，并通知值班场控人员，确保场控系统中的工单能够被及时分流处理。同时，要与请假员工确认当天的工单进展情况，特别是紧急跟进或承诺回电的工单，协调其他同事完成后续工作，确保服务质量不受影响。这种及时的沟通与安排，可以有效降低因人员临时离岗对业务数据和顾客满意度带来的风险。

考勤管理不仅仅是"打卡"这么简单，它贯穿了员工工作状态的管理、业务人力的保障以及服务连续性的维护。通过细致的规则制定、严格的日常考勤以及对突发问题的快速响应，可以确保团队的高效运转，同时为员工营造一个更加规范、有序的工作环境。

三、现场工时管理

工时管理不仅关系到业务的平稳运行，还直接影响员工的工作体验和团队效率。下面，将从规则制定、员工宣导和日常管理三个方面向大家说明具体做法。

（一）制定清晰的工时管理规则

在工时管理方面，需要根据业务需求和员工的实际工作数据，制定一套合理的管理策略，同时兼顾工作负荷、休息和加班安排的平衡。

首先，明确员工上下班的系统签到签退要求，确保每位员工的工作时间与系统记录保持一致。对于就餐和小休时间，要提前安排并同步员工，班组长需与中控保持沟通，尤其当员工因工作无法按时就餐时，应迅速重新申请调整时间。小休时间的管理则需依托系统后台的实时统计，班组长负责监控和反馈，确保员工按规定执行，并核实员工的实际状态与系统状态一致。

其次，对于培训、会议和辅导的时间安排，需要明确时长要求，并确保在遇到临时安排时，能及时与中控协调，避免对正常业务造成影响。

最后，制定严格的处罚与责任机制，针对违反工时管理规则的员工实施明确的处理办法，同时对于管理失责的情况，也需划分责任并落实改进措施。通过这些具体管理策略，我们可以在保障业务指标的同时，提升员工的工作体验和整体效率。

（二）确保规则宣导到位

为了让员工充分理解并遵守工时管理规则，我们需要利用多种形式进行宣导，包括邮件、沟通群以及班组会议。在会议中，可以详细讲解规则内容，同时解答员工的疑问，并明确执行要求。通过持续的宣导和答疑，让所有员工对工时管理有清晰的认识，避免因信息不对称产生问题。

（三）日常现场工时数据管理

在日常管理中，班组长需要对员工的工时数据进行实时监控和记录，例如系统的登入登出时间、小休时间、用餐安排和状态转换情况等。当发现员工出现异常情况时，例如小休超时、用餐延迟或状态转换异常，班组长需第一时间介入了解原因并进行干预。对严重异常的情况，应及时向上级汇报，确保问题能得到快速解决。

通过清晰的工时管理规则、全面的宣导和严格的现场工时管理，可以既保障业务指标的达成，又确保员工的工作节奏合理、高效。

四、现场人力调度管理：确保特殊情况下及时和足够的人员调配

人力调度不仅是应对高峰期和突发状况的关键手段，更是提升整体运营效率的重要环节。接下来，将从备用坐席资源的构建、班组长上线能力的培养、员工奖励机制的建立，以及现场业务预警体系的设立四个方面来分享具体做法。

（一）构建备用坐席资源

首先，需要建立一套完善的备用坐席人员名单库。这需要与员工进行深入沟通，了解他们的家庭情况、通勤距离以及是否能够在紧急情况下配合调度。基于这些信息，我们可以对员工进行分级匹配，例如，将能够在 1 小时内到岗的人员列入 A 级名单，3 小时内到岗的人员列入 B 级名单。这样在突发情况

下，可以迅速找到合适的人选，有序调动资源。

（二）班组长上线能力的培养

班组长不仅是管理岗，更是关键时刻的保障力量。班组长需要具备上线操作的能力，能够在特殊情况下或高峰时段直接参与客服工作，成为备用资源的一部分。这不仅能缓解人手不足的压力，还能为团队树立榜样，增强团队的凝聚力和应变能力。

（三）建立员工奖励机制

为了激励员工在紧急情况下积极配合调配，可以设立一套奖励机制。例如，对于能够迅速响应并按时到岗的员工，给予一定的奖励。这种方式不仅提升了员工的积极性，也进一步增强了团队的凝聚力，让大家在关键时刻更有动力支持团队目标。

（四）设立现场业务预警体系

在现场管理中，制定一套清晰的预警和响应机制是确保人力资源高效利用的关键。针对忙时，可以根据项目特点设定黄色、橙色和红色预警。比如，当队列排队数达到一定数量并持续一段时间时，启动黄色警报，调动部分人力资源支援；当队列进一步上升且时间延长时，启动橙色警报，调动更多人力资源进行应对；如果进入超繁忙状态，则启动红色警报，全面调用备用资源，包括班组长上线支援，缩短小休和午餐时间等，确保服务质量不受影响。

同时，在业务清淡期也需要制定闲时预警标准，比如空闲人数和持续时间。在此期间，我们可以充分利用时间，通过分层辅导、技能培训或调休安排，让员工在业务清淡时段提高能力，既有效利用资源，又帮助员工成长，避免闲时资源浪费。

为了确保预警体系的高效执行，还需要明确权责分配。中控部门负责实时监控业务指标，及时发出预警，并快速通知所有管理岗；运营管理岗需在接到预警后立即响应，推动人力调度安排，包括调用备用坐席资源、协调班组长支援等，确保业务运行的平稳和高效。

接下来，通过一个真实的案例来了解，在面对突发紧急情况时，团队如何快速制定人力调度方案并成功解决问题，并为后续类似事件提供了宝贵的经验。

案例

某客服项目因不可抗力导致关键支持环节停摆，所有相关故障问题无法及时处理。一天内顾客的邮件咨询量骤增至平时的4倍，积压邮件数量激增，出现无法按时回复的风险。

面临的风险和影响：邮件积压可能引发大量客户投诉，甚至带来不良舆情，这将对品牌声誉和市场表现造成直接影响。此外，邮件回复的延迟还会导致客户转向热线和在线咨询，造成这些渠道咨询量的倍增，形成"滚雪球效应"，进一步加剧运营压力。如果积压问题无法及时解决，预估会对项目未来三个月的客户满意度和接通率造成持续负面影响。

经项目管理层评估，必须在一周内完成所有邮件的清理工作，以避免风险进一步扩大。管理层迅速制订了一套完整的应对计划，确保团队能够在短时间内完成任务并化解风险。以下是具体的实施步骤和成果。

在面对突发状况时，项目组长第一时间组织团队召开临时会议，向员工说明事件的背景和紧迫性。通过透明的信息传递，让员工了解积压邮件清理任务的必要性和重要性。会议中明确了任务的时限——必须在一周内完成，并详细解释了未完成任务可能带来的后果，例如客户满意度下降、接通率波动，以及未来可能出现的持续加班压力。这种清晰而直接的沟通帮助员工统一了认识，增强了解决问题的责任感和紧迫感。

为了确保任务顺利推进，团队制订了明确的加班计划。要求员工在本周内每天增加2小时加班，并额外增加一个休息日的工作时间。同时，为了激励更多员工自愿参与加班，团队制定了相应的奖励机制，对响应调配的员工提供额外激励。这一举措不仅提升了团队的积极性，也保证了人力资源的投入能够与实际需求相匹配。

在盘点现有人力资源和评估任务工作量后，管理层迅速向上级申请了其他团队的短期支援，协助处理邮件积压问题。通过这项补充措施，团队有效缓解了人手不足的压力，为积压任务的快速清理提供了坚实保障。

在任务推进过程中，团队进一步优化了班组管理策略。加强巡场力度和实时监控，通过数据看板每小时通报清理进展，确保工作效率始终符合预期，并在必要时由班组长直接上线支援。与此同时，团队对任务执行过程进行详细记录，包括人力投入、效率变化和进展情况，为未来应对类似突发事件提供参考。此外，为了保持团队的士气和动力，团队每天通过简报形式发布"清理战报"，用正面数据激励员工，增强协作动力和团队信心。

通过一系列快速有效的应对措施，团队在一周内高效完成了所有积压邮件的处理任务，避免了进一步的风险扩散。整个团队展现了卓越的协作能力和执行力，确保了服务的连续性和客户满意度的提升。

第二节 合规管理

合规管理的重要性不言而喻，它是项目稳定运行的基石。通过严格遵守适用的法律法规、客户要求和公司规章制度，我们能够有效避免违规事件的发生，不仅降低了项目运营的风险，还保护了客户、公司和员工的共同利益。同时，合规管理还能帮助我们营造良好的合规文化，提升全员的合规意识。只有每个人都把合规落实到日常工作中，项目才能走得更稳、更远。

在日常管理中，班组合规管理主要聚焦于三个方面的风险防范：物理环境、信息安全和业务流程。比如，确保办公环境符合安全规范，防止因疏忽导致隐患；在信息安全上，严格保护客户数据，避免泄露；在业务合规方面，遵循操作规范，杜绝违规行为。此外，对于特定或高发的合规风险，比如信息泄露和高负荷时期的行为规范问题，我们需要针对性地采取措施，确保风险可控。

推动合规管理的关键在于落地实施。通过定期培训和案例宣导，让大家充分认识到合规的重要性；通过明确责任分工和考核机制，把合规要求融入到每个人的日常工作中；借助技术手段和全员参与，建立起一个自我监督、持续优化的合规体系。合规不仅是一项规定，更是一种文化、一种习惯。

总的来说，合规管理不仅是对公司的保障，也是对每位员工的保护。只有我们共同努力，齐心协力打造一个合规、规范的工作环境，才能确保项目健康、可持续发展。

一、物理环境合规管理

物理环境合规管理涉及多个方面，包括门禁管理、纸笔管控、电子设备管控以及项目资产管理等。这些措施的核心目标是保障我们的工作环境安全、有序并符合合规要求。接下来，将围绕具体的管理内容，逐一为大家讲解。

（一）门禁及运营区域管理规范

作为班组长，在门禁和运营区域管理上，有几项关键的管理职责需要做好，确保工作环境的安全和秩序。首先，要每天提醒和检查班组成员是否按要求佩戴工牌，这是"以牌识人"的重要措施。同时，要关注成员进出公司时是否正确使用门禁卡，避免尾随现象发生，并指导大家妥善保管工牌和门禁卡，严禁随意借给他人。如果发现有不明外来人员，需要立即介入，通知安保或相关负责人，确保安全问题能够及时处理。

对于非工作时间进入运营区域的管理，作为班组长要明确传达相关要求，并及时跟进特殊情况的申请和处理。如果有成员提出需要在非工作时间进入，要提前核实情况并提供必要协助，确保既符合管理规定又能支持实际工作需求。

（二）纸笔管控规范

接下来我们来说说纸笔管控，这是信息安全管理中非常关键的一环，尤其在要求严格的项目中，班组长的管理职责尤为重要。

在无纸化办公的项目中，班组长需要确保运营区域内禁止使用纸笔。对于因工作需要使用纸笔的同事，必须提前申请授权，并严格按照规范操作。具体来说，记录内容不得涉及客户信息、密码等敏感内容；工位无人时，纸笔及其他相关物品不得随意放置，包括白板笔和纸质包装物。使用完的纸张需及时交由班组长回收，并通过碎纸机进行销毁，杜绝任何信息泄露的可能性。

对于允许使用纸笔的项目，班组长需要指定专人负责纸张的分发和管理，详细记录分发对象、时间及用途，并向员工明确强调不得记录订单信息、客户数据等敏感内容。所有纸质资料必须标注"禁止带离运营区域"，并确保员工严格遵守。我们需要每日多次巡场，及时发现和处理违规行为，并在团队内公开宣导案例，提升大家的合规意识。此外，班组长还要统一回收和销毁过期的纸质资料，确保数量核对无误，严防信息外泄。这些措施不仅是合规管理的要求，更是保护项目和团队安全的基础，希望大家高度重视并严格执行。

（三）电子设备管控规范

关于电子设备管控，这里涉及所有具有通讯、网络、录音录像或存储功能的私人电子设备，例如手机、电子手表、平板电脑、U盘等。根据项目合规管理方面的具体要求，班组长需要采取不同的管理措施。

如果项目允许携带电子设备，班组长要明确告知员工，这些设备只能用于业务相关内容，严禁用于拍照、录音、录像或留存资料，更不允许通过设备记录或传递任何敏感信息。同时，班组长需通过日常监督，确保员工严格遵守这些规定，最大程度降低信息泄露的风险。

禁止携带电子设备的项目中，班组长需要确保所有员工将私人设备存放于储物柜内，或按照规定集中上交。作为管理者，我们还需定期清点集中存放的设备数量，确保无遗漏。同时，在日常巡场中，班组长要特别关注设备使用情况，对发现的违规行为及时处理，并依据设定的处罚标准严格执行。

为了确保手机和电子设备管理的有效性，我们需要结合具体的场景和操作细节，制定一套既符合项目要求又便于执行的管理措施。接下来，将为大家介绍一个典型的手机管理案例，涵盖从设备上交、存放到问题处理的全流程做法。希望通过这个案例，帮助大家更直观地理解如何在日常管理中落实这些规范，同时为我们优化自身的管理工作提供参考。

● 案例

某项目手机管理的有效措施和做法

1. 手机设备的上交与放置管理

·上交与记录同步：员工在上班登录系统后，班组长在现场管理群中同步记录员工手机或电子设备的放置编号，确保每部设备都处于管控之中。

·明显的存放位置：将手机存放位置放在醒目的地方，并通过明显标识提醒员工及时上交手机。这样可以强化上交意识，让员工养成自觉上交的习惯。

2. 及时提醒与辅助措施

· 第一时间提醒：在员工进入职场后，班组长在早上上班、午餐后或小休后及时提醒员工上交手机。例如，直接在现场提醒，或者通过巡场关注有无未上交的情况。

· 机台张贴提示：在员工工位贴上小纸条，提醒大家下班前带走设备、上班时及时上交。这种小细节能在日常中发挥持续作用，避免遗忘。

3. 定时及不定时清点手机

· 清点频率：班组长制订清点计划。例如，白天（08:00—23:59）每两小时清点一次，夜间（00:00—07:59）每四小时清点一次，确保设备存放规范且无遗漏。

· 重点员工关注：对有违规记录的员工加强清点频率，在接下来的几天内加大巡场力度，防止再次出现问题。

4. 问题发现与升级处理

在巡场中如果发现员工未上交手机或违规使用手机，班组长需第一时间记录问题的发现时间、工位及员工姓名，并与员工直接沟通，了解未上交的原因，同时重申运营现场的管理规范。

对于第一次违规的员工，可进行口头提醒并告知其不得再次发生类似问题。随后，将员工的姓名、工位及违规时间点快速反馈给上级，说明已完成口头警告并制定后续的跟进策略。在接下来的几天内，班组长需将该员工列为重点关注对象，调整巡场频率和时间，加强监督。如果再次发现类似问题，立即记录并逐级反馈至上级，由上级进行训诫和进一步处理。通过这一流程，确保管理闭环的落实，杜绝问题的重复发生。

5. 团队内定期宣贯

定期在团队内开展管理规范宣导会，让员工了解手机和电子设备管理的要求和原因。通过分享违规案例，强调信息安全的重要性，并鼓励大家主动配合班组长的管理工作。让每位成员都意识到，这不仅是规章制度的要求，也是保护团队和自身安全的必要措施。

（四）样机管理

在项目中，样机及相关资产的管理是确保合规运行的重要环节。作为班组长，我们需要首先向员工详细宣导样机及相关资产的使用规则和检查要求，避免因员工不了解规定而产生的违规风险。需要让员工们明确，样机只能用于与工作相关的场景，绝对禁止用于任何非工作事宜。特别是，未经授权不得使用样机的录像、录音、拍摄等功能记录工作信息，确保数据的安全性和合规性。

在日常管理中，大家需严格执行样机的借出和归还记录制度。每次借用和归还样机时，必须详细记录相关信息，避免出现恶意损坏、私自带出职场或擅自修改、删除样机内部软件数据的行为。此外，大家还要定期对样机及相关资产进行盘点，检查其使用状况，确保每一项资产都能得到妥善管理。

在进行日常检查和定期盘点时，需特别关注手机、平板等电子产品的具体使用情况。检查内容应包括相册、文件夹、联网记录、短信和电话记录、娱乐软件使用记录以及浏览器使用记录等，以确认员工是否按照规范使用样机。如果发现资产出现损毁，需立即启动调查，通过调阅监控、访谈相关员工等方式迅速查明原因，并及时向上级汇报情况，以便推进后续处理和解决措施。

通过这些管理做法，不仅能够有效防控样机及甲方资产使用中的潜在风险，还能强化员工的规则意识，确保项目运行的合规性和安全性。

二、信息安全合规管理

信息安全合规管理覆盖多个层面，包括办公设备使用、账户密码管理以及沟通工具的规范使用。接下来，将从这些具体方面为大家详细说明班组长需要落实的管理措施。

（一）办公设备使用和上网行为信息安全

在信息安全合规管理中，办公设备的使用和上网行为管理是非常重要的一部分。我们需要严格落实相关要求，同时引导员工养成良好的操作习惯。首先，员工在离开办公桌时必须立即锁屏，这是防止信息泄露的基础措施。如果在巡视中发现员工未锁屏，我们要及时提醒他们，帮助他们养成"离席即锁屏"的好习惯。对于新员工，在入职培训时要特别强调这一点，同时在日常工作中加强核查，确保他们能够规范操作。此外，在巡视中要特别留意小休、员工临时离席申请等场景，防止员工简单关闭显示器代替锁屏，这些细节尤为关键。

除了锁屏行为，还需要关注员工对办公设备和网络的使用情况。严禁员工在办公电脑上使用无线网卡、个人热点等未经授权的网络接入方式，以避免潜在的安全隐患。与此同时，还要监督员工合理使用办公设备，杜绝访问未经授权的网站或进行与工作无关的活动，比如购物、看小说或玩游戏等行为。这不仅有助于维护网络和信息的安全，也能保障良好的工作秩序。

要通过日常巡视、提醒和培训相结合的方式，让员工充分认识到信息安全的重要性。通过这些管理措施，既保护了信息和系统的安全，也帮助员工在工作中建立起良好的行为规范。

（二）账户密码使用管理

在账户密码使用的合规管理中，班组长的职责尤为重要。大家必须严格落实相关措施，确保每位员工都能规范使用工作账户和密码。首先，必须强调员工不得将个人工作账户密码透露给他人，也不得使用他人的工作账户密码。这是维护账户安全和信息保护的基本要求。此外，还要提醒员工，禁止在纸张或便签上记录个人工作账户和密码，以防止信息被泄露或误用。对于新员工，可以通过培训和日常检查，帮助他们快速建立合规意识。

针对离职或转岗员工的账户管理，大家需要特别关注。大家需在员工离职当天及时与上级确认其工作账号的关闭事宜，并持续跟进，确保账号被及时删除，以避免任何未经授权的使用。同时，如果员工使用的是指定的工作软件，大家也要与相关负责人确认账号删除流程的具体操作方法，确保安全无漏洞。

在日常管理中，如果发现有离职人员的账号未及时清理，大家应第一时间向项目负责人反馈，并协助完成后续处理。这不仅是对信息安全的保护，也是对团队合规性的保障。通过这些管理措施，能够确保账户密码的安全使用，同时有效防范潜在安全隐患。

（三）通讯工具使用管理

在沟通工具的使用管理中，首先，需要防范员工通过沟通工具对外发送业务信息资料或个人信息，这种行为可能会导致业务信息或个人信息泄露。为此，大家需要明确向员工说明沟通工具的使用规范，并定期复核员工的沟通工具使用权限。特别是在员工转岗、降级或离职时，要及时调整或收回其相关权限，避免因权限不匹配带来的管理漏洞。

其次，应当明确向员工说明，不得在沟通工具中出现任何与国家法律法规、公司或项目制度相违背的言论，包括煽动性、过激性、不文明的内容，以及涉及项目敏感信息的内容。同时，在团队中再次强调沟通工具的合规使用规范，提醒所有员工严格遵守相关要求，以维护团队的良好氛围和项目的合规性。

最后，对于人员离职的管理，需确保在员工离职当天立即将其从沟通群中移除。如果没有移除权限，应当第一时间通知沟通群的管理员完成操作。通过这些措施，我们能够有效防范信息泄露，同时确保沟通工具的使用始终符合规范要求。

三、业务合规风险管理

业务合规风险具有很强的隐蔽性，往往潜藏在日常运营的各个环节中。如果缺乏有效的监控和评估，这些风险就像隐藏在水下的冰山，表面平静但实则暗流涌动。一旦爆发，可能对项目的正常运营、公司声誉和经济利益造成严重影响。因此，我们必须采取前置性的预防措施，做到在风险源头识别并杜绝问题。

大家需要协助项目梳理业务流程，识别潜在的业务风险点及漏洞。在日常管理中，要将这些风险点明确传达给员工，让每个人都了解相关规则和防范措施。

大家在日常工作中需持续向员工宣贯业务合规的重要性，特别是红线行为的严重后果。通过实际案例剖析和反复宣贯，让员工认识到这种短视行为的危害，帮助团队营造公平、诚信的竞争环境。

为了更好地发现和管控业务合规风险，需要鼓励员工举报违规行为，并建立反打击报复制度。班组长需向员工传达这一机制，鼓励通过安全、便捷的渠道反馈问题。对于提供有效线索的员工，公司给予物质和精神奖励。大家也要通过公开的激励措施，传递维护团队正直经营的价值观，推动团队合规文化的形成。

在日常管理中，需密切关注团队成员的工作状态，主动识别潜在异常。例如，留意员工工作态度的变化、业绩异常波动或工作方式的突然转变。通过现场巡查和员工交流，及时发现违规迹象。

此外，还需要加强对业务数据的审核与管理。通过对业务报告、业绩记录以及客户反馈的定期检查，可以有效识别数据中可能存在的异常情况。例如，对于业绩增长异常快速或与市场趋势明显不符的数据，需深入调查其背后的原因，确保业务操作的真实性和合理性。同时，要建立对数据审核的闭环机制，发现问题及时记录并反馈给上级，确保问题得到彻底解决并形成防控经验。

第六章
顾客满意度和服务体验提升管理

在谈顾客满意度和服务体验提升管理之前，想先问大家一个问题：是什么促使顾客给出不同的评价——无论是好评、中评还是差评？实际上，顾客的评价往往来源于他们对服务质量的实际感知与他们的预期之间的比较。换句话说，当服务表现达到了或超过了他们的预期时，他们就会感到满意甚至惊喜；但当服务未达到预期时，差评往往就会随之而来。

所以，顾客满意度管理的核心是什么呢？它的本质就在于识别并缩小顾客的感知与预期之间的差距，甚至通过细致的服务设计和高质量的执行，实现超越顾客期望的体验。这不仅要求我们关注服务的基本流程是否到位，还需要我们深入理解顾客的真正需求，主动提供更多贴心、个性化的服务细节。

希望大家在接下来的管理和服务中能始终记住这一点：每一次顾客的评价背后，都是他们的期望在与我们的服务"对话"。我们要做的，就是让这场"对话"充满信任和愉悦感，从而提升他们对我们的满意度和认可度。

让我们结合图6-1来聊聊顾客满意度的提升路径。这张图清晰地描述了"以终为始"的顾客满意度管理拆解思路。它告诉我们，如果希望真正实现顾客满意，就需要在几个关键领域做好工作：服务意识、服务心态、服务能力、关键时刻，以及超越期望。

```
提供顾客服务，希望实现顾客满意
              ↓
实现顾客实际感知到的服务质量超过其期望的服务质量
              ↓
要在服务的所有关键时刻输出超过期望的服务质量
              ↓
      服务意识、服务心态、服务能力
```

图6-1 "以终为始"的顾客满意度管理拆解图

首先，服务意识是基础。我们每个人都需要有清晰的意识，理解自己的服务是如何影响顾客的感知和体验的。换句话说，每一项服务行为的背后，都需要明确"我是否站在顾客的角度思考问题"。

其次是服务心态。提供服务不仅仅是一项任务，而是需要怀着真诚、积极的态度去对待每一位顾客。心态决定了我们对顾客的关注度，也决定了我们能否在关键时刻给予他们真正的关怀和支持。

再次是服务能力。服务能力并不只意味着我们是否能完成工作内容，还包括我们在复杂问题和特殊需求下的应变能力。只有通过持续的学习和实践，才能让服务能力真正达到卓越水平。

最后，图中还提到一个非常重要的概念：关键时刻。顾客对服务的感知往往集中在几个关键环节，比如问题解决的效率、服务态度的细节、特殊情况下的应对等。如果我们能够抓住这些关键时刻，提供超越预期的服务，就能让顾客感受到不一样的惊喜和价值。

总之，这些领域是我们在日常服务中可以发力的重点，只要我们在每个环节都努力做到最好，不仅顾客的感知和满意度会显著提升，我们的团队也会更有信心和动力去迎接挑战！

第一节　服务意识和服务态度提升管理

提升服务意识和服务态度，首先要从思想上帮助员工完成一次转变。员工需要真正明白，顾客的期望是什么，为什么服务对项目和公司如此重要，以及自己在服务中的角色有多关键。这种思想上的提升是服务的基础，就像盖楼的地基一样牢固可靠。在此基础上，再通过培训与实践逐步提升服务技巧和能力，就如同给楼添砖加瓦。

因此，我们需要一手抓员工的服务认知提升，一手抓服务技能培训，两者相辅相成，才能让服务水平稳步提升。

一、确保员工全面理解顾客的服务期待和要求

每个项目的业务和产品各有不同，具体到业务场景更是多样化，但顾客的核心期望往往集中在以下五个方向。通过日常培训、班组会议等持续宣贯，班

组长需要帮助员工全面掌握、理解并认同这些顾客期望。

（一）顾客期望迅速回应

顾客希望他们的疑问和需求能够得到即时反馈。不论是电话、在线聊天还是电子邮件，都要确保快速接听和及时回复，以满足顾客对时效性的要求。班组长可以通过考核和指导，帮助团队形成快速响应的习惯。

（二）顾客期望高效解决问题

在服务中，顾客非常看重问题能否被高效解决，这就要求我们具备快速定位和解决问题的能力。

我们需要确保坐席人员能够迅速识别顾客的需求，并提供切实可行的解决方案。同时，即使某些需求无法立即满足，也要引导员工站在顾客的角度，提出合理的替代方案，让顾客感受到我们的用心和专业。对于无法即时解决的问题，员工应做到"负责到底"，持续跟进并定期向顾客通报处理进展，直至问题得到彻底解决。

此外，我们要鼓励员工在完成基本任务的同时，提供超出顾客预期的解决方案，通过细致、贴心的服务让顾客感受到额外的惊喜和价值。这样的服务不仅解决了问题，更能赢得顾客的信任与满意。

（三）顾客期望友好的服务态度

在服务中，顾客非常重视我们是否展现出友好的服务态度，这直接影响到他们对服务的整体感受。我们需要通过热情、亲切、真诚、细致的服务态度，让顾客感受到我们的用心。

作为班组长，要引导员工在与顾客沟通时保持积极主动的状态，用真诚的方式回应顾客的需求。同时，培养员工的同理心与耐心，学会倾听顾客的声音，从顾客的角度理解问题，并用贴心的方式解决顾客的困惑。这样，顾客不仅能感受到被尊重和重视，更会对我们的服务产生信任与认可。

（四）顾客期望清晰专业的沟通

在与顾客的沟通中，清晰和专业是至关重要的，这直接决定了顾客能否顺畅地理解我们提供的服务。作为班组长，我们要帮助员工养成使用通俗易懂语言的习惯，避免使用复杂的行业术语，让顾客能够轻松理解服务内容。同时，要确保员工具备迅速把握顾客需求的能力，按照既定流程提供清晰、准确的解决方案，让沟通高效且毫无障碍。

通过简洁明了的表达和顺畅的交流，不仅能让顾客感到服务的专业性，也能提升他们对我们的信任和满意度。

（五）顾客期望公平公正的处理

顾客始终期望问题能够得到公平公正的处理。这种期待既来自顾客对我们服务的信任，同时也反映了顾客对自身权益的重视。我们需要指导员工始终秉持客观公正的态度，妥善处理任何问题或争议，确保每位顾客的权益都能得到合理保障。

二、确保员工掌握服务中的关键时刻

在服务过程中，有一个非常重要的概念叫作服务关键时刻（Moments of Truth，MOT）。这是指顾客在与企业、品牌、产品或服务互动的过程中，那些能够形成或改变他们对企业印象的重要时刻。这些关键时刻是顾客感知服务质量的集中体现，也往往是影响顾客满意度的决定性因素。因此，大家需要帮助员工认识并掌握这些关键时刻及对应顾客需求（见表6-1），尤其是在电话沟通和在线聊天中。

表6-1 关键时刻及对应顾客需求梳理表

关键时刻	顾客基本期望和需求
关键时刻1：IVR（自动语音应答）感知度	IVR是顾客与企业互动的第一个接触点，直接决定了顾客对企业的第一印象。清晰、友好的IVR设计可以为顾客留下积极的初始感知
关键时刻2：接起率	顾客期望电话能够迅速接通，快速响应不仅能体现企业的高效性，也能让顾客感到被重视
关键时刻3：服务水平	快速接听来电是顾客的基本期望，较高的服务水平能够显著提高顾客对服务的满意度
关键时刻4：开头语	坐席用热情友好的问候语开启通话，这为沟通定下积极的基调，直接影响顾客对服务的整体感受
关键时刻5：验证身份和信息	在处理顾客问题前，流畅且高效地验证身份和信息不仅能节省时间，还能增强顾客对企业服务的信任感

续表

关键时刻	顾客基本期望和需求
关键时刻6：理解和共情的温情服务	当顾客表达需求或问题时，坐席表现出的理解和共情可以建立良好的信任基础；真诚的关心是打动顾客的重要环节
关键时刻7：快速准确理解顾客的需求	迅速且准确地理解顾客需求能让顾客感到被尊重和重视，同时也为后续服务打下良好的基础
关键时刻8：快速匹配顾客需求	快速有效地满足顾客需求，甚至提供超预期的个性化服务或额外帮助，不仅能增强顾客满意度，还能提升品牌形象
关键时刻9：回应顾客解决方案	清晰地告知顾客解决方案及其进程，让顾客感受到问题被认真对待，同时也增强了其对服务的信任
关键时刻10：解释和指导顾客操作	当顾客需要执行某些操作时，坐席应清晰且耐心地指导，确保顾客能顺利完成操作，减少困惑和不安
关键时刻11：挂机前最后一句饱满热情的话语	通话结束时，坐席应确认问题已解决并询问是否还有其他需求；用饱满热情的结束语和感谢，给顾客留下持久的好印象
关键时刻12：后续跟进	对于需要后续处理的问题，坐席的及时、专业跟进不仅展现了企业的责任感和关怀，还能进一步巩固顾客的信任

首先，要让员工明白，顾客的期待和要求在这些关键时刻中表现得尤为强烈。无论是解决问题、提供咨询还是处理投诉，顾客都会根据我们的表现来形成对品牌或服务的印象。比如，顾客在提出问题时，期待我们能迅速响应、耐心倾听、清晰解释并高效解决。这些细节都直接决定了顾客对服务的整体感受。

其次，需要通过培训和实际演练，帮助员工学会识别并应对这些关键时刻。比如，在电话沟通中，接听电话的第一句话、回应顾客需求的态度与效率，以及最终问题解决的结果，都是顾客最敏感的环节。而在在线聊天中，及时响应、语言表达的专业性、对顾客情绪的把控同样是关键点。这些细节虽然看似简单，但却能极大地影响顾客对服务的满意度。

最后，要帮助员工理解顾客在这些情境下的基本期望。无论是在电话中还是在在线沟通中，顾客都希望感受到尊重、关注和专业。需要在日常管理中不断强化这一点，帮助员工从顾客的角度去思考问题，并用专业的服务能力让每一个关键时刻都成为提升顾客满意度的机会。

三、建立清晰的服务意识和服务态度展现标准

在建立清晰的服务意识和服务态度展现标准时，需要重点关注两个方面：一是哪些服务语言和行为明显不能满足顾客的期望，应该如何规避；二是哪些服务语言和行为能够超越顾客的期望，应该如何体现。这不仅是对员工服务表现的指导，也是我们提升顾客满意度的关键方法。为此，大家需要通过培训宣导和考核，确保员工真正理解和掌握这些标准。

（一）梳理正面行为语言清单

首先，我们需要根据业务场景和关键时刻，梳理出能够提升顾客服务感知的正面行为语言清单。这些正面行为语言不仅要满足顾客的基本期望，还要体现我们的服务优势。最重要的是，清单背后的思维和逻辑也需要明确传达给员工，让他们理解为什么这样表达能提升顾客的感知。

例如，在面对顾客复杂问题时，不仅要"认真倾听顾客的每一个问题，不打断顾客发言"，更需要结合业务场景，主动向顾客确认理解无误，并附加明确的解决步骤。这种高于基础水平的正面行为才能真正体现我们的服务价值，而不仅仅停留在"60分合格"的表现上。

（二）梳理负面行为语言清单

同样重要的是，我们还需要基于业务场景，尤其是疑难场景和应对难缠顾客的场景，梳理出负面行为语言清单。这些清单应明确说明哪些语言和行为会给顾客带来不好的感受，并结合场景为员工提供具体的规避方法。

比如，仅仅描述"对于潜在的问题不主动解决"虽然指出了负面行为，但如果没有具体场景和方法的指导，员工可能会困惑：什么是潜在问题？在实际场景中，应该如何提醒顾客？因此，负面行为语言清单必须结合具体的业务场景来说明，帮助员工清楚知道在不同情况下哪些行为是不可取的，并明确在场景中该如何规避和改进。

通过正面和负面行为语言清单的梳理，可以帮助员工形成更加清晰的服务行为标准，同时通过培训和宣导让员工理解清单背后的逻辑。更重要的是，在日常考核和实践中，持续检查员工的表现是否符合这些标准，确保服务意识和服务态度的展现达到既定目标。

四、建立服务意识和服务态度负面行为语言的处罚机制

在制定处罚机制时，需要避免单一针对坐席人员的处罚方式。仅仅事后针对结果进行处罚，往往无法达到预期的管理效果，甚至可能导致"屡禁不止"的情况。更重要的是，处罚机制应该覆盖到管理岗位，以明确其在服务意识和服务态度管理中的责任。这种全面的机制不仅关注一线员工的表现，还能够强化管理岗的责任感和执行力，确保整个团队共同推动服务质量的提升。因此，处罚机制需要更加系统化和多层次，既关注结果，也注重过程中的管理执行。

（一）建立针对坐席人员的处罚机制和申诉机制

为了规范坐席人员的服务意识和态度，需要建立一套清晰的处罚机制，帮助员工认识到行为的后果并及时改进。

首先，对于出现服务态度或意识问题的员工，可以先通过书面警告的方式，明确指出其不当行为和可能带来的后果。如果问题重复出现或情节严重，将实施经济处罚以引起重视。对于屡次不改或影响恶劣的员工，可以考虑岗位调整，帮助他们在新的岗位中反思并改善。

其次，对于已获得荣誉的员工，如果其出现负面行为，将撤销相关荣誉以示惩戒。对于所有处罚行为，还要结合培训和整改计划，帮助员工提升服务意识和态度，从根本上解决问题。

最后，为了保障公平，还需要建立申诉机制，确保处罚过程公开透明。员工如果对处罚有异议，可以在规定时间内提交申诉，详细说明相关情况。管理层会对申诉进行公正审核，避免因误判而影响员工权益。如果确认处罚不当，将及时撤销或调整处罚，同时向员工反馈结果。这种机制既是对员工权益的保护，也是对管理决策的完善，希望大家能够理解并积极配合。

（二）建立针对管理岗的处罚机制

在服务意识和服务态度的管理中，管理岗需要承担重要的责任。为了进一步强化管理岗的责任感，同时杜绝因管理失责而影响整体服务质量的情况，我们还需要针对管理岗制定相应的处罚机制（见表6-2）。它们并非单纯的惩罚，而是为了帮助管理岗更好地履行管理职责，提升团队整体服务水平。

表 6-2　服务意识和服务态度管理失责处罚的情况清单表

序号	针对哪些管理失责情况进行处罚
1	未制定或未有效落实服务意识与服务态度管理规范
2	团队成员的服务培训和教育不到位，例如未能及时告知或传达必要的信息
3	未能及时发现并纠正团队成员的负面行为和语言
4	对客户投诉的服务态度问题响应不及时，或未能妥善处理相关问题；甚至对已发生的服务问题存在隐瞒或处理不当的情况
5	未定期开展服务意识与服务态度的评估与改进工作
6	未及时提报优秀服务案例或推荐优秀服务人员参与评选

通过这样的全面机制，我们不仅能够规范员工的服务行为，还能强化管理层在推动团队服务质量中的责任担当。

五、建立清晰合理的服务精神激励机制

为了更好地激励和认可员工在服务过程中的优秀表现，尤其是那些在困难情境下仍然坚守岗位、展现专业精神的员工，建议推出两项激励机制："委屈奖"机制和"服务之星"评选活动。

首先，来讲讲"委屈奖"机制的设立初衷。在日常服务过程中，员工难免会遇到一些客户的问题或投诉，甚至面临客户强烈的负面情绪。尽管如此，很多同事依然能够保持专业和良好的服务态度。为此推出"委屈奖"机制，表彰在这些特殊情况下依然坚守服务精神的员工。

具体来说，这项机制包含以下几个环节：

·每日申报：员工在遇到上述情况后，可以通过指定渠道在当天进行申报，确保事件能够及时被记录。

·审批流程：为了避免申报处理的拖延，需要建立高效的审批流程，确保每一份申报都能得到快速回应。

·奖励发放：对于符合奖励条件的员工，及时发放"委屈奖"，以表达对他们专业精神的认可。

这项机制不仅是一种奖励，更是一种情绪管理手段。通过及时的肯定和支持，我们希望帮助员工缓解负面情绪，防止情绪积压，进而维护团队的积极工作氛围。

接下来，我们来详细了解一下"服务之星"评选活动。这项活动的目的是定期表彰那些在服务态度、服务质量和服务技能等方面表现突出的员工，同时通过优秀案例的分享，让大家从中学习和受益，共同打造积极向上的服务文化。

评选的标准非常全面，不仅包括员工的服务态度是否积极，还会考量他们的服务质量是否卓越，以及服务技能是否专业。对于被评选为"服务之星"的员工，我们会给予多方面的奖励，比如物质奖励、荣誉证书，甚至提供职位晋升的机会，确保他们的努力和贡献得到充分的认可。与此同时，还会通过内部通讯、公告栏和社交媒体等渠道，广泛宣传获奖员工和标杆案例，进一步增强大家的荣誉感和团队的凝聚力。

这两项机制，一个侧重即时性和情绪支持，另一个侧重长期发展和榜样引领，二者相辅相成。通过这样的激励措施，可以为员工营造一个更加积极、温暖、团结的工作环境，也让每一位员工都能感受到自己的价值和贡献。

六、建立优秀服务案例库

为了更好地传承和发扬服务过程中的宝贵经验，同时提升客户服务体验，需要通过一系列措施萃取优秀做法并建立服务案例库，为员工提供切实可行的方法论和高质量的学习资源。

首先，重点萃取和提炼优秀服务案例中的高效做法与标准话术。这项工作需要专人负责，从众多服务案例中总结出关键经验，并邀请案例当事人分享他们的实际操作和心得，深入分析服务过程中的关键点和成功要素。

在此基础上，制定标准化的服务流程，确保提炼出的做法和话术具有实用性和可复制性，方便其他员工学习和应用，最终提高整体服务水平。

接下来，在项目共享盘中设立一个专门的"优秀服务案例库"，系统化整理和存储优秀案例及相关学习资源。

·制定明确的案例分类规则，确保分类清晰且易于检索，同时制作包含案例名称、场景类别、关键词和学习点等要素的总清单模板，方便员工快速查找所需内容。

·收集和整理所有优秀的录音、聊天记录等案例素材，根据客户场景进行分类，并提炼出对应的话术资料，形成完整的学习资源，这些资料要被存放在对应文件夹中，便于高效学习和应用。

·为案例库设置访问权限，以保护信息安全，确保只有指定员工可以访问，确保资源的合理使用和安全性。

为了让员工及时了解案例库的动态，需要制订更新公告计划，定期发布案例库的更新说明。每次更新，要重点介绍新增或优化的优秀案例，突出其特点和学习价值，让员工快速了解核心内容。同时，提供清晰的学习路径指南，附上快速访问链接，帮助员工高效找到最新的学习资源。

通过以上措施，不仅能够高效传承服务过程中的优秀经验，还能帮助员工快速掌握服务技巧，最终为客户提供更优质的服务体验。

七、建立员工服务专题培训分享和应用的追踪机制

为了确保服务意识和服务态度的提升不仅停留在培训层面，还能够真正应用到实际工作中，我们需要在培训、实践应用以及效果跟踪三方面同步推进。

针对新员工，需要通过系统化的服务理念培训，帮助他们快速建立良好的服务意识和服务态度，同时从一开始就强调实践与应用的重要性。在培训中，通过真实案例分析和情景模拟，让新员工深刻理解服务意识对客户体验的重要作用。此外，还要详细讲解服务流程和标准化话术，结合典型场景的模拟演练，确保他们不仅掌握理论知识，还能初步具备实操能力。

在岗员工培训将聚焦于持续提升服务意识和服务态度，并通过实际工作中的跟踪与反馈，确保培训的效果能够切实落地。每月至少开展一次服务意识和服务态度的专项培训，内容将根据员工在实际工作中遇到的问题和表现设计，确保培训的针对性和实用性。培训结束后，员工需要将所学内容应用到实际工作中，并设定明确的实践目标，例如改进某类客户场景的服务响应。同时，需要跟踪员工的实践表现，收集相关案例和反馈，为后续的培训优化提供依据。

此外，需要每月评选出在服务意识和服务态度方面表现突出的员工和优秀案例，通过深入的团队分享活动，让这些经验在团队内广泛传播。分享活动后，班组长会持续观察员工是否将优秀案例中的经验融入实际工作，并定期收集应用效果和改进建议，确保这些优秀做法能够真正落地，推动整体服务水平

的提升。

通过实践和跟踪，大家要定期评估培训内容和实际应用效果，并据此进一步优化相关机制，确保持续改进和落地。首先，根据跟踪数据和员工反馈，动态调整培训重点，确保内容始终契合员工的实际需求，提高培训的针对性和实用性。同时，将员工在实际工作中表现突出的新案例纳入案例库，定期更新和完善，逐步形成一个长期可持续的学习资源体系。此外，对于那些成功将优秀经验落地并显著改善服务表现的员工，给予额外的表彰和奖励，激励全员将培训内容内化为日常行为。

在提升服务体验的过程中，我们发现，若单靠常规的服务培训和管理手段，难以全面激发员工的服务意识和主动性。特别是在面对表扬提交、优秀话术应用以及服务意识内化为日常行为等方面，仍然存在一定的短板。为了系统性地解决这些问题，同时推动服务体验指标的持续提升，建议设计并实施专项服务提升工作。

接下来，将详细介绍一个专项服务提升的案例，希望对大家有一定启发。

案例

某项目"好服务"理念专项工作开展

1. 案例背景与目的

为了提升服务体验指标，强化"好服务"的理念，项目启动了专项工作，旨在通过系统化管理和方法论沉淀，进一步提高员工的服务意识和水平，同时培养员工自主服务的能力。专项工作的最终目标是增加服务管理力度，实现客户满意度的提升和服务体验感知的全面优化。

2. 最终成果

在"好服务"理念专项工作推进中，不仅显著提升了员工的服务意识和服务水平，还带来了其他关键指标的改善。具体成果包括：

·服务体验指标提升：客户不满意率显著下降。

·表扬率提升：万单表扬率有了明显的增长。

3. 专项工作推进过程

为提升服务体验感知，首先组织召开了头脑风暴讨论会，大家集思广益，针对服务中的关键问题进行了深入探讨，并达成了一致的行动方向。基于讨论内容，梳理出了"好服务"理念，并明确了推进的具体事项，包括精准定位员工短板，制定针对性的提升方案，以及通过分析优秀员工的通话录音，找出服务达成的差异点，提炼出提升服务体验的方法论，并总结形成标准话术。这些工作为后续专项工作的落地实施奠定了坚实基础。

在此基础上，进行了全员的"好服务"理念宣导，让每位员工都清楚专项工作的核心目标和行动要求。通过标准录音的宣讲，让员工明确表扬的具体标准和操作要求，帮助他们树立清晰的表扬意识。同时，项目每天对数据进行通晒，并对积极提交表扬案例的员工进行表扬与激励，逐步培养员工主动提交表扬案例的意识。

为了帮助员工进一步提升服务能力，项目提炼了优秀的处理思路和服务礼仪，并将这些内容通过全员赋能培训进行传递，确保每位员工都能学以致用。与此同时，对员工的执行情况进行了定期抽检，及时反馈发现的问题，并进行跟进和改进，确保提升措施落到实处。

为增强员工参与专项工作的积极性，项目制定针对性的激励方案，通过数据通晒让员工看到参与的价值与成果。同时，通过激励机制，帮助员工认识到表扬案例与其他服务指标之间的关联价值，逐步培养他们自主提交表扬案例的意识，并主动提升服务意识。

以上工作推进过程如图 6-2 所示。

> 强宣导，重培养 > 全赋能，盯执行 > 加激励，养意识 > 看收益，勤反思

图 6-2 专项工作推进过程

专项工作取得了显著成效，设定的目标值已全部达成，并成功将专项内容融入日常运营管理，形成了常态化机制。

第二节　服务补救管理

首先我们来聊一聊服务管理中的两个重要概念——服务补救（Service Recovery）和投诉解决（Complaint Resolution）。这两个概念虽然都和处理顾客的不满有关，但它们在目的、范围、时机以及策略上有着明显的区别（见表6-3）。

表6-3　服务补救和投诉处理的区别

方面	具体的区别内容
目的	服务补救：其目的是在服务失败发生时或顾客表达不满之前，主动采取措施预防和减少顾客的不满，以及修复顾客的信任和满意度
	投诉解决：其目的是针对顾客已经提出的正式投诉，通过具体措施来解决顾客的具体问题，确保顾客的不满得到妥善处理
范围	服务补救：范围更广，不仅包括对顾客投诉的处理，还包括对潜在的服务失误的预防和即时纠正，即使顾客没有明确提出投诉
	投诉解决：范围相对较窄，主要集中在处理顾客明确提出的投诉，通常是服务失误已经导致顾客不满意，并采取行动来表达不满
时机	服务补救：通常发生在服务失误的即时或短时间内，强调快速反应和主动性
	投诉解决：发生在顾客提出投诉之后，可能是在服务失误发生后的任何时间点，不一定是在失误发生后的立即时间
策略	服务补救： ·主动性：主动识别服务失误并采取措施 ·预防性：补救措施可能包括改进服务流程，防止未来发生类似失误 ·个性化：补救措施往往需要根据具体情况和顾客需求定制
	投诉解决： ·被动性：在接到投诉后采取行动 ·解决性：重点在于解决顾客提出的具体问题，而不是预防 ·标准化：投诉解决可能遵循一定的标准和程序，以确保所有投诉都得到公平和一致的处理

服务补救更像是一种前瞻性、主动出击的策略。它关注的是，当我们发现服务中出现问题或者失误时，能够迅速采取行动，将可能引发顾客不满的情况降到最低。服务补救的核心目标，是提升顾客满意度，让顾客感受到虽然有问

题发生，但我们是愿意并且有能力去及时优化他们的体验的。它的价值在于，问题虽然发生了，但通过补救，顾客对品牌的印象可能反而更好。

相比之下，投诉解决是一种反应性的策略。它通常发生在顾客已经明确提出不满或投诉之后，我们才针对问题进行处理和解决。它的重点在于平息顾客的不满，通过合理的补偿或者解释，弥补顾客的负面体验。投诉解决更像是事后补救，虽然能够解决具体问题，但它的主要作用在于减少负面影响，对于整体服务形象的提升效果可能有限。

无论是服务补救还是投诉解决，都是服务管理中不可或缺的一部分。两者其实是相辅相成的：服务补救通过主动弥补问题，帮助我们提升顾客的整体满意度，让他们在服务过程中更信任我们；而投诉解决则是对已经产生的不满进行有效的应对，减少这些问题对品牌形象的负面影响。

只有同时做好这两方面，我们才能在服务质量和客户关系维护方面取得更好的效果。

一、常见服务失败原因

服务失败是我们在服务管理中经常会遇到的挑战，它不仅会影响顾客的满意度，还可能对企业的品牌形象造成不利影响。所以，了解服务失败的原因，并针对不同场景制定有效的挽救策略，是我们提升服务质量的关键。

常见的服务失败主要集中在三个方面：人员、流程和技术。

首先是人员方面的原因。比如，员工由于缺乏必要的培训和技能，导致服务不够专业；或者员工服务态度冷漠，与顾客沟通不畅，无法及时满足顾客的需求。更常见的是，因为人手不足或安排不合理，导致服务效率低下，客户等待时间过长。

接下来是流程方面的问题。我们发现，一些服务失败是因为流程设计不合理，比如在顾客需要快速响应的情况下，流程却过于烦琐，影响了效率。此外，服务标准化不足也会导致不同员工提供的服务质量不一致，让顾客的体验存在偏差。再比如顾客管理不到位，无法准确了解顾客的需求或期望。

最后，我们来说说技术方面。比如，技术设备老化或维护不到位，会导致服务中断或故障，直接影响顾客体验；再比如安全问题，如果技术系统存在漏洞，可能让顾客对我们的服务缺乏信任。此外，技术配置不匹配，比如顾客需要的功能我们无法及时提供，也会造成服务失败。

二、坐席在服务补救方面的常见痛点

在实际工作中，我们发现坐席在服务补救的认知和实践上往往会遇到以下几个问题：

·忽视主动性和预防性：很多坐席可能会认为，服务补救只是一个事后的处理手段。事实上，服务补救的真正价值在于主动性。比如，如果我们能通过主动沟通或采取预防措施提前介入，就可以避免问题进一步升级。但有些坐席在服务失误刚出现时，可能会选择观望，结果导致小问题变成大矛盾。

·害怕承担责任：有些坐席在发现服务失误后，会担心承认错误会让问题更复杂，甚至会惹来麻烦。于是选择回避问题，但这种做法不仅不能化解顾客的不满，反而可能让顾客的情绪更加激化。

·缺乏同理心和个性化服务能力：这点尤为突出。一些坐席在处理问题时，完全依赖标准化的流程，给出的解决方案机械化，甚至没有考虑顾客的实际感受和需求。顾客可能会觉得，自己并没有被真正理解，这会让补救措施的效果大打折扣。

·低估服务补救的价值：很多坐席把服务补救看成是"修修补补"，仅仅为了弥补问题，但忽视了它对提升顾客满意度和忠诚度的深远意义。实际上，一次好的补救，可能让顾客对我们的品牌更加信任和依赖。

·沟通技巧的不足：在与顾客沟通时，坐席可能无法清晰表达歉意，也不能有效传递解决问题的诚意。比如，当顾客已经对问题感到非常不满时，如果我们无法真诚地沟通，只会让顾客更加怀疑服务的专业性。

·忽视顾客反馈：最后，有些坐席对顾客的反馈重视不够，觉得问题处理完就结束了，错失了从反馈中改进服务的机会。这可能会导致类似的问题不断发生。

针对上述问题，我们可以通过专项培训和能力提升来帮助坐席更好地应对服务补救。以下是一些关键点：

·我们需要帮助坐席树立正确的服务补救观念，让他们认识到补救不仅仅是弥补问题，而是一个能提升顾客满意度和忠诚度的重要机会。比如，在培训中可以分享一些成功的服务补救案例，让他们感受到服务补救工作的实际价值。

· 让坐席学会如何在问题出现之前，主动识别潜在风险，并通过积极的沟通预防问题升级。例如，当顾客的语气透露出不满时，我们就要及时跟进，而不是等到顾客提出正式投诉。

· 培训中可以加入情景模拟，让坐席站在顾客的角度去思考问题，感受顾客的情绪和需求。同时，鼓励他们在标准流程的基础上，灵活提供个性化的解决方案。例如，有些顾客需要的是速度，而有些顾客可能更看重态度。

· 在服务补救中，沟通技巧至关重要。培训可以教会坐席人员如何真诚地表达歉意，以及用清晰、积极的语言传达解决问题的决心。例如，与其说"抱歉，这是我们的失误"，不如说"很抱歉给您带来了困扰，我们马上采取措施解决"。

通过这些努力，不仅可以帮助坐席掌握服务补救的核心技能，还能让他们更自信地面对服务失误，从而提升顾客的满意度和忠诚度。服务补救不是单纯的事后弥补，而是一个能够创造更高服务价值的过程。

三、服务补救的方法步骤

服务失败虽然不可避免，但如果我们能够采取正确的方法，不仅可以最小化负面影响，还能让顾客对我们的服务有更高的认可。接下来，将为大家介绍这套精心设计的服务补救方法。

第一步，及时识别问题并承认失误。

服务补救的第一步，就是在问题发生时，及时识别并承认错误。无论问题大小，迅速承认失误不仅表明我们对事情的重视，也展现了企业的责任感。比如，当顾客反映订单延误时，第一时间承认问题，并表明会立即处理，就能让顾客感受到我们的专业和诚意。顾客希望被重视，及时的回应是缓解他们情绪的第一步。

第二步，真诚道歉和倾听顾客意见。

接下来，我们需要真诚地道歉，并倾听顾客的意见。这一环节非常重要，真诚的道歉可以让顾客感受到我们的关怀和尊重，而倾听则是了解顾客需求的关键。例如，当顾客因为服务问题产生不满时，我们可以先表达歉意："真的很抱歉让您有这样的体验。"然后认真倾听他们的反馈，不要急于解释或争辩，先让顾客感受到他们的声音被听到了。只有了解了顾客的真实需求，才能提出切实有效的解决方案。

第三步，提供具体解决方案并立即行动。

在倾听完顾客意见后，我们需要迅速提出一个明确、可行的解决方案，并马上行动。这一点很关键。顾客最关心的是问题如何被解决，而不是拖延或推诿。比如，当顾客投诉商品质量问题时，可以立即安排更换或退款，同时提供明确的时间节点，让顾客看到我们的解决能力。快速、具体的行动能够增强顾客对企业的信任感。

第四步，提供额外补偿（如果条件允许）。

在问题解决的基础上，如果条件允许，给予顾客适当的额外补偿，能有效恢复信任。例如，我们可以提供小额的折扣、赠送优惠券，或者升级服务作为对顾客不便的弥补。这样的补偿不仅能平息顾客的不满，还能增强他们对品牌的好感，让顾客从"不满意"变成"感激"。当然，补偿形式可以灵活选择，但最重要的是让顾客感受到我们的诚意。

第五步，后续跟进与改进。

最后，服务补救并不只于问题的解决，还需要做好后续跟进与改进。比如，在问题处理完后，可以主动联系顾客，询问他们对补救结果是否满意："我们之前为您处理的问题，您现在觉得如何？还有什么建议吗？"这种跟进不仅体现了我们的专业，也能为未来优化服务流程提供宝贵的意见。同时，通过分析这些问题的根本原因，预防类似问题的再次发生，是服务管理的关键。

通过这套方法，我们不仅能够快速应对服务失误，还能将挑战转化为机会，提升顾客的满意度和忠诚度。每一次服务补救都是一次修复顾客关系的机会，也是我们树立企业服务形象的窗口。

四、建立班组服务补救推进的流程和机制

服务失败能否在第一时间被发现，并采取有效的补救措施是至关重要的。接下来，将从两个方面详细讲解：班组服务失败的发现机制和补救执行方法。

（一）建立服务失败的发现机制

在服务过程中，及时发现问题是成功补救的前提。这里，大家需要建立一套系统化的发现流程与制度，确保问题能够被尽早捕捉，并快速进入补救流

程。具体可以从以下几个方面入手：

·鼓励员工及时报告问题：我们的员工是服务交付的第一线，他们往往是最早察觉服务失误的人。通过建立透明的报告流程，让员工可以随时指出在人员、流程或系统方面存在的问题。这不仅是及时补救的基础，也是一种员工参与服务优化的良好方式。

·利用监听工具实时监控服务互动：比如在在线聊天或电话沟通中，可以通过监听工具捕捉客户的实时反馈和评价，快速发现潜在的服务问题。质检部门也可以在日常抽检中发挥关键作用，一旦发现问题，立即启动补救程序，确保我们能够快速响应。

·运用数据分析和监控手段：定期审查客户行为数据和满意度指标，可以帮助我们发现服务流程中的异常或负面趋势。比如，订单取消率突然升高，或者客户评价分数下降，这些都可能是服务失败的信号。同时，通过分析客户反馈，利用文本分析工具识别关键词和常见问题，进一步为服务改进提供依据。

通过以上措施，我们能够建立起一套多层次的服务失败发现机制，为后续的补救行动打下坚实基础。

（二）明确班组内的服务补救执行方法

当我们发现服务失败后，如何高效地补救？这里，为大家总结了一套系统化的处理流程，确保每一步都能够精准推进。

首先，我们需要根据客户的沟通记录，深入理解他们的期望和不满之处。然后，针对具体情况，制定一个切实可行的补救方案。确保补救方案明确、合理，并且能够被快速执行。

客服回电与真诚道歉，这是补救过程中非常重要的一步。需要指派服务技巧娴熟的员工与客户联系，用真诚的态度表达歉意，并让客户感受到公司对他们的重视。例如，可以这样说："非常抱歉让您有这样的体验，这绝不是我们希望您感受到的服务质量。"

随后，需要站在客户的角度，以同理心回应他们的问题，并承诺改进。最后，与客户沟通补救方案，确认这个方案是否能满足他们的需求，同时准备备用方案，以展示我们解决问题的决心。

在服务补救过程中，应及时向客户同步问题处理的最新进展，传递我们的重视与行动。比如："您好，您的问题我们已经与技术部门进行了沟通，目前正在测试新的解决方案，预计在明天完成。"如果补救过程中需要其他部门配合，我们也要主动协调，确保各环节顺畅衔接，提升整体补救效果。

最后一步是对补救过程的总结。对于客户提出的问题，大家要详细记录，并与相关团队共享。这不仅能够帮助我们及时修复流程中的漏洞，还能防止类似问题再次发生。如果遇到需要更高层面决策的问题，要迅速向上级反馈，推动策略和流程的进一步优化。

通过这些系统化的发现和执行方法，不仅能够及时识别服务失败，还能以最快速度采取补救措施，最大程度恢复客户信任。

五、为员工提供服务补救的工具、资源和支持

为了帮助坐席在实际工作中更好地应对服务失误，接下来将从标准化工具的支持、员工能力提升，以及案例分析与学习三个方面入手，逐步讲解具体措施。

（一）提供标准化话术模板和沟通工具

首先，我们要确保每位员工在面对服务失败时，能够快速、准确地响应。这就需要为大家提供一套标准化的话术模板和沟通工具。为什么需要制定话术模板？面对服务失败，不同情境可能会带来不同的挑战，比如安抚情绪激动的顾客、解释复杂的问题，或者提出补救方案。通过话术模板，我们可以为员工提供明确的指导，让大家知道"什么时候应该说什么""如何表达歉意""如何提出补救方案"。例如：

· 表达歉意时：非常抱歉让您感到困扰，我们理解您的感受，并正在努力解决这个问题。

· 提出解决方案时：为了弥补您的不便，我们希望为您提供以下解决方案，您看是否满意？

除了话术模板，我们还需要一个整合了安抚、接话、补救等技巧的工具包。这些工具不仅来源于项目中的优秀实践，还包括行业内成功的补救案例，能够帮助大家在实际工作中快速找到应对策略。通过这些工具的支持，员工不仅能够更高效地处理服务失败，还能够显著提升顾客的满意度和对企业的信任感。

（二）全面提升员工的服务失败应对能力

有了话术和工具，我们接下来要做的就是通过系统化培训，全面提升大家的服务失败应对能力。

首先，培训内容要覆盖全方位补救技能。在培训中，我们要帮助员工学习如何安抚顾客情绪、有效接话，以及制定并实施补救方案。培训还要引导大家认识服务失败的根本原因，帮助员工从自身行为中预防潜在问题的发生。例如，通过提醒大家避免使用生硬的语气、不礼貌的表达，减少因为沟通问题导致的不必要失败。

其次，培训结束后，需要组织考试或者模拟情景测试，来评估大家对所学知识的掌握情况。这样可以确保每位员工都能够将学到的内容转化为实际工作中的行动。

（三）定期开展案例分析与学习

培训固然重要，但更重要的是不断在实践中学习和提升。因此，我们需要定期组织服务补救案例的深度分析与学习活动。

在案例学习中，安排分享行业内和企业内部的优秀服务补救案例。大家可以一起探讨：补救成功的关键是什么？哪些话术或行动让顾客对服务产生了积极的印象？比如，有一次物流延误，补救成功的原因在于员工快速联系顾客，提前说明问题，并给予适当的补偿。通过这样的分析，大家能够理解补救中哪些细节是最能打动顾客的。

同样重要的是剖析失败的服务案例。比如，当某次顾客投诉未得到及时跟进时，我们要分析失误发生的原因：是沟通不及时？补救措施不够？还是问题没有得到根本解决？通过深度剖析，大家可以总结教训，避免类似问题再次发生。

为了让大家更直观地掌握补救技巧，还需要开展一些互动式学习活动，比如角色扮演等。在模拟场景中，大家可以扮演顾客和服务人员，实际体验问题处理的全过程。这种方式既能提高参与感，也能帮助大家更快掌握应对策略。

通过提供标准化的话术模板和沟通工具，开展全面的系统化培训，并组织案例分析与互动学习，可以帮助每一位员工建立更强的服务补救能力。在服务失误发生时，员工不仅能够高效应对顾客的不满，还能通过展现责任感和专业性赢得顾客的信任与忠诚。

六、建立奖惩机制，激励员工积极参与服务补救工作

在服务补救的管理中，既要通过奖励机制激励表现卓越的员工，也要针对存在问题的员工提供辅导和改进方案，从而提升整体服务水平。接下来，将详细介绍这两方面的具体措施。

为了激励员工在服务补救中的卓越表现，建议设立"服务补救之星"等荣誉称号。这些奖励不仅是对员工个人能力的肯定，更是对其在服务过程中展现出的高度责任心和问题解决能力的认可。

奖励形式尽量多样，包括奖金、荣誉证书、公开表彰，以及职业发展机会等，以鼓励员工持续提供高质量的服务。此外，还要定期举办内部分享会，邀请获得"服务补救之星"称号的员工分享经验和心得。通过经验的传递和技能的交流，进一步巩固和提升整个团队的服务水平，帮助每位员工都从中受益。

针对频繁出现服务失败的员工，需要采取一系列措施帮助其识别问题根源，提升服务技能，防止类似问题再次发生。首先，适度实施惩戒措施，例如警告或绩效扣分，强调服务标准的重要性，促使员工对失误给予足够重视。

与此同时，还要为这些员工提供个性化的辅导方案。具体措施包括一对一辅导会议、专项培训和工作坊，帮助员工深入分析服务失败的原因，并提供切实可行的改进策略。此外，需要持续监督这些员工在实际工作中的改进情况，确保辅导内容能够真正转化为行动效果。

第七章

班组人员管理
——让员工"有态度、有能力、有动力"

要实现班组员工"有态度、有能力、有动力",至少需要从以下五个方面入手系统推进相关工作。

第一,优化招聘流程,精准识别优秀人才。在招聘一线坐席的过程中,掌握有效的面试技巧至关重要。一方面,需要通过深入的面试对话,精准识别应聘者的沟通技巧、服务态度和责任感,筛选出对服务行业充满热情、能够积极面对挑战的候选人。另一方面,通过展现专业的面试礼仪和公司的文化素养,增强候选人对企业的认同感,提升其加入团队的意愿,从源头上确保团队成员的高凝聚力。

第二,全周期关注员工成长与能力提升。从入职培训到爬坡期,再到业务能力达标和绩效达标,需要全方位关注员工的成长和融入过程。通过全面的岗前业务技能培训,以及岗中的带教辅导培训,帮助员工顺利度过爬坡期。与此同时,还需要关注员工的心态建设和动力维持,确保每位员工不仅具备胜任岗位的能力,更能在团队中找到归属感和成长动力。

第三,激励和关怀员工。激励和关怀是员工动力的重要来源。通过设立合理的激励机制,如团队激励、荣誉激励,可以帮助员工在工作中保持活力和热情。团队激励和荣誉奖励能提升员工的自豪感,而对员工生活的关注则能进一步增强其幸福感和归属感,从而激发其内在工作动力。

第四,通过绩效管理激发班组活力,助力服务质量与团队稳定双提升。在班组管理中,绩效管理也至关重要。通过设定明确的目标和公正的评估标准,员工的工作态度和服务能力能够得到有效激发。同时,绩效管理还能为员工提供清晰的成长路径，帮助他们看到自身的进步和未来的职业发展方向。这不仅提升了团队的整体服务质量，也增强了团队的稳定性。

第五，实施有效的员工防流失管理。员工的稳定性直接影响团队的工作效率和服务质量。为此，需要实施有效的员工留存策略，比如关键岗位保育计划和人员挽留方案，及时识别员工离职风险并采取行动，降低员工流失率，确保团队稳定性。通过防流失管理，能够保留核心员工，为团队的发展和服务水平的提升提供坚实保障。

通过以上五个方面的综合努力，班组人员管理将更加高效，同时也能让员工真正做到"有态度、有能力、有动力"，推动整体团队服务水平的持续提升。

第一节 招聘一线坐席的面试技巧

一、基于项目业务特点的清晰坐席画像

为了确保招聘和培养符合项目需求的一线坐席，首先需要基于项目的业务特点，绘制清晰的坐席画像。画像应详细描述坐席在技能、经验、性格特质以及职业素养等方面的具体要求。

除此之外，还要结合项目的服务模式、客户特性和文化要求，明确一线坐席的关键能力，如问题解决能力、服务态度、抗压能力。通过这种精准的画像描绘，不仅能够在招聘阶段找到最契合岗位需求的人员，还能为后续的培训、绩效评估和发展提供清晰的方向。

（一）基于业务特点明确人才画像，分别确定必备项、否定项和加分项

在招聘过程中，为了更高效地筛选和评估候选人，通常会从三个方面进行考量：必备项、否定项和加分项。

必备项是候选人必须具备的条件，也是完成工作所必需的基本技能、知识、经验和个人特质。这些条件是招聘决策的基础。如果一名候选人在必备项上不达标，就不符合职位的基本要求，因此通常不会被视为合适的候选人。面试官在评估时，应重点确认候选人是否满足这些必备条件。

否定项是指一旦候选人具备某些特定特征或行为，就会被直接排除的条件。这些条件通常是严重不符合职位要求或公司文化的因素。例如，不良的职

业习惯、不适应团队合作的特质，或者过往经历中的负面记录。否定项能够帮助面试官快速筛选出不符合基本要求的候选人，从而节省招聘时间和资源。

加分项是指虽然不是必须的，但如果候选人具备，将为其带来额外优势的条件。这些条件通常是超出基本要求的技能或经验，例如丰富的跨领域经验或擅长某项特殊技能。加分项能够发挥关键的区分作用，帮助企业选择最优秀的人选。

通过明确必备项、否定项和加分项，企业能够更加系统地评估候选人，确保最终选出的人员不仅符合岗位要求，还能为团队带来额外的价值。这样有针对性的筛选方式，将大幅提升招聘的效率和成功率。

表7-1为常见一线坐席任职条件、岗位技能和综合素质项，可以参考设定哪些为必备项，哪些为加分项。

表7-1 常见一线坐席任职条件、岗位技能和综合素质项

项目	具体内容（项目基于业务特点拟定精准的人才画像）	判断时机
任职条件	（1）年龄：18~32周岁（根据项目而定） （2）学历：大专及以上学历（根据项目而定），学信网可查询 （3）工作经验：一年及以上岗位经验（根据项目要求）	简历
岗位技能	（1）语言表达：普通话标准，外语能力，无口吃、地方口音、口头语等情况 （2）音色/音质：语气和缓、温柔可亲，音量适当（不忽大忽小，一惊一乍） （3）沟通逻辑：沟通顺畅，可抓住重点有针对性地回答问题	电话沟通
	（4）打字速度：打字速度每分钟50个字及以上（根据项目而定，在线业务标准可提高） （5）办公自动化：会使用基本的办公软件操作，如Word、Excel（根据项目而定），现场演示	到面测试
综合素质	（1）工作态度　（2）稳定性　　（3）服务意识 （4）沟通表达能力　（5）情绪管理能力　（6）理解反应能力 （7）学习能力　　（8）执行力　　（9）抗压能力 （10）风控意识　（11）解决问题能力 （项目要明确哪些是必备项，哪些是否定项，哪些是加分项）	到面甄别

（二）基于人才画像的面试提问和测评方法

在招聘过程中，班组长等管理岗在面试候选人时，必须基于明确的人才画像，对候选人的素质项进行精准的甄别提问和测试。这要求我们不仅要了解素质项的特点，还要根据不同的能力需求采取相应的提问和测评方法——行为面试法+追问，以确保选出最适合岗位的人才。

行为面试法是一种通过候选人过去的行为表现来评估其能力素质的面试方式。这个方法的核心理念是：通过一个人过去的行为能够预测其未来的行为，一个人的行为模式是相对稳定的，特别是在类似情景下，其行为反应往往会重复过去的模式。因此，行为面试法能够帮助企业更好地了解候选人是否具备岗位所需的能力。

在实际的一线坐席招聘面试中，班组长需要提前基于行为面试法准备标准化的问题和测评案例。例如，设计与岗位需求相关的情景问题，了解候选人过去在类似情况下的具体做法和结果。除此之外，还需要根据候选人在回答中的表现以及简历中的内容，进行深度追问，以更全面地评估其能力和素质。这种方法能够帮助企业挖掘候选人的潜力，同时验证其描述的真实性。

通过系统地运用行为面试法并辅以深入追问，不仅可以更科学地评估候选人，还能够提高招聘决策的准确性，为团队选拔出最合适的人才。

表 7-2 梳理了针对一线坐席重要素质项的面试问题清单，可以参考使用。

表 7-2　常见一线坐席素质项的行为面试法提问清单

素质项	序号	面试问题清单
工作态度	1	在以往工作中，是否遇到过工作任务繁重、时间紧迫的情况？你是如何选择优先处理任务的？最终结果如何？任务是否按时完成
工作态度	2	如果领导交代给你并不熟悉或不擅长的任务，你会如何应对？你会主动尝试去完成，还是沟通调整任务？具体原因是什么？举一个实际的例子说明你当时的行动和结果
工作态度	3	请描述一次你为了完成工作加班的经历。你是如何规划时间来平衡工作和个人生活的

续表

素质项	序号	面试问题清单
工作态度	4	在团队合作中，请举例说明你曾如何主动发挥自己的作用，帮助团队达成共同目标
	5	遇到难以完成的任务时，你会如何与团队成员或领导沟通？举例说明一次你通过团队合作解决问题的经历
	6	面对困难任务时，例如需要投入大量精力或复杂技能的任务，你通常会采取什么方法逐步完成？请举一个例子描述你是如何规划、执行，并最终完成这类任务的
稳定性	1	请你谈谈在上一份工作中加班的情况。通常在什么情况下需要加班？加班的频次和强度如何？家人对你的加班有什么看法？你是如何调整工作的节奏来适应这种情况的
	2	请说明你上一份工作离职的主要原因，以及你为什么选择我们公司。你认为我们公司吸引你的地方有哪些
	3	在未来3~5年内，你对自己的职业发展有哪些规划？在哪些阶段你希望达成什么目标？你认为达成这些目标需要提升哪些能力
	4	在工作中，如果需要不断学习新技能或提升自己的能力以满足岗位需求，你会如何实现这些目标？举例说明你在过去的工作中是如何完成类似任务的
	5	在过去的工作经历中，你是否有过频繁更换工作的情况？如果有，能否说明原因？这些经历中你是否积累了经验？这些经历对你的职业发展有何影响
	6	在上一份工作中，是否有过升职或加薪的经历？哪一段工作经历对你的成长帮助最大？为什么你认为这段经历对你影响深远
	7	你最近或上一份工作，是什么原因促使你选择离开？回顾当时的情况，有哪些问题是可以通过调整解决的？如果你再次遇到类似情况，会如何处理
服务意识	1	请谈谈你在日常工作或生活中遇到的最感人的一件事。当时发生了什么？你是如何回应的？最终结果如何
	2	在工作中，有没有同事因为心情不好或情绪崩溃向你诉苦？你是如何回应和帮助他们的？你如何处理他们分享的信息（比如是否与他人或领导沟通）

续表

素质项	序号	面试问题清单
服务意识	3	请分享一次你在工作中为客户提供超出预期的服务的案例。你是如何判断客户的需求并提供额外帮助的？客户的反应和结果如何
	4	面对客户投诉或不满的情况，你通常如何应对？请举例说明一次你有效解决客户问题的经历以及结果如何
	5	在以往的工作中，你是否遇到过客户的批评或指责？当时的情况是什么？你是如何处理的？最终结果如何
	6	请描述你服务过的最特别的一位客户。他有哪些特殊的需求或特点？你是如何为他提供服务的？在服务过程中是否发生了令你印象深刻的故事？客户对你的服务是否满意
	7	在以往工作中，你是如何不断提升自己的服务意识和技能来更好地满足客户需求的
沟通表达能力	1	请分享一次因你个人失误导致客户投诉的经历。当时是什么原因导致的？客户的诉求是什么？你是如何沟通和处理的？最终结果如何？事后你是否进行过复盘总结
	2	请描述一次你在工作中因出色服务被客户表扬的经历。当时客户的诉求是什么？你是如何满足客户需求的？是否总结经验并应用到后续工作中
	3	如果你加入我们公司，你认为可能会遇到哪些挑战或困难？你会采取哪些具体措施来解决这些问题
	4	请分享一次你在工作中处理冲突或分歧的经历。当时是什么情况？你是如何与相关方沟通并解决问题的
	5	请以你上一份工作中的某个典型任务为例，描述该工作的完整流程。你在其中的职责是什么？最终的产出或成果是什么
	6	请谈谈你最成功的一次工作经历。当时的情况是什么？你担任什么角色？采取了哪些具体措施？最终的结果如何
	7	请分享一次让你感到遗憾的工作经历。当时是什么情况？你的角色是什么？事情没有达到预期结果的原因是什么？如果再次遇到类似情况，你会如何改进
	8	你在接听客户电话时，客户那边突然没有声音了，你觉得可能是什么原因？你会如何处理这种情况
	9	如果客户反馈说在官网订购的产品并未满足其个性化要求，而是收到普通款，你将如何处理？请详细描述你的处理步骤及原因

续表

素质项	序号	面试问题清单
情绪管理能力	1	请描述一次让你非常生气的经历。当时发生了什么？为什么会让你非常生气？你是如何处理自己的情绪并应对的？现在回想这件事，你是否还会感到生气
	2	请分享一次你情绪低落的经历。当时发生了什么导致你的情绪低落？你是如何调整自己的状态并走出低谷的？现在回想这件事，你有怎样的感受
	3	请描述一次你在工作中遇到压力很大的情况。当时的原因是什么？你是如何管理压力并完成工作的？结果如何
	4	请分享一次你需要同时处理多个任务或项目的经历。在这种情况下，你是如何管理自己的情绪并保持高效的
	5	如果在工作中受到客户指责，而原因是产品问题，你会如何处理这种情况？请详细描述你的步骤和情绪管理方式
	6	在工作中，你是否曾与同事因工作问题发生争执或冲突？请描述具体情景，你是如何处理这件事的？最终结果如何
理解反应能力	1	请分享一次你在工作中需要快速理解并解决一个复杂问题的经历。当时的情况是什么？你是如何分析并找到解决方案的？最终结果如何
	2	在与客户沟通时，如果需要解释一个复杂的概念或技术，你会如何确保客户能够快速理解并接受？请举例说明你的方法和效果
	3	请分享一次你在与客户交流中遇到困难的情况。当时客户的需求或问题是什么？你是如何通过提问、倾听和沟通来快速理解并解决问题的
	4	如果用三个词来描述客服代表这个岗位的特点，你会选择哪些词？请解释一下你的选择
	5	在你看来，什么样的工作是"好"的？请举一个例子说明你的评价标准以及你的判断依据
	6	你认为一个合格的管理者应该具备哪些特点？请结合自己的经验或观察，举例说明你的观点
	7	假设你同时接到了两家公司的录用通知，工作内容和薪资差不多，你会如何选择？你会参考哪些因素？为什么

续表

素质项	序号	面试问题清单
学习能力	1	在上一份工作中,是否有需要不断更新的知识或技能?你是如何针对自己的不足进行提升的?目前的进展如何,是否取得了预期效果
	2	在你负责的工作或任务中,是否有结果不太令人满意的情况?你认为问题出在哪里?现在你是否有更好的方法来优化或改进
	3	请分享一些让你在学习或工作中更加高效的技巧或方法。这些技巧是如何帮助你提升工作的?你是通过什么方式学习到的
	4	请描述一次你学习新技能或知识的经历。当时的情况是什么?你是如何快速掌握并应用到实际工作中的?结果如何
	5	当你需要掌握一项新技术或工具时,你通常会通过哪些渠道或资源进行学习?你的学习方法是什么
	6	如果领导交给你一项全新的任务,而你之前没有相关经验,你通常会如何开展工作?你是否有类似的经历?请具体描述你是如何完成任务的
抗压能力	1	请分享一次你在工作或生活中感受到最大压力的经历。当时的情况是怎样的?你采取了哪些方法来应对?结果如何?现在回想起来,你觉得还会有同样的压力吗
	2	请谈谈你在成长过程中遇到的最大挫折。当时你的感受如何?这件事对你产生了多大的影响?你是如何调整自己并做出决定的
	3	请描述一次你在工作中感受到很大压力的情况。是什么原因导致的?你是如何应对并完成工作的
	4	目前你认为最大的压力是什么?你采取了哪些准备或行动来应对压力
	5	请分享一次你在工作中面临紧迫的截止日期和高强度工作负荷的经历。你是如何保持高效率地完成工作的
	6	在工作中遇到意外情况或突发事件时,你是如何做出反应并采取行动的?请举例说明你如何在压力下保持冷静并解决问题
	7	你觉得什么样的压力会超出你的承受范围?遇到这种情况时,你会如何寻求支持或解决问题

续表

素质项	序号	面试问题清单
解决问题能力	1	请分享一次你遇到最难沟通的客户的经历。当时的背景是什么？你采取了哪些措施与客户进行沟通？结果如何
	2	请描述一次你需要解决客户投诉或不满意的情况。当时的具体情形是什么？你是如何与客户沟通并找到让双方满意的解决方案的
	3	请描述一次你在工作或生活中与他人意见不一致的经历。当时的背景是什么？你是如何处理分歧并达成共识的？最终结果如何
	4	当你在工作中遇到一个完全陌生的问题时，你是如何快速学习并掌握相关知识，最终解决问题的？请分享一个具体案例
	5	请分享一次你在工作中感到特别有成就感的经历。是什么情况让你觉得满意？你做了哪些努力？最终的结果是什么
	6	请描述一次可以体现你解决问题能力的具体经历。当时的背景是什么？你采取了哪些行动？结果如何
	7	请谈谈你在工作或生活中遇到的最大困难。当时的情况是什么？你是如何应对并最终解决的？结果对你有怎样的影响
执行力	1	请描述一次你在工作中遇到紧急情况的经历。当时发生了什么？你是如何迅速采取行动并高效解决问题的？结果如何
	2	请分享一次你在团队合作中需要协调不同成员完成任务的经历。当时的背景是什么？你是如何确保团队高效协作并顺利完成任务的
风控意识	1	如果你发现与你关系密切的同事违反公司规定，套取平台红包或其他资源，你会如何处理？请具体说明你的行动和理由
	2	当客户向你咨询涉及敏感信息或潜在风险的问题时，你会如何处理？请举例说明你的应对方式
	3	在处理客户隐私和敏感信息时，你采取了哪些措施来确保信息安全
	4	请分享一次你在工作中发现同事有违规操作行为的经历。你是如何处理的？结果如何
	5	如果你发现同事的行为可能带来信息泄露的风险，你会采取什么行动来应对
	6	如果公司规定在职场内部不得携带私人手机，你怎么看待这样的规定？请说明你的观点和理由
	7	你是否经历或听说过身边发生的风控事件？事情经过是什么？最后是如何处理的？你怎么看待这种处理结果

三、基于候选人的非语言信息甄别其匹配性

在面试过程中，除了关注候选人的语言表达和回答内容，大家还需要细致观察他们的非语言信息。这些信息包括面部表情、眼神交流和肢体动作，它们往往能够透露出候选人内心的真实情感以及性格特征。

面部表情是候选人情绪和自信程度的重要体现。一个自信的候选人通常会面带微笑，表情自然且放松，这表明他们对自己的能力充满信心，同时也乐于与面试官进行互动。而如果候选人显得表情僵硬或缺乏变化，则可能反映出紧张、不自信或对问题理解不充分。

眼神交流则是判断候选人沟通能力和自信心的重要线索。通常，保持适度的眼神接触表明候选人专注并有良好的沟通意图。而如果眼神游离不定，或者频繁回避面试官的视线，可能意味着候选人紧张、不够自信，甚至可能对自己的回答缺乏把握。

肢体动作也是需要注意的一个方面。自信的候选人通常会坐姿端正，动作自然，从容不迫。而紧张的候选人可能会有小动作，比如不断摆弄手指、触碰头发或不自然地调整坐姿。这些细节可以帮助面试官更全面地评估候选人的心理素质和压力应对能力。

通过综合观察这些非语言信息，大家可以更准确地判断候选人与岗位的匹配程度。同时，这些细节还可以揭示候选人是否具备良好的心理素质以及人际交往能力，这些特质对于一线客服岗位来说尤为重要。

表 7-3 梳理了候选人常见非语言信息及对应的甄别判断方法，大家可以参考使用。

表 7-3 候选人常见非语言信息及甄别判断方法

类别	候选人表现	甄别判断
表情类	目光接触	友好、真诚、自信、果断
	不做目光接触	冷淡、紧张、害怕、说谎、缺乏安全感
	打哈欠	厌倦、睡眠不好
	眯起眼睛	不同意、反感、生气
	鼻孔张大	生气、受挫

续表

类别	候选人表现	甄别判断
表情类	抬一下眉毛	怀疑、吃惊
	咬着嘴唇	紧张、害怕、焦虑
	微笑	满意、理解、鼓励、自信
	摇头	迷惑不解、不自信、不相信
动作类	跺脚	紧张、不自信、自负
	双臂交叉在胸前	生气、防卫、不同意、进攻
	身体前倾	注意、感兴趣
	坐在椅子边缘上	焦虑、紧张、有理解力的
	摇椅子	厌倦、自以为是、紧张
	懒散地坐在椅子上	厌倦、放松
	驼背坐着	缺乏安全感、消极
	笔直坐着	自信、果断、紧张
	手抖	紧张、焦虑、恐惧

四、管理岗面试官的面试礼仪和专业素养展现

在面试过程中，管理岗的面试官应当展现出高度的面试礼仪和专业素养。首先，从进入面试场地开始，面试官的着装应端庄得体，以体现对候选人的尊重。同时，一个亲切的笑容和得体的礼貌举止能够营造出平等、尊重的面试氛围，让候选人感受到企业的友好和专业。

提问环节是体现面试官专业能力的重要部分。管理岗面试官在提问时，应使用规范、清晰的语言，确保问题表达准确无误，避免因措辞模糊或逻辑混乱给候选人造成困惑。同时，在提问时要注意语气温和，避免带有压力或偏见的语调，这样能够更好地让候选人放松，展现出他们的真实能力。

在面试过程中，难免会遇到一些突发情况。比如候选人因紧张出现表达困难，或者对某些问题回答得不尽如人意。此时，面试官需要保持冷静和公正，不急于下结论，而是适当给予候选人缓冲时间，或者通过引导性问题帮助他们

更好地阐述自己的观点。这种处理方式不仅体现了面试官的耐心和包容，也展现了企业文化的温度。

面试的整体专业性和权威性是企业形象的重要体现。通过规范化的流程设计、精准的评估标准以及面试官的专业表现，不仅能够更高效地选拔合适的人才，也能让候选人从中感受到企业的良好形象和文化氛围。这种正面的面试体验，有助于提升企业在人才市场中的口碑和吸引力。

表7-4梳理了面试官行为语言和面试环境的正面和反面表现清单，大家可以参考。

表7-4 面试官行为语言和面试环境的正面和反面表现清单

方面	正面行为	负面行为
仪容仪表	（1）男士穿带领衬衫或Polo衫；女士穿套裙或得体衣服 （2）男士头发不过耳、眉毛、胡须整洁；女士头发扎拢，化点淡妆 （3）身体无异味、可适当喷洒点香水 （4）口腔保持清洁 （5）指甲长短适当，保持清洁 （6）佩戴工牌 ……	（1）男士穿奇装异服或有个性的服装；女士穿拖鞋，过紧、露腰上衣，超短裙或颜色过艳等衣物 （2）男士的胡须、头发过长，染个性颜色头发等；女士浓妆艳抹 （3）异味较重，如狐臭；香水过浓，刺鼻等 （4）口腔有口臭味，烟味过浓，或刚吃过大蒜、韭菜等刺激性食物 （5）指甲过长、有污垢或染色较夸张 （6）未佩戴工牌 ……
行为举止	（1）微笑正视候选人 （2）准时到达面试现场 （3）手机提前设置静音或振动模式，禁止接听电话或上网，中途不得随意接听电话，若有特殊情况，必须向候选人致歉 （4）认真审核简历，该批注的地方进行批注，同时留意不要让候选人看到 ……	（1）全程冷脸相待 （2）无法准时到达面试现场 （3）跷着二郎腿，抖动双腿 （4）身体往椅背躺靠、"葛优躺" （5）双手抱于胸前 （6）面试过程中吸烟 （7）眼睛斜视或俯视候选人 （8）口嚼口香糖或槟榔等 （9）双手小动作较多，手指不停转笔 （10）收取候选人贿赂 （11）在候选人面前讨论公司内部信息 ……

续表

方面	正面行为	负面行为
沟通方式	（1）使用普通话，礼貌用语 （2）语气和缓，声音大小根据面试场地可适当调整 （3）遵循80/20法则，让候选人多说 （4）公平、公正、客观地提问问题，采用专业的面试方法 （5）在面试结果出来前，不做任何倾向性暗示 （6）即使候选人不符合公司要求，也须耐心互动，不得有抵触情绪 ……	（1）使用方言，说话带有口头禅 （2）语速过快，声音忽大忽小，一惊一乍 （3）滔滔不绝，候选人说话的机会很少 （4）用反问口气质疑候选人，如"这是真的吗？怎么感觉你是造假呀" （5）带有歧视的字眼 （6）采用过多的压力式沟通，咄咄逼人 （7）在候选人面前透露公司商业机密或有"八卦"行为 ……
面试环境	（1）环境整洁、桌椅摆放整齐 （2）面试接待室建议设为小型会议室，配长条桌，容纳6~8人 （3）面试现场秩序井然 ……	（1）环境嘈杂，桌面、桌椅摆放杂乱、卫生状况差 （2）面试接待室面积过大或过小都不妥当，面积过大易导致现场过于空旷，面积过小则会产生压迫感 （3）面试现场一片杂乱，无专人维持秩序 ……

第二节　新员工的全周期培育

在培养一线坐席新员工时，我们可以采用"以终为始"的思路，先明确培育的目标（见图7-1），再设计培育的具体方法。最终，我们希望新员工不仅能具备专业能力，还能有良好的服务态度、工作动力和岗位稳定性。但新员工的起点往往较低，尤其是以"00后"为主的年轻人，他们自尊心强、个性鲜明，但初入职场时服务意识薄弱，还在适应从校园到职场的转变。因此，我们的培育必须针对他们的特点设计，帮助他们顺利过渡。

为了实现这一转变，培育体系需要具备四个关键点：一是内容要有体系和规划，让新员工清晰地知道学习的方向，逐步掌握从基础到实操的能力；二是要贴近新员工的诉求，通过互动性强、有趣的形式，比如情景模拟或短视频学习，激发他们的学习兴趣；三是关注他们的情感和体验，让新人感受到企业的关怀，比如通过团队活动或认可机制，提升归属感；四是辅导和支持要跟得上，通过导师带教、一对一指导，帮助他们解决实际问题，同时给予情感上的鼓励。这样一步步的体系化培养，能够让新员工快速成长，适应岗位，并逐步实现我们希望的目标。

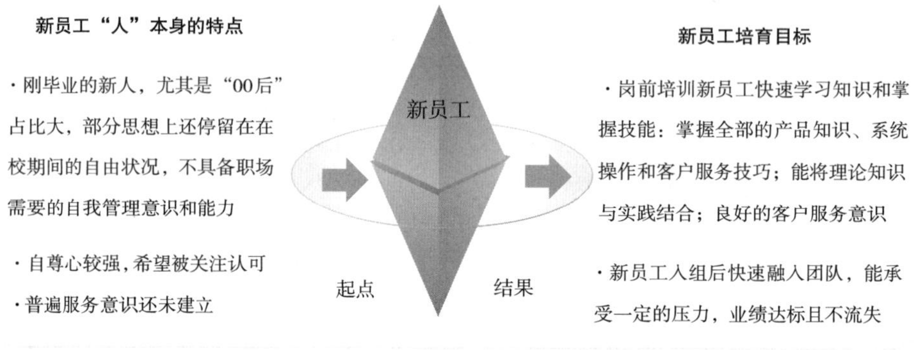

新员工"人"本身的特点

- 刚毕业的新人，尤其是"00后"占比大，部分思想上还停留在在校期间的自由状况，不具备职场需要的自我管理意识和能力
- 自尊心较强，希望被关注认可
- 普遍服务意识还未建立

新员工培育目标

- 岗前培训新员工快速学习知识和掌握技能：掌握全部的产品知识、系统操作和客户服务技巧；能将理论知识与实践结合；良好的客户服务意识
- 新员工入组后快速融入团队，能承受一定的压力，业绩达标且不流失

起点　　　结果

图 7-1　新员工培育目标示例

一、拟定新员工培育的整体规划

在新员工培育的整体规划中，我们需要明确一个清晰的培育周期——从入职到完成入组爬坡期并顺利结束。这段时间涵盖了新员工从岗前培训到入组融入，再到上岗爬坡的全流程。因此，在制定整体规划时，项目管理岗团队需要共同协作，明确分工，特别是对班组长的责任要求要清晰界定。

新人培育的推进过程应该遵循循序渐进和刻意练习的逻辑，避免低效的学习方式。具体来说，首先要明确目标标准，提炼并传授有效的技能方法；然后，让新员工专注于目标任务，通过反复练习运用新方法；接着，根据表现及时给予反馈和改进建议，形成"修正改进—反复练习—再反馈"的良性循环。

岗前培训的内容需要全面覆盖新人岗位的核心要求，包括知识类、技能类、态度类、系统工具使用、制度流程清单、项目资讯、新人常见问题及解决方案，以及项目的最佳实践等内容。特别需要注意的是，岗前培训必须紧密结合实际运营需求，避免培训内容和运营需求脱节。此外，课程设计要融入训练环节，结合基础知识、话术脉络和场景练习，确保实操场景练习占比不低于

30%，帮助新人尽快将理论转化为实际能力。

管理岗在岗前培训中起着关键作用。班组长需要每日参与到培训中，负责答疑解惑，及时解答新员工在学习过程中遇到的疑问，并给予反馈。除此之外，还要定期组织班组长与新员工的交流分享会，传递项目的最新动态，让新员工更好地了解企业运营，同时增强他们的归属感和信任感。

岗前培训结束后，需要进行系统的通关考核来验证新员工的学习效果。考核内容应包括理论知识测试、实操技能考核和情景模拟演练等。考核方式可以采用线上测试、现场演练、角色扮演等多样形式。为确保考核的公平性和公正性，还需制定清晰的评分标准，确保新员工的能力评估更具客观性和准确性。

试接续阶段是新员工上岗前的重要环节，一般设定为1~2周，具体根据新员工的表现适当调整。每天安排一定的时间让新员工参与试接线，由经验丰富的员工进行一对一指导，确保新人能够在实践中快速适应工作要求。在试接续结束后，需要组织每日复盘，总结当天的经验教训，帮助新员工不断优化表现，巩固学习成果。

在新人完成岗前培训并正式入组时，可以举行简短的欢迎仪式，介绍新员工与团队成员认识，帮助他们尽快融入团队。同时，为每位新员工指定一名经验丰富的带教人，负责日常指导和答疑解惑。在爬坡期内，根据项目实际情况设定周期和目标，明确新员工需要达成的业务指标和技能要求。定期组织新人专项班组会，鼓励他们分享成长经验，并帮助解决实际问题，确保爬坡期内的目标达成。

通过这一整套系统化、循序渐进的培训规划，我们能够有效帮助新员工完成从初入职场到胜任岗位的转变，不仅提升其业务能力和服务意识，还能增强其归属感和稳定性，为团队发展奠定扎实基础。

二、推进新员工岗前培训的内容优化

在岗前培训中，内容的及时更新和持续迭代至关重要。这不仅可以帮助新人避免犯下重复性错误，还能确保岗前培训紧贴实际业务需求。特别是重点业务场景中的难点和易错点，必须及时同步到培训中，确保新人能够快速适应运营环境。

首先，班组长等管理岗需要梳理重点产品和业务场景。要详细分析新人在实际工作中的常见痛点和难点问题，提炼出可行的解决方法，并将这些内容整理后反馈给培训团队。这种来自一线的实践经验能够帮助培训团队精准定位新人培训中的改进方向。

其次，培训团队根据运营反馈对培训内容进行优化。培训团队需要结合班组长提供的重点业务信息和新人常见问题，同时整合项目最新的运营热点和总结的最佳实践，对岗前培训内容进行更新和完善。通过这种方式，确保培训内容能够覆盖实际工作中最关键、最需要的技能和知识点。

最后，班组长等管理岗与培训师要密切配合，共同开发训练内容。这包括设计重点产品和业务场景的培训模块，梳理话务中常见的服务场景，以及总结易错或疑难场景的处理方法。每个场景的训练都需要明确目的和要求，让新人清楚处理这些问题的核心思路。在此基础上，通过实景化模拟训练，不仅可以让新人更直观地了解业务场景，还能够通过模拟训练检验培训效果，发现问题并及时改进。

通过这一流程，能够确保岗前培训内容始终与实际运营保持高度一致，新人可以更快、更高效地适应岗位需求，从而提升整体团队的运营质量和效率。

三、岗前业务培训期间班组长需要推进的相关事项

在新人岗前培训中，班组长等管理岗的积极参与和早期介入至关重要。这不仅能帮助新员工迅速掌握必要的技能和知识，还能在情感上增强他们对团队的归属感，并促进团队文化的传递。

在新员工入职培训阶段，班组长应每天至少投入1~2小时跟班，进行早期引导和支持。这种陪伴不仅能让新员工更快熟悉班组长，也能建立起初步的信任和联系。具体措施包括：

·参与团队建设活动：利用中午休息时间，班组长可以参加培训班的团队建设游戏，通过互动增进与新员工的了解。

·分享和答疑环节：每周选择几天，在培训结束前增设分享和答疑时间，给新员工提供与班组长和团队成员互动的机会，解答他们的疑问。

·模拟演练参与：在培训的模拟演练环节，班组长可以亲自参与，结合实际工作场景，传授实用的操作技巧，提升新员工的实操能力。

·介绍管理团队：班组长还可以向新员工详细介绍项目管理团队成员的职

责和分工，加深他们对团队结构和工作的理解。

为了帮助新员工更快融入团队，可以安排他们参与日常的晨会和夕会。尽管一开始新员工对信息的理解可能有限，但通过实际参与，他们能够逐步适应团队的工作节奏，感受团队的工作氛围。这种方式能够让新员工在培训期内提前熟悉团队的日常运作模式，减少入组后的适应难度。

在新人培训阶段以及即将入组前，组织一对一面谈是班组长的一项重要职责。这次面谈的主要目的是全面了解新员工的情况，并为他们后续的成长做好准备。首先，要深入了解新员工的个人背景，包括他们的职业经历、性格特点和兴趣爱好，以便更有针对性地进行指导和安排。其次，通过沟通评估新员工在培训期间的表现，尤其是他们的稳定性和对即将承担工作的期望，提前做好入组的规划。最后，面谈中也要收集他们对培训课程的反馈，比如对内容的掌握情况，以及他们的评价和建议，从而为后续培训计划的优化提供依据。这种一对一的交流不仅能让新员工感受到重视，还能帮助他们在即将进入团队前更加有信心和准备充分。

在每批新员工的毕业典礼上，班组长及其他管理岗需要正式参与并进行自我介绍。这一环节不仅是对新员工完成培训的认可，也是对他们加入团队的欢迎和交接。通过这样的仪式感，新员工能够感受到被重视和接纳，同时培养出正式成为团队一员的荣誉感。

四、在试接续期间班组长需要推进的相关事项

试接续阶段是新员工融入企业的关键时期，它不仅是他们从理论学习到实际操作的过渡，也是快速理解公司文化和工作流程的黄金阶段。在这一阶段，新员工需要将培训中获得的知识应用到实践中，而带教导师的正确指导和实践机会则是他们掌握工作技能的重要加速器。因此，班组长等管理岗需要提前选拔和培训优秀的带教导师，同时精心规划带教工作流程，确保新员工在试接续阶段能够获得即时且高效的支持。

班组长需要从多个维度对带教导师进行选拔，包括业务能力、责任心、带教经验和耐心等。在满足这些条件的基础上，优先选择业务指标排名靠前的资深员工，因为这些员工不仅专业技能过硬，也具备良好的知识传授能力。

为确保带教质量，建议实行1∶3的导师配比，最多不超过1∶5，这样可以

保证每位新员工都能得到充分的关注与指导。针对带教工作，还需制定每日的带教计划清单，根据新员工的试接续任务需求调整内容。此外，带教导师需经过培训和实际演练验收，确保带教内容的一致性和有效性，只有通过验收的导师才可以正式上岗。

在新员工试接续的第一天，可以组织一次座谈会，让带教导师、老员工和新员工一起参与。座谈会可以简要介绍工作现场的实际情况，帮助新员工快速了解新团队的工作环境和基本运作模式，同时通过互动促进新老员工之间的交流，增进熟悉感，为后续的融入打下良好基础。

在试接续期间，新员工往往会遇到各种实际业务中的难点，因此需要每日进行一对一辅导，针对新员工在工作中遇到的具体问题提供及时帮助，确保他们尽快掌握核心工作要领。同时，实施时段巡场监控，制定新人时段巡视专项表单，实时登记新员工的工作表现和遇到的问题。对于表现异常或遇到困难的新员工，班组长需及时介入，提供针对性的辅导和支持，确保每位新员工能够在实践中稳定成长。

在试接续阶段结束前，班组长需要安排与新员工进行第二轮一对一面谈，总结他们的阶段性成果，同时发现潜在的问题。这次面谈的内容主要包括三个方面：一是工作认知与预期，了解新员工在试接续期间对实际工作的认知是否与他们的初始预期存在差异，并倾听他们在工作中的疑虑和想法；二是遇到的困难，深入探讨他们在试接续阶段遇到的具体问题，结合实际情况提供可行的解决方案或支持，帮助他们更好地应对挑战；三是团队融入情况，评估新员工对团队的适应和认知情况，了解他们的需求和期望，并给予适当的指导，帮助他们更好地融入团队。

五、新员工入组后团队融入及心态引导

在新员工入组前，为确保他们能够顺利融入团队，班组长需要细致推进以下准备工作。首先，应提前对新员工的信息进行全面梳理，结合培训师提供的交接表建立完整的档案。这些信息包括员工的家乡背景、年龄、生日、以往工作经验等，目的是让班组长能更好地了解新员工并在日常中给予关怀。同时，班组长需在团队内部提前开展宣传，营造欢迎和支持的氛围，鼓励团队成员积极接纳新同事，提供帮助，并杜绝任何负面讨论。此外，班组长需要精心挑选

带教导师，确保新人和导师能够同步工作和休息，并安排座位相邻，便于指导和交流。在此基础上，与带教导师充分沟通新员工的情况，以便导师能够有针对性地提供辅导，帮助新人快速适应工作环境。

（一）推进新员工快速融入团队

在新员工入组当天，可以组织一个正式的欢迎仪式。班组长需要先根据新员工的背景和信息进行详细介绍，为新员工的自我介绍营造轻松的氛围。通过寻找新员工与团队成员的共同点，如家乡、毕业院校或兴趣爱好，促进彼此之间的亲近感。午餐时间，班组长可安排新员工与带教导师共进午餐，通过轻松的非正式交流，分享趣事或答疑解惑，帮助新员工快速适应环境。入组后一周内，班组长应鼓励带教导师与新员工每天共进午餐，并邀请其他团队成员参与，增进团队成员间的情感连接。

此外，班组长还可以通过座位穿插安排，让新老员工相邻而坐，特别是将新员工安排在性格外向、善于沟通的老员工旁边，帮助激发新人的积极性和热情。

在入组当天下班前，班组长需要与新员工进行第一次沟通，了解其状态和是否存在需要帮助的难点。在第一个月内，班组长应每周与新员工进行沟通，帮助解决问题并跟踪适应情况。在新员工逐步稳定后，沟通频率可以调整为每月1~2次，持续提供支持并跟踪员工成长情况。

（二）以多种方式引导新员工心态正向发展

为了引导新员工保持正向的心态，班组长可以从尊重与信心建设入手，通过日常观察发现新员工的优点，并在晨会或夕会上进行公开表扬，帮助他们建立信心。同时，也要肯定带教导师的辛勤付出，促进师徒间的正向互动。对于新员工的不足或异常表现，班组长可以采取一对一辅导的方式，在轻松的环境中给予指导，帮助他们逐步改进。此外，可以通过分享优秀新员工的成长案例，用他们从入组初期到取得进步的具体数据，激励新员工看到自己的潜力，让他们感受到成长的可能性。

在此基础上，班组长可以通过数据分析向新员工展示团队中其他新人的绩效和收入情况，帮助他们对自己的发展和收入增长有一个明确的预期。同时，可以分享团队中往期晋升人员的成功故事，用真实案例为新员工指引职业发展方向，增强他们对未来的信心。

为了进一步激发动力，班组长还可以鼓励新员工在小组中选定一位榜样，设定挑战目标，并通过竞争挑战结合物质奖励，激发他们的竞争精神和努力意愿。此外，管理岗可以通过分享自身或团队的真实经历，将可能的困境代入真实场景，引导新员工正向思考，并提供必要的支持。这些方法能够帮助新员工快速树立目标、激发动力，并以积极的心态应对工作中的挑战。

在管理新员工的过程中，我们常常会遇到他们因工作压力或环境适应不佳而感到迷茫甚至失去动力的情况。作为班组长，不仅要关注他们的工作表现，更要及时察觉他们的情绪变化，主动给予支持和引导。有时候，一个真诚的分享或一次温暖的对话，可能会成为他们坚持下去的力量。

接下来，和大家分享一个实际案例，讲述如何通过细心观察和共情沟通，帮助一位新员工走出困境并重拾信心的经历。

案例

一位新员工刚加入项目组时，就面临着双重压力——既要应对加班的强度，又因为家住较远，每天还要忍受长时间的通勤。这种状况让她感到力不从心，工作时显得无精打采。作为班组长，我细心地注意到了她情绪上的变化，觉得有必要找机会和她聊聊，帮助她走出低谷。

有一天，下班后我邀请她一起步行了一段路，趁着这个轻松的环境，分享了我自己曾经的经历。我坦诚地告诉她，其实我也经历过类似的挫折和困难。在备考公务员失败后，我陷入了长达半年的迷茫期，那段时间没有找到任何满意的工作。后来终于有了机会进入一家公司，但每天需要花4个小时通勤，还经常加班到晚上十一二点才能回家。当时没有地铁，只能选择打车，既花钱又影响休息。有一段时间，我每天早上6点起床，晚上回家时已经筋疲力尽，但我告诉自己必须坚持下来。

在这样的状态下，我努力工作了6个月，最终顺利转正。虽然那段时间我瘦了16斤，但我从来没有后悔过，因为那些努力换来了今天的成长和成就。回头来看，我感激那段时间的自己，感谢自己没有轻易放弃。

当我讲完这个故事时，我能感受到她眼中的敬佩和触动。她对我说：

> "班组长,您真的很坚强,也很了不起。"我也趁机鼓励她,告诉她坚持的意义和成长的价值。她最终下定决心,不再因为暂时的压力而退缩,而是选择调整自己的状态,勇敢面对挑战。这个经历让我更加明白,一个小小的分享和真诚的鼓励,能对员工的心态和行动带来多么大的改变。

通过这些方法和案例,我们可以看到,细心观察、真诚沟通以及针对性辅导,对新员工的成长和融入具有非常重要的意义。作为班组长,不仅要关注新员工的工作表现,还需要深入了解他们的情绪变化和背后的原因,及时给予支持与引导。无论是通过精心设计的团队活动,还是一次简单而温暖的谈话,都能够有效增强新员工的信心和归属感。

六、新员工爬坡期的业务提升赋能及支撑

在制订新员工的成长爬坡目标计划时,不仅要明确目标,还要梳理需要重点推进的工作事项,确保新员工在各个阶段都能高效成长并达成预期目标。图7-2展示了三个方面的推进思路和方法。

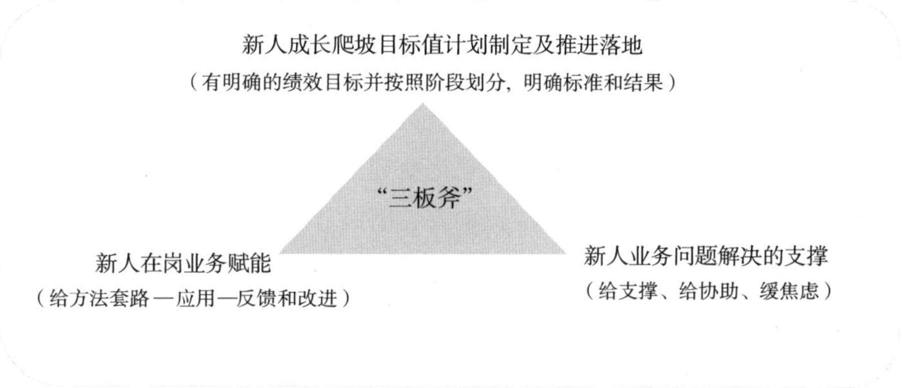

新人成长爬坡目标值计划制定及推进落地
(有明确的绩效目标并按照阶段划分,明确标准和结果)

"三板斧"

新人在岗业务赋能
(给方法套路—应用—反馈和改进)

新人业务问题解决的支撑
(给支撑、给协助、缓焦虑)

图7-2 新员工爬坡期业绩提升保障"三板斧"

(一)新人成长爬坡目标值计划和重要事项清单

班组长需构建新人成长的阶梯式爬坡目标计划,设定清晰的阶段性目标和考核标准,并明确每个阶段的达成时间。除此之外,还要为新员工制定详细的成长路径图,让他们能清晰了解自己的发展方向。带教人员需与新员工同步了

解并执行这些目标，共同推进成长。

建立新人日报告系统，实时记录和分析新员工的工作表现数据。对于未达预期的员工，需及时跟进，制订改进计划，由带教导师进行一对一辅导，帮助他们尽快提升。

在新员工入职的首月，建立固定的新人专项班后会制度。每日班后会对当天的问题进行复盘，强化关键注意点的培训，并在次日上线前进行100%抽测，确保问题得到解决。新员工的班前会和班后会内容应区别于老员工，针对其特点进行专项宣导和培训。

班组长可组织在岗业务赋能活动，针对新员工的业务问题提供具体解决方案。对于无法独立解决的问题，可纳入赋能计划，进行专项辅导。

在新员工入职后的第1至4周，分别进行阶段性验收，验收形式包括笔试、机试和角色扮演等。根据验收结果调整培训计划和带教策略，确保新员工能够快速融入团队，并逐步提升个人能力。

（二）新人爬坡期的在岗业务赋能

在新员工入组前，班组长需要提前制订详细的赋能计划，确保"谁来教、教什么、如何教、如何检核"都能够有条不紊地推进。

首先，在导师的选拔与安排上，可以延续试接续阶段的带教导师，继续负责新员工的赋能工作；也可以选择那些经验丰富、有耐心且责任感强的导师。同时，为了避免带教中出现空档期，还需要建立补位机制。比如，当导师休息或因特殊原因无法及时响应时，应提前安排替补导师，保障新员工能够随时获得指导。对于升级问题，则需管理岗及时介入，提供必要支持。

在赋能内容的设置上，需要聚焦两个关键点。首先是巩固新员工的重要知识与技能，比如试接续阶段发现的技能薄弱点，以及历史上常见的难点问题（如操作问题或话术解答）。其次是解决新员工的实时业务问题。班组长可以通过收集新人周度数据表现和共性问题，整理业务场景中的具体难点，反馈给培训师制订后续计划，再由带教导师进行专项辅导，确保问题能够及时解决并强化学习效果。

为了保障带教的教学质量，培训过程中必须注重实践和互动。培训资料应尽量使用案例、录音和会话等真实素材，减少单纯理论讲解。同时，培训方式需要加入演示、实操和边教边练的环节，确保新员工真正掌握技能。带教导师还需每日收集新员工的问题，并在当天进行回顾解决，次日进行抽检确认，确保关键问题得到反复强化。此外，将这些问题整理沉淀到阶段性验收题库中，形成可复用的资源。

最后，对带教导师和新员工的成果检核也是关键。导师需每日记录辅导内容，新员工则需总结学习情况并记录提问清单，避免重复性问题的出现。在成果验收上，通过考试、现场演练以及数据监控等方式，全面检核新员工的掌握情况。班组长和导师可以通过抽检录音和跟踪实际业务表现，确保每位新员工都能在实践中稳步提升，真正实现业务能力的落地和成长。

项目组及班组还应持续构建并丰富团队的学习资源库（见表7-5），为新员工提供全面、系统且易于获取的学习资源，从而支持他们在工作中的快速成长。一个强大的学习资源库不仅能够满足新员工的日常学习需求，还可以为团队的整体培训和赋能计划提供长期支撑。

表7-5 建议提供的新员工学习资源清单

序号	学习资源说明
1	业务知识库
2	培训资料和文档：提供详细的培训资料和相关文档，方便新人复习和深入学习
3	老员工业务经验总结资料
4	在线学习平台：利用在线学习平台搭建培训课程，方便学员灵活学习
5	培训师针对聚类问题梳理评判指南
6	录音/会话的案例资源库
7	常见问题及解答方法话术

（三）新员工的业务支撑

在新员工实时问题解决支撑方面，需要确保支撑人员的配比充足，同时带教人和班组长不仅要提供业务上的支持，还要关注新员工的情绪状态并及时疏导。特别是在新员工面临独立处理问题或高压场景时，带教人和班组长的及时介入和指导显得尤为重要。

1. 提供常见问题的话术模板，帮助新员工快速应对

新员工往往会在面对复杂问题时感到无所适从，因此需要提前为他们准备好常见问题的话术模板。带教人可以详细向新员工讲解这些模板的使用方法和注意事项，让他们在关键时刻能够灵活应对。对于在线业务场景，可帮助新员工提前设置快捷话术工具，以提高后续响应速度，减轻处理压力。

同时，要让新员工明确遇到问题无法解决时的处理流程。班组长应为新员工提供一份常见需要报备的情况清单，帮助他们识别哪些情况需要及时向带教人或班组长求助。这不仅能减轻新员工的心理负担，还能提升问题的解决效率。

2. 主动观察与介入，及时发现新员工需求

带教人和班组长都应主动关注新员工的状态，通过观察新员工的表情、语调、通话时长及解答内容，判断其是否需要协助。例如当新员工在接听来电时表现出情绪紧张或处理问题不流畅时，支撑人员需迅速介入并给予支持。

下面是一个案例分享。

> **案例**
>
> 张明是一名呼叫中心的新员工，这是他第一次独立值晚班。当晚，他接到了一通复杂的客户来电，问题超出了培训范围，张明尝试解决但未能让客户满意，表现出明显的紧张情绪。
>
> 班组长李华观察到张明语速加快且神情焦虑，立即走到他身边安抚情绪，并戴上二分线耳机与张明共同处理问题。她通过实时指导帮助张明顺利化解了客户的不满。下班后，李华进一步与张明进行了沟通，告诉他这些挑战是成长的一部分，并给予了充分的鼓励。由于张明错过了地铁，李华还主动开车送他回家，确保他的安全。这样的举措不仅解决了当晚的问题，也让新员工感受到来自团队的支持和关怀。

在提供业务支撑时，带教人需注意引导方式，不能仅仅满足于帮助新员工解决问题，更要注重培养他们的独立思考能力。可采取以下措施：

·常见问题汇总表：带教人需制作一份常见问题的汇总表，要求新员工在

提问之前先查阅表格，逐步养成独立解决问题的习惯。

·教学解答思路：针对基础业务问题，带教人需教会新员工解题思路和如何借助知识库查找答案，而不是直接提供答案。通过这种方式，新员工可以更快地掌握业务技能并学会举一反三。

·避免重复问题：如果新员工习惯性重复咨询同一问题，带教人需与其沟通，分析为何之前的问题没有自行总结。可以建议新员工建立一份问题咨询表，记录提问的问题及对应答案，便于后续参考。

通过以上措施，可以有效帮助新员工解决实际问题，同时培养他们的独立性和自信心。班组长和带教人还需在每日工作后进行总结，与新员工沟通当天收获，强化效果。

第三节　员工的激励关怀

大家都知道，激励对于提升员工的工作热情和满意度非常关键，而这又直接影响到我们客户服务的质量以及班组的运营指标。

首先，我们来看为什么激励很重要。在日常工作中，一线坐席的工作压力和疲劳感其实是非常大的。如果员工在工作中感受不到认可和支持，积极性自然会受到影响。而通过有效的激励，我们可以帮助员工缓解压力，提升他们对工作的投入度，从而让客户满意度和班组运营效率都能稳步提升。

需要注意的是，这些激励方式并不是"一刀切"的。为什么呢？因为我们团队里的每个人都不一样。大家在年龄、家庭背景、职业规划等方面各有不同，对激励的需求和偏好也会有差异。有些人可能更在意物质奖励，比如奖金；而有些人可能更看重个人成长，比如培训机会。所以，大家在设计激励方案时，一定要做到因人而异、灵活多样。

一、标杆激励：班组长首先自己为员工树立标杆

在班组管理中，班组长的作用至关重要，不仅是团队的领导者，更是团队的榜样和标杆。班组的整体氛围、工作效率以及成员的凝聚力，很大程度上都受到班组长的影响。因此，一个优秀的班组长，不仅需要具备专业能力，还要在行为、品德和工作品质上为团队树立榜样。下面，我们从行为标杆、品德标

杆和工作品质标杆三个方面具体探讨班组长如何通过自身的努力和表现，激励团队不断向更高的目标迈进。

（一）行为标杆

班组长在日常工作中，需要用实际行动为团队树立行为标杆，让团队成员有明确的参照方向。

第一点，非常基础但极为重要——守时守信。班组长的准时，就是对团队时间的尊重。无论是开会还是处理日常任务，我们必须做到提前到场，准时完成自己的工作。试想一下，如果班组长经常迟到或者任务拖延，团队成员是不是也会跟着降低标准？因此，我们必须通过自己的行动，向团队传递一种责任感和敬业精神。

第二点，在沟通时，班组长一定要做到冷静、理性，用事实和数据说话。避免情绪化的表达，尤其是在问题多、压力大的时候，冷静的沟通能有效减少误解，提高团队的执行效率。

举个例子，如果团队的目标没达到，班组长可以这样说："根据我们的数据，某某指标的偏差是因为 XX 原因，我们接下来可以尝试 XX 方法。"这样的沟通方式既具体又建设性，避免了情绪化指责。

第三点，情绪管理非常重要。你的情绪会直接传递给团队成员。在高压环境下，团队难免会遇到困难或挑战。如果班组长能够保持冷静、从容面对问题，就能带动团队稳住局面。

比如，当面对紧急任务时，你可以用积极的态度激励团队："虽然时间紧任务重，但我们分工明确，一定能按时完成。"你的信心和稳定会让团队更有力量。

第四点，班组长是团队规范的执行者，同时也是践行者。在日常工作中，我们要严格遵守团队的规则，比如考勤、流程、质量标准等。这不仅仅是为了合规，更是为了给团队成员树立榜样。更重要的是，班组长还需要积极参与规范的制定和优化，向团队成员传递"规则不是束缚，而是效率的保障"这样的理念。

第五点，最后一点，也是最核心的一点——兑现承诺。班组长的信誉，是靠每一次说到做到积累起来的。对于承诺的事项，我们必须全力以赴完成。如果遇到困难，也要及时沟通，告知团队："我正在努力解决这个问题，目前进展如何、还有哪些挑战。"当团队成员看到你对承诺的重视，他们也会用同样的态度对待自己的工作和目标。

下面是一个案例分享。

案 例

有一次，在晨会结束后，班组长注意到现场响起了手机铃声。他前往储物箱检查，并询问是哪位同事忘记将手机调至静音或振动模式。出乎意料的是，他发现这部手机竟然是自己的，因疏忽未设置为静音状态。意识到自己的失误后，他立即将手机设置为静音，并维护了现场秩序。

在当天的午会总结阶段，班组长主动向团队坦白了这件事，并承认自己的疏忽。他表示，作为班组长未能以身作则，是严重的失职，因此愿意接受双倍的自我惩罚——当众完成40个深蹲。这一行为展现了他律人先律己的责任意识，也传递出遵守规定的重要性。

通过这次事件，班组长不仅赢得了团队成员的尊重和信任，更向团队传递了一个强烈的信息：遵守规定是每个人的责任，而身为班组长，更应该以身作则，带头执行。这一举动让团队成员深刻认识到榜样的力量，激励他们更加自觉地遵守工作规范。在这样的氛围下，班组不仅能够提升团队凝聚力，还能创造一个更加高效、和谐的工作环境。

（二）品德标杆

班组长的角色不仅是管理者，更是品德的榜样。作为团队的核心，班组长需要展现高尚的职业道德和强烈的责任感，以实际行动影响团队的整体文化和行为规范。通过树立榜样，可以为团队营造出一个和谐、公正、充满信任的工作环境。

在班组管理中，做到公平对待每一位组员是至关重要的。大家需要感受到被尊重和公平对待，这就要求我们首先做到以下几点：

· 不偏袒任何人，也不歧视任何人。

· 在管理中，坚持公平和透明的原则，让每位成员都感受到公正和归属感。

・在工作分配和奖励机制上，确保公正合理，给每位员工展示自己能力和贡献的机会。任务分配和荣誉评定都应该基于客观标准，避免出现任何形式的不公平。这样，大家才会被激励起来，一起为团队目标努力。

其次，必须具备担当精神。在工作中遇到困难和挑战时，我们不能推卸责任，也不能将问题转嫁给他人，而是要主动站出来，解决问题。同时，对于团队成员的成果，班组长要给予充分的肯定和认可，绝不能将别人的成绩据为己有。担当不仅仅体现在日常工作中，还体现在支持团队的各个方面。例如，当团队面临业务挑战或指标未达成时，我们要主动提供帮助，甚至可以利用非工作时间为员工进行指导，展现出强烈的责任心。

在评价员工表现时，也必须以事实为依据，坚持客观公正，不要因为个人喜好而随意评判员工。通过尊重事实，合理评判，不仅能提升我们的公信力，还能让团队成员心服口服，营造公平的工作环境。

（三）工作品质标杆

首先要以高标准要求自己，确保每一项工作都按时完成、质量达标，体现出我们的专业精神和敬业态度。这不仅是我们的职责，更是对团队的一种无声激励。通过自身的勤奋和高效工作，为团队树立榜样，激励大家以同样的态度追求卓越。当班组长用实际行动去影响大家时，团队的整体工作效率和质量都会随之提高。

同时，我们必须认识到，专业能力是班组长的核心竞争力之一。大家需要不断更新业务知识，确保在专业领域始终保持领先水平。同时，也要鼓励团队成员不断学习新知识，适应工作中不断变化的需求。这不仅有助于团队任务的完成，也能帮助每个人在能力上取得提升。当团队成员的专业水平提高了，整个班组的实力自然水涨船高。

此外，一个出色的班组长，也需要具备良好的组织能力和细致的计划性。确保班组会议和日常工作流程顺畅，尽量减少时间和资源的浪费。与此同时，还要带领团队一起制定有挑战性的目标，并全力以赴去完成，甚至超越这些目标。通过自己的实际行动和优秀表现，为团队树立一个可以学习和追随的榜样。

一个班组的工作状态，往往是班组长工作状态的放大版。如果班组长勤勉、守时、从容、负责、专业、公正，团队成员就会向你靠拢，形成积极的工作氛围。这就是榜样的力量。

二、团队激励：调动团队激情和动力

团队激励是班组管理中一项非常重要的工作，它不仅能够调动团队成员的积极性，还能显著提升整体的工作绩效和协作水平。一个科学合理的激励方案，不仅可以解决团队中的实际问题，还能够增强团队凝聚力，为达成目标提供强大动力。为了更清晰地说明这一点，我们先跟大家分享一个真实的案例。这个案例充分体现了团队激励在实际管理中的效果，值得我们借鉴和思考。

> **案例**
>
> 在某项目小组中，团队整体的满意度数据长期偏低。经过分析，班组长发现，问题的核心在于大家的主动邀评量非常低。针对这个情况，班组长迅速行动，制定了一套满意度邀评奖励方案，具体包括以下三步。
>
> 设立奖励机制：对当月邀评量最高的组员给予礼品奖励，并在项目内部进行表扬，同时推荐其参与"服务之星"的评选，提升大家的荣誉感。
>
> 个性化辅导：班组长为每位组员进行一对一辅导，详细讲解邀评量对满意度提升和个人绩效的重要性，让每个人都清楚这个目标的意义。
>
> 目标细化，逐步推进：班组长还设置了一个小目标，鼓励大家每天比前一天多邀评5个电话，并形成良性竞争，看月底谁的表现最突出。
>
> 经过团队一个月的努力，不仅邀评量提升到了原来的3倍，整组的满意度还跃升为项目的第一名！

从这个案例中我们可以看到，一个成功的激励方案不仅需要解决团队面临的具体问题，还要充分考虑激励方案的设计和实施方法。只有设计科学合理、实施细致到位的激励方案，才能真正调动员工的积极性，推动团队的整体进步。那么接下来，我们就以这个案例为切入点，深入探讨团队激励方案如何设计和有效落实，以确保激励的效果最大化。

（一）如何设计团队激励方案

要想设计出针对性强、吸引力大的激励方案，需要结合团队的实际情况和工作目标，精准发力。以下是三种具体方法，供大家参考。

首先，我们可以基于关键绩效指标（KPIs）的达成情况，设计一些团队激励策略：

·排名激励：建立团队成员的指标排名机制，根据排名情况设置奖励，例如抽奖或差异化的奖励方式。对于表现优异或显著进步的成员，给予额外的奖励，这样可以让大家更关注业绩指标，同时激发全员的努力。

·内部竞赛：引入一些有趣的竞赛机制，比如"师徒竞赛"，将团队成员按照经验分成师徒两队，通过数据评比奖励表现突出的队伍，既增强了师傅的成就感，也提高了徒弟的学习动力。

·小队对抗赛：可以将团队分为若干小组，进行竞争比拼，优秀的小组可以获得奖励。通过这种形式，不仅能激发个人潜力，也能增强团队的活力和协作性。

其次，可以利用特殊日期和销售旺季，策划主题激励活动。特殊日期和销售旺季是激励团队士气的最佳时机，我们可以在这些时间点策划一些吸引力强的竞赛活动：

·节日主题竞赛：比如五一、十一、春节等重大节日，可以推出主题竞赛，增加工作的趣味性和挑战性。

·电商大促竞赛：在"双十一""618"等商家大促期间，设计竞赛活动，激发团队成员的拼搏精神和竞争意识，确保大家在关键时段全力以赴。

·高峰期激励：在业务量高峰期，可以策划针对性的激励活动，帮助团队在高压力下保持高效运转。通过这样的设计，既能缓解压力，又能让团队更有动力。

最后，我们还要注意激励的多样性和个性化。不同的员工有不同的激励需求，因此奖品方案可以更加丰富。通过多元化的奖品设计，可以更好地满足每位员工的需求，让激励真正起到作用。大家可以参考使用表7-6提供的奖品设置类型。

表 7-6　团队激励的奖品设置类型

序号	类型	详细说明
1	奖金激励	为完成特定目标的员工提供直接的奖金奖励，用最直接的方式激励团队成员努力达成目标
2	大转盘抽奖	通过设置抽奖环节，比如大转盘抽奖，为团队注入趣味性和惊喜感，让激励过程更轻松愉快，同时增强团队参与度
3	福利激励	当团队或个人 KPI 达到预设标准时，提供丰富的福利，例如带薪休假、文娱活动、专业培训名额等
4	对赌激励	设计带有挑战性的目标，员工自愿投入押金，达成目标则奖励翻倍，未达成则押金不予退还。这种方式增加了激励的刺激性和参与感
5	荣誉激励	设立荣誉奖项，对在业务指标、团队服务等方面表现优异的员工授予荣誉证书、称号或锦旗，打造积极向上的荣誉文化，激发员工的成就感和归属感

（二）如何做好团队激励活动的过程管控

如何做好团队激励活动的过程管控，确保其效果切实落地？接下来，将通过几个具体的方法和实际案例，与大家分享如何高效落实团队激励活动，确保其真正发挥作用。

激励活动离不开团队士气的维持，而士气激励可以贯穿一天的工作。每天的工作中，班组长可以通过四个环节来激励团队，保持高昂的工作热情：晨会时，用简短有力的讲话为团队鼓舞士气，明确当天的目标，激发大家的斗志；到了午会，通报各团队的业绩进展，让每个人清楚目标达成的情况，同时为下午的工作积蓄动力；夕会则是对一天工作的复盘，通过总结成果与不足，为接下来的工作提供改进方向；此外，在日常管理中，班组长要善于给予员工现场的认可和表扬，及时肯定他们的努力和付出，让大家始终保持积极的状态，全力以赴完成目标。

实时业绩反馈是保持激励效果的重要方法。可以将每小时的业绩数据实时公布在团队群里，用数据图表直观展示每个人和团队的进度。对于业绩落后的成员，及时提供反馈和指导，帮助他们调整工作节奏、优化工作方法。通过这种方式，不仅能细化每小时的完成情况，激发大家的自我管理和提升意识，还能营造出积极向上的竞争氛围，让团队成员在良性竞争中不断进步。

团队的凝聚力是激励活动能否发挥效果的关键所在。通过倡导一种互帮互助的文化，鼓励员工之间主动分享经验、相互支持，不仅能让每个人在合作中成长，还能增强团队的整体协作能力。这样一来，团队资源得以更好地共享，工作效率和凝聚力也会大幅提升。

接下来，我们分享一个真实案例，展示如何通过团队激励活动的过程管控实现卓越的绩效提升。

> **案例**
>
> 在某项目团队中，为了确保满足服务水平要求，班组长设计并实施了一项兼具趣味性和竞争性的激励活动，具体如下。
>
> 设计趣味性活动：班组长结合团队特点，推出了一个转盘抽奖模式活动。员工根据关键指标的排名获得抽奖资格，然后通过转盘抽取丰富多样的奖品。这种趣味性活动既增强了激励的吸引力，也激发了大家的参与热情。
>
> 全面宣传和沟通：班组长利用晨会和内部通讯工具，多次向团队宣传活动的目的、规则和奖励，确保每位员工都了解并积极参与。
>
> 实时通晒业绩：班组长每天更新并公示个人和团队的业绩完成情况，用可视化图表展示排名，帮助员工实时掌握自己的表现和团队进展。
>
> 表彰和奖励：根据每日的关键指标完成情况，评选出表现优秀的员工，授予抽奖资格。抽奖活动在固定的时间进行，所有员工共同参与，增强了活动的透明性和趣味性。
>
> 通过这次激励活动，项目团队不仅达成了所有目标，还超额完成了任务。同时，员工之间的沟通和协作更加紧密，团队氛围也变得积极向上。这个案例充分说明了：激励的过程管控，如实时数据反馈、表彰与透明的奖励机制，是确保活动效果的关键。

三、荣誉激励

在设置荣誉激励时，我们要精心设计一套多元化的荣誉体系，目的是让团队中更多成员的努力和贡献得到认可。比如，既可以设置"最佳业绩奖"，也可以设置"最佳协作奖""创新贡献奖"等，覆盖更多维度，确保不同类型的优秀表现都能被看到、被表彰。这样的荣誉体系能够更好地激励每个人根据自身的优势和能力去发挥。

荣誉激励的效果，不仅在于奖项本身，还在于公开化和仪式感。比如，我们可以通过张贴海报、颁发奖杯或悬挂红旗等形式，增强荣誉的庄重感和影响力。此外，专门举行颁奖仪式，让全体成员共同见证获奖者的荣耀，这不仅是对他们成就的公开认可，更是一种对团队士气的全面鼓舞。这样的仪式感可以让获奖者感到更大的自豪，同时也激励其他员工向榜样学习，形成一种追求卓越的团队氛围。

接下来，让我们一起来了解一些有效设置荣誉激励的方法（见表7-7）。

表7-7 荣誉激励设置参考清单

序号	荣誉名称	奖励对象及奖励方向的参考
1	服务之星	如满意度在某周期内排名第一
2	绩效之星	如月度绩效指标最佳人员
3	执行之星	如某专项工作方面执行速度和成效最佳人员
4	效率之星	如话务/会话处理效率最高，且质量也达标人员
5	大单王	如某周期内成单金额最高，且达到一定标准人员
6	首单奖	如某周期内首笔成交的人员
7	优秀录音奖	如提报优秀录音成立、客户主动表扬成立

（1）围绕绩效指标的荣誉激励。在制定荣誉激励机制时，要结合项目的实际情况，合理设定激励的周期和评定标准。这一点非常关键，因为只有将荣誉激励与项目目标紧密结合，才能真正发挥它的作用。

（2）围绕进步提升的荣誉激励。可以设立一些围绕成长与发展的荣誉奖项，重点表彰那些在不同领域取得显著进步的员工，鼓励大家不断超越自我。

例如：

·成长飞跃奖/进步之星：奖励在关键绩效指标（KPIs）上实现同比最大涨幅的员工，表彰他们的显著进步和优秀表现。

·追赶拼搏奖：授予那些排名相对靠后但通过不懈努力大幅提升业绩，甚至超过预设目标的成员，鼓励他们的追赶精神。

·优秀新人奖：为入职三个月内的新员工设立，奖励在特定指标上表现突出的新成员，赋予他们荣誉头衔，肯定他们的努力和潜力。

（3）围绕个人认真和努力的荣誉奖励。工作中，专注与勤奋是团队进步的基础，可以通过以下荣誉表彰那些兢兢业业的员工：

·勤劳奖（"小蜜蜂"奖）：奖励那些每天早到晚走、坚守岗位的员工。比如设置流动红旗作为象征性奖励，让大家感受到认可和尊重。

·热心奉献奖：授予那些乐于助人、积极参与团队管理工作的成员。例如，主动帮助同事解决问题、支持5S管理的员工，可以通过这个奖项表彰他们的无私奉献和团队精神。

（4）围绕新人培养和经验分享的荣誉奖励。团队的发展离不开人才的培养和经验的传承。针对这一点，可以设置以下荣誉：

·新人培养贡献奖：奖励那些在辅导新员工方面表现优异的"师傅"。他们不仅主动提供帮助，还能确保新员工快速适应团队并实现良好业绩，推动团队的稳定发展。

·经验分享奖：表彰那些能够系统梳理经验并分享给团队成员的员工。他们通过工具化的方式帮助团队整体提升能力，是团队知识沉淀和传承的重要推动者。

（5）为了激发团队中个性鲜明员工的潜力，我们还可以设计一些具有趣味性和独特性的奖励，强化团队凝聚力和融合度。举个例子，某班组有两位员工喜欢在完成工单后"闲逛"，班组长灵活应对，为他们设计了特别头衔：

·"纪检委"：负责检查团队现场制度是否合规，确保现场管理规范。

·"业务专家"：协助尾端员工审核工单，解答疑难问题，同时帮助提升团队效率和质量。

这样的设计既让员工有了明确的目标和责任，也让他们的行为更有价值，团队的氛围也因此更加融洽。

通过设立多元化、覆盖广泛的荣誉激励活动，我们不仅能表彰优秀员工，还能激励更多人积极参与到团队的发展中。无论是围绕进步提升的激励，还是针对个人努力、团队贡献或特色行为的奖励，都能有效激发团队的热情和潜力。

四、用尊重来激励和留人心

尊重，不仅是与人相处的基本原则，更是班组管理中激励成员、留住人才的关键。一个充满尊重的班组文化，能够让成员感受到自己的价值被认可，同时激发他们的积极性，共同推动班组的成长和成功。接下来，将从几个具体方面和大家分享如何在日常管理中体现对员工的尊重。

首先，在公共场合一定要注意维护员工的自尊。无论面对什么问题，都要避免在他人面前公开批评或呵斥员工。如果需要沟通问题，可以选择私下交流，用温和而尊重的语气与员工沟通。这样的做法不仅保护了员工的自尊心，也能更好地解决问题。

在与员工交流时，言辞是最直接的表达方式，要特别注意：避免使用带有贬低、质疑或指责的语言，尤其是面对员工出现错误时，不要急于批评。我们应该耐心了解情况，分析原因，然后提出建设性的建议。这种方式不仅更有效，还能让员工感受到被尊重。

尊重还体现在沟通时的态度上。在与员工对话时，要全神贯注于他们的发言，不要分心去处理其他事务，比如查看手机或回复信息。认真倾听他们的想法，给予适当的回应，同时避免随意打断对方，这样才能建立良好的信任关系。

作为管理者，也要鼓励员工积极表达自己的观点。主动询问他们的想法，并认真对待他们的反馈。如果员工的建议具有建设性，尽可能采纳并实施，这不仅体现对员工智慧的尊重，还能让他们对团队更有归属感。

每个员工的成长速度和性格特点都不一样，这需要我们去理解和尊重。无论是学习新技能还是适应新的工作，只要员工在努力，就应该多一些耐心，给予信任和鼓励。同时，对他们的每一点进步都要及时表扬，因为这样的正面反馈能让员工更有动力，持续进步。

最后一点，也是至关重要的一点，就是保护员工的隐私。对员工的个人信息要严格保密，绝不擅自泄露或在他人面前讨论与隐私相关的内容。这样的做法能够让员工感到安全和被尊重,进一步增强员工对班组的信任感。

当我们在日常管理中做到尊重员工的个性、努力和贡献时,员工才会愿意留在团队中,并为团队的成功而全力以赴。

五、赞美激励和信任激励

每个人都有成功的潜力,而是否能够真正成功,往往取决于我们周围的人是否用鼓励、信任和期望去对待他。这些看似简单的行为,实际上能够对一个人的成长和表现产生巨大的影响。这里有一个非常有趣的心理学现象,叫作"皮格马利翁效应",也被称为罗森塔尔效应。它的核心是:热切的期望和赞美能够创造奇迹。

美国心理学家罗森塔尔曾经做过这样一个实验。他到一所学校,随意从每个班级选出3名学生,共18人,并告诉校长:"经过科学测定,这18名学生是高智商人才,未来非常有潜力。"实际上,这些学生并没有经过任何特别的测验,仅仅是随机挑选的。

半年后,他回到学校,发现这18名学生确实表现优异,不仅在学业上脱颖而出,而且在其他方面也取得了很大的进步。后来,这些学生也在不同的岗位上取得了卓越的成就。这就是罗森塔尔效应的真实体现:当人被赋予更高的期望时,他们会通过努力让自己的表现更接近他人对自己的期待。

在我们的班组管理中,无论是赞美还是信任,它们都是激发团队潜力和提升士气的关键手段。下面,将结合具体的方法和案例,与大家分享如何通过这些激励方式真正为团队赋能:

· 赞美激励。用真诚的赞美赋予员工力量。每个人都渴望被认可,赞美不仅能增强员工的信心和动力,还能塑造一个积极向上的团队文化。那么,如何通过赞美激励更有效地激发员工的潜力呢?大家可以试试这个简单又实用的表达方式:具体优点 + 具体行为 + 公开表扬。如针对进步员工的鼓励:

示例一:我就相信你可以做到!今天的表现证明了这一点,希望你更加相信自己!

示例二:你的数据有了明显提升,原来你一直藏着大招啊!继续放大招,别停!

·信任激励。用真诚的信任激发员工潜力。信任激励的核心在于让员工感受到你的支持和期待,从而激发他们的潜能。心理学有一句话叫"尺有所短,寸有所长",它提醒我们:每个人都有自己的长处和短板。作为管理者,我们需要学会看到员工的闪光点,给予他们信任和包容。

如展示对员工能力的认可,让他们感受到被重视:

示例:你是一个非常细心和负责的人,我很放心把这件事情交给你!

对员工的错误保持包容,鼓励他们从失败中学习。示例:即使你在工作中有些失误,我依然相信你能从中总结经验,下次做得更好。

如针对表现暂时落后的员工,给予他们成长的时间和支持:

示例:最近你的成绩还没有达到预期,但我一直相信你有能力做好。有困难随时说出来,我们一起解决!

接下来,和大家分享一个真实案例,看看如何通过信任激励和针对性指导,帮助一位员工实现从困境到突破的转变。

案 例

在某项目中,一位员工满意度表现不佳。班组长发现,他的问题在于沟通时缺乏共情,虽然专业,但显得机械化,无法让顾客感受到温度。

针对这一点,班组长采取了以下措施:

·表达认可与信任:告诉员工他的专业能力是值得肯定的,同时指出提升的方向。

·提供针对性指导:每天安排20分钟的模拟话术培训,细致地教他如何与顾客沟通。

·及时给予正面反馈:每当员工有进步时,都及时表扬,强调他的努力得到了认可。

最终,这名员工在一次疑难案件处理中,用学到的沟通技巧设身处地为顾客着想,赢得了顾客的五星好评。他的表现得到了团队的高度评价:"服务特别热情,值得我们学习!"

这一成功经历让员工变得更加自信,处理工作更加得心应手,形成了一个"信任—努力—成功—自信"的良性循环。

六、情感激励——把温暖送到员工的心坎里

在班组管理中增添人情味,是提升团队凝聚力和员工归属感的重要手段。每一位员工都希望在充满温暖和关怀的环境中工作,因为这种氛围能够给予他们精神上的慰藉和情感上的满足。接下来,将从四个具体的方面与大家分享如何在日常管理中注入人情味,打造温馨、团结的班组文化。

(1)记住员工的重要时刻,并在这些时刻表达祝福和关注,可以让他们感受到被重视:

·生日祝福:在员工生日时,可以准备一个小蛋糕,写上走心的祝福卡片,或者在早夕会上为他们唱生日歌,营造温暖的氛围。

·入职周年祝福:在员工转正或入职周年时送上祝福,让他们感受到你对他们职业成长的关注。

·关注员工喜好:记住员工的兴趣和特长,在日常聚餐、下午茶中有针对性地安排,让员工体会到你对他们的了解和关心。

(2)关心员工的身体健康是人情味管理的重要体现。当员工因身体原因请假时,首先表达关心,而不是直接强调请假对工作的影响,让员工感受到被理解。为生病的员工送上一杯热水,哪怕是小小的举动,也能温暖人心。

(3)在日常管理中,关注员工的情绪和状态也是展现关怀的重要方式。比如,在重大节假日,可以通过发送祝福短信、手写卡片或者为值班员工订购饺子等方式,布置充满节日氛围的职场,让员工感受到浓浓的节日温情。同时,在遇到特殊天气时,及时提醒员工注意防护,并贴心提供热饮或防暑用品,这些细节能够有效传递管理者的关怀。此外,当员工因为顾客刁难或指标不达标而情绪低落时,要第一时间给予理解和支持,肯定他们的努力,帮助分析问题并找到解决办法。如果员工因为生活或感情问题而受到影响,也要及时关心,适当调整工作安排,并持续关注他们的恢复情况。通过这些贴心举措,员工能够感受到管理者的支持和温暖,从而更加积极投入工作。

(4)定期开展团队活动,也是增强凝聚力和黏合度的好方式。每月组织一次集体活动,比如一起去吃饭、唱歌或参加户外运动等,让员工在轻松的氛围中拉近彼此的关系,打造一个充满温暖和活力的团队。表7-8展示了一些团建活动的组织方式,大家可以参考。

表 7-8　团建活动组织方式参考

序号	可以参考的团建安排
巧用公司的团建活动	（1）带领班组员工集体报名参加公司运动会，尽可能协调班次安排，确保大家有机会参与。即使人数受限，仅派代表参赛，也可以全组一起为他或他们出谋划策、加油助威。取得成绩后，团队的士气会大大提升，同时也能增强班组的团队精神和凝聚力 （2）在公司组织的公益活动（如山上捡垃圾）中，带领休息班组集体参与。在活动中，成员们可以通过聊天破冰，拉近彼此关系，了解对方的家庭和生活情况，同时拍合影留念，记录下共同努力的美好瞬间，进一步增进团队的凝聚力和归属感 （3）当公司举办摄影大赛时，班组可以推举一名员工参赛，全组一起为其助力，动员亲朋好友投票。比赛过程中，通过集体参与和取得成绩后的共同庆祝，让团队共享成功的喜悦，进一步增强协作和团结精神
巧用地理位置团建活动	（1）利用公司周围的小公园组织班组徒步活动或竞技游戏。通过这些轻松有趣的活动，既能锻炼身体，也能促进团队成员之间的互动和沟通 （2）申请公司的培训教室，组织桌牌类游戏活动。这不仅能够活跃氛围，还能通过游戏考验员工的洞察力、逻辑推理能力、观察力、沟通表达能力以及情绪管理能力，为团队管理提供有价值的观察和启发 （3）利用公司食堂定期举办"组内家庭日"。当天上班的每位员工可以带来一道拿手菜，大家围坐在一起共享美食、聊天拉家常。这种形式不仅增添了团队的温馨感，也能加强员工之间的情感联系，营造出家的氛围

七、引导员工为自己奋斗

如何让员工在工作中找到自己的价值和成长方向？其实，工作的意义不仅仅是完成企业的目标，更是帮助个人成长和发展。在努力追求卓越工作绩效的过程中，我们每个人都在不断锻炼沟通能力、提升协调能力，以及增强解决问题的本领。可以说，每一项工作任务都是一次学习和进步的机会，让我们不断积累经验，提升职业素养，变得更优秀、更有价值。接下来，将和大家分享三个关键方法，帮助员工在日常工作中找到更多价值感和归属感。

第一个方法是确保每位员工都享有知情权和参与权，让他们的声音被听见、被尊重。可以通过组织主题圆桌会议、意见分享会等平台，让员工发表意见，提出建议。

在这样的环境中，当员工的观点被认真采纳时，他们会感受到自己是班组中不可或缺的一部分，从而激发出更大的工作热情和归属感。这不仅增强了团队的协作，也让员工体会到，他们不仅是在"为企业工作"，更是在实现自我的价值。

第二种方法是通过合理授权，为有潜力、有创意的员工创造一个自主发挥的平台。赋予员工特定的任务和决策权，让他们能够在更大的范围内施展自己的才能。这样一方面可以让员工在工作中找到成就感，另一方面也能够激发他们的潜能，为团队贡献更多智慧和力量。

举例：某项目班组为了提高迟滞业务的关键指标（CPD 和满意度），特别针对老员工设计了授权激励：

员工 A：共情话术能力特别强，满意度常年第一，被授权负责不满意复盘中的沟通话术改写，并输出相关解决方案。团队称他为"语仙"。

员工 B：业务知识扎实，对质检要求了如指掌，被授权负责群内疑难问题的解答，被大家称为"大神"。

员工 C：细致严谨，爱挑毛病，被授权协助管理现场秩序，每小时巡场，发现问题及时纠正，被戏称为"纪检委"。

通过这样的授权，员工不仅找到了个人价值，也让整个班组的效率和氛围得到了显著提升。

第三个方法是引导员工在日常工作中设定个人发展目标，帮助他们将工作与自身成长紧密结合。鼓励员工在工作中不断积累阶段性成果，让他们看到自己的进步，感受到成长的喜悦。通过不断的目标达成，员工会培养出自豪感和成就感，从而更加自信地面对未来的挑战。例如，我们可以鼓励员工每月复盘自己的工作表现，找到提升的点，让他们看到从普通任务到完成目标之间的成长过程，这种持续进步会让员工更加坚定地追求自我突破。

通过参与激励、授权激励和引导个人发展目标，能够帮助员工更深刻地认识到工作的意义，并找到自己的价值。在这种以成长为导向的管理模式下，员工不仅能够实现自我突破，还会对班组产生更深的归属感和团队精神。

第四节 员工防流失管理

员工流失一直是班组管理中的一大挑战。无论是新员工的频繁流失，还是老员工的稳定性问题，都会对团队的效率、服务质量和士气产生深远影响。因此，如何有效管控流失率，成为班组管理的核心议题之一。

本节我们将从流失预警、历史流失数据分析、离职挽留、新员工的防流失策略、老员工的防流失策略等多个角度，系统地探讨如何通过科学的管理方法和人性化的关怀，最大限度地减少员工流失率，稳定团队，为项目的持续健康发展提供有力保障。

一、定期和不定期的流失预警

大家需要通过主动的流失预警机制，提前识别潜在问题并采取有效措施，降低流失率。接下来，从定期流失预警和不定期流失预警两方面，探讨如何科学地管理和减少员工流失。

（一）定期流失预警：全面掌握团队的流失风险

定期流失预警是我们每季度都要做的一项基础工作，它通过系统的摸底调查和沟通，帮助我们全面掌握团队的流失风险。具体可以从以下几点入手：

・每季度开展一次全员状况摸底，通过员工直接反馈、同事交流洞察、管理层沟通记录以及绩效数据等多种渠道，收集全面信息。这样能够帮助我们识别哪些员工存在潜在流失风险，并为后续的针对性沟通做好准备。

・根据摸底结果，班组长需主动与员工进行一对一深入交流，了解他们的真实想法，包括职业规划、工作满意度和个人困扰等。对于有流失风险的员工，及时采取情感挽留措施，并将沟通内容详细记录下来，以便后续跟踪。

・在每年的流失高发期（如春节前后），需要加大沟通频率，密切关注员工的想法和动态。针对性地制定留任策略，比如提供晋升机会、优化排班安排，或推出激励措施，帮助员工度过这个关键时期，减少流失人数。

（二）不定期流失预警：灵活应对特殊情况

除了定期的摸底和沟通，我们还需要针对一些特殊情况，启动不定期的流失预警机制，做到更灵活、更精准的管理。

对于合同即将到期的员工，建议提前一个月启动预警机制。大家需与这些员工逐一沟通，了解他们的续约意向以及可能存在的顾虑。根据员工的工作表现、团队贡献和个人职业规划，为他们量身定制留任方案，比如职业发展路径的规划、技能提升的机会等，增强员工对未来的信心和期待。

如果员工决定不续约，需及时记录其离职原因，并深度分析员工流失背后的问题。通过总结经验，发现管理中的不足，为未来的改进提供依据，从而降低类似情况的发生概率。

二、深入分析历史数据

深度分析过往的流失数据，能够帮助我们发现潜在问题，优化管理方式，提升员工的留存率。

首先，我们可以从性别和籍贯的流失比例入手。为什么要分析这些数据？通过了解不同性别和籍贯员工的流失情况，可以为下一阶段的招聘和团队结构优化提供数据支持。比如，如果发现某个性别或籍贯的员工流失比例过高，我们就需要审视岗位安排是否存在不适配的情况，或是否缺乏针对性的关怀措施，以确保团队的多元化和地域平衡。

接下来是对学历和工龄分布的流失情况进行分析。目的是什么？这项分析能够帮助我们审视职业晋升路径是否合理。如果发现高学历员工流失较多，可能是因为他们对职业发展的期待未被满足；而流失集中在一定工龄范围的员工，则可能与工作内容的单一或成长机会不足有关。通过这些分析，可以帮助我们调整人才培养计划，更好地满足不同背景员工的发展需求。

然后，我们需要关注月度流失人数和趋势，以揭示以下关键问题。①合同到期人数分布是否均匀：如果某一时期合同到期人数过多，容易造成集中流失，需要优化合同续约策略，提前沟通并制定留任措施。②校招实习生和临时员工的离职高峰：对于这类员工，需要提前规划转岗或留任措施，让他们感受到更明确的成长机会和稳定性。③通过分析班组内的流失人数，可以评估班组长的管理有效性：如果某个班组的流失人数明显高于平均水平，需要深入探讨该班组长在管理、员工关怀和激励措施方面是否存在问题。④最后也是最重要的一点，深入分析员工的离职原因和离职后的去向。离职原因的分析，比如薪资待遇、工作环境、职业发展等问题，可以为我们制定更具针对性的留人策略提供依据。通过了解员工离职后是否加入了竞争对手，也可以评估外部市场的吸引力，为公司的人才保留政策提供参考。

通过性别与籍贯、学历与工龄、流失趋势、团队评估以及离职原因等多维度的历史数据分析，我们能够全面了解员工流失的深层次原因。这些数据不仅帮助我们发现问题，也为优化招聘策略、改进团队管理和制定有效的留人措施提供了科学依据。

三、规范化的离职挽留程序

一个系统化的离职管理流程，不仅能够有效挽留关键人才，还能帮助我们总结经验，优化管理。接下来，将从离职信息确认、执行挽留计划、后续跟进以及接受离职四个方面，分享具体的操作方法。

当我们接到员工离职的消息时，第一步就是确认信息来源并做初步分类。离职信息的来源可以是员工直接反馈、同事报告或者管理岗观察。不论信息来源如何，都需要迅速核实，确保真实可靠。

我们可以将离职员工分为三类：优秀员工、一般员工和潜在淘汰员工。对于优秀员工和一般员工，要制定不同的挽留策略，最大程度地减少对团队的负面影响；对于潜在淘汰员工，可以结合实际情况，决定是否采取挽留措施。

挽留的关键是要做到个性化和针对性。针对不同员工的特点和需求，可以进行一对一的深入沟通，了解他们离职的真实原因，例如是否与薪资、工作环境或职业发展相关。根据沟通中发现的问题，提供有针对性的支持，例如调整薪酬待遇、优化工作内容，或为员工提供更多的成长机会，让他们切实感受到公司对他们的重视。同时，通过组织团队活动和加强日常关怀，进一步增强员工对团队的归属感和忠诚度，让他们感受到团队的温暖和支持，从而更有动力留在团队中。

即使挽留措施已经成功，也不能掉以轻心。要定期与员工沟通，了解他们对挽留措施的反馈和意见，关注是否有新的需求和困扰。根据员工的反馈，不断调整和优化挽留策略，确保长效管理。

如果挽留未能成功，也需要以积极的态度处理员工离职。对于决定离职的员工，我们要以尊重的态度接受，表达感谢和祝福，维护公司的良好形象。通过离职面谈，深入分析员工的离职原因，是否与薪资待遇、团队管理、职业发展等相关，总结经验教训，为未来的管理改进提供依据。

离职管理并不是简单的"留"或"放"，而是一套系统化的流程，从信息确认到挽留、执行计划，再到后续跟进和离职分析，每一步都需要细致而精准的管理。

四、新员工的防流失策略

新员工是班组的新鲜血液，他们的成长和稳定对于团队的发展至关重要。然而，由于适应期的各种挑战，新员工流失也成了班组管理中的一个常见难题。接下来，将分析新员工离职的六大主要原因，并为每个原因匹配具体的解决策略，帮助大家更好地应对这一问题。

流失原因一：业务培训不足。

如果新员工没有得到全面的培训和持续支持，很容易在工作初期感到孤立无援、逐渐失去信心。枯燥的培训方式和缺乏互动的课程，会让他们对业务学习失去兴趣，认为工作难以掌握。尤其是在培训期间，如果考试不及格直接被淘汰，还会严重打击新员工的自信心，使他们感到挫败和迷茫。

对应策略：在岗前培训阶段，班组长要与培训师紧密合作，确保培训内容生动有趣且互动性强，让新员工觉得学习轻松愉快，降低他们的学习压力。此外，实施一对一的师徒配对制度，通过老员工的经验传授，帮助新员工快速解决业务难题，减轻他们的心理压力，同时增进新老员工的情感联系。

流失原因二：业务压力过大。

如果新员工在遇到问题时得不到及时帮助，他们可能会感到孤立无助。面对难缠用户时，缺乏沟通技巧和情绪调节能力，会让他们感到巨大压力。而如果他们的努力和进步没有得到管理层的认可，就会觉得自己的付出被忽视，从而失去动力和积极性。

对应策略：班组长要主动关注新员工的工作表现，对于他们的疑问要耐心解答，避免表现出不耐烦的情绪，让他们感受到支持和尊重。同时，对新员工的每一点进步都要及时表扬，特别是关注他们的特长，并给予积极的认可，避免与资深员工进行对比，保护他们的自信心。此外，针对表现突出的新员工，可以设立"优秀新员工奖"或其他激励机制，通过竞赛和奖励激发他们的工作热情和积极性。

流失原因三：团队融入困难。

如果新员工无法融入团队，或者与同事关系紧张，他们很可能会缺乏归属感，进而选择离开。

对应策略：在新员工入职后，班组长应及时组织团建活动，比如聚餐、团队游戏等，促进新老员工之间的相互了解和融合。针对新员工的家庭背景和兴趣爱好，可以在特殊日子（如生日或节日）为他们准备小礼物，让他们感受到团队的温暖和归属感。

流失原因四：工作预期与实际不符。

新员工如果发现工作与自己的预期差距较大，可能会感到失望和不满。对公司规则和制度的误解或不接受，也会加剧他们的流失风险。如果看不到明确的职业发展路径，他们会觉得前景不明朗，从而选择离开。

对应策略：班组长需要在入职初期主动与新员工沟通，清楚地分享公司的优势、发展机会和规则要求，帮助他们建立合理的职业期望。利用现有员工的正面故事和成功案例，为新员工树立榜样，展示职业发展的可能性，激发他们的工作动力。

流失原因五：薪资待遇问题。

如果新员工认为薪资待遇不透明或不公平，他们可能会感到被欺骗，从而选择离职。

对应策略：确保薪资体系的透明性，在入职前向新员工详细说明薪资结构及晋升后的加薪规则，让他们对自己的回报有清晰的预期。结合实际情况，可以为表现优异的新员工提供额外奖励，以此提升他们对薪资的满意度和认同感。

流失原因六：跟风离职。

当其他员工离职时，新员工可能受到影响，尤其是如果团队的忠诚度和氛围较差，这种跟风行为更容易发生。

对应策略：班组长应注重团队文化建设，通过日常沟通和团建活动，营造积极向上的团队氛围，增强团队凝聚力。对现有员工的忠诚度建设也至关重要，要确保他们对公司的认同感和满意度，为新员工树立良好的榜样。

五、两年以上老员工的防流失策略

老员工是班组的核心力量，他们的经验和稳定性直接影响着团队的运作和绩效。然而，在一些特殊节点，例如服务年限达到一定阶段、公司政策调整或跨项目调整时，老员工的离职现象往往会变得更加明显。为了更好地理解老员工的离职动因，并采取有效措施减少流失率，我们将逐一分析离职原因，并制定具体的应对策略。

流失原因一：职业成长空间受限。

老员工常常因为缺乏清晰的晋升路径和成长机会，而感到职业发展停滞。他们看不到未来的发展方向，可能会选择离职，寻找更广阔的职业舞台。

*应对策略：*主动与老员工沟通，了解他们的职业发展意向，是倾向于横向扩展还是纵向晋升，并根据他们的意愿提供定制化的培养计划。定期或不定期设立多样化的奖励机制，比如精神鼓励或物质奖励，营造一个积极向上的工作环境，让他们感受到持续的动力和成长可能。

流失原因二：工作内容单一，缺乏挑战性。

长期从事重复性、缺乏创新性或挑战性的工作会让员工感到职业倦怠。他们希望有机会拓展技能和承担更具挑战的任务，来实现自我价值。

*应对策略：*为老员工分配特定项目任务，并赋予专业称号，比如"XX专家"或"XX大师"，认可他们的专业能力，同时为他们提供锻炼机会。鼓励他们参与跨部门的工作，帮助他们拓展技能，避免对单一工作的厌倦感。

流失原因三：缺乏认同感和重视度。

老员工在付出努力和取得成绩后，如果没有得到应有的认可，会感到自己的价值被忽视，从而失去对工作的积极性和忠诚度。

*应对策略：*在日常工作中，班组长要注重对老员工的尊重和关注，通过具体的言语和行动表达对他们能力的高度信任。在新员工入职时，安排老员工进行传帮带，不仅增强了他们的认同感，还让他们感受到自己的价值和被依赖。

流失原因四：管理与领导风格不匹配。

如果管理层的领导方式与员工的价值观或工作风格不符，可能会导致员工感到不适应，进而影响工作效率和满意度，最终选择离职。

应对策略：班组长需要多与老员工交流，了解他们的需求和建议，调整管理方式以更好地匹配团队成员的工作风格。通过团队建设活动，加强非工作层面的交流，营造更和谐的团队氛围，增强员工对团队的归属感。

流失原因五：不适应工作变动或调整。

业务调整或项目变动可能会改变员工的工作内容或职责。部分员工无法快速适应新的环境和任务，可能会因此感到焦虑和压力，最终选择离职。

应对策略：对于涉及较大变动的老员工，要给予充分的过渡时间和支持，比如提供相关培训或技能提升机会，帮助他们适应新工作。积极关注变动期间员工的心理状态，及时给予反馈和帮助，减少员工的焦虑感。

流失原因六：薪资待遇与期望不符。

随着工作经验的增加，老员工对薪资待遇的期望也在提升。如果公司的薪资体系未能与之匹配，他们会感到不公平，从而选择离开。

应对策略：针对经验丰富的老员工设立特别奖励计划，确保他们的努力和贡献得到公平回报。

六、大促活动业务高峰前后人员流失管控

在业务高峰期，由于工作压力和挑战陡增，很多员工可能会感到疲惫甚至萌生离职念头。为了确保团队的稳定性和业务连续性，我们需要采取一系列全面、有效的措施，从沟通培训到关怀激励，全方位降低人员流失的风险。

（一）提前沟通、培训与准备策略

在业务高峰到来之前，提前的沟通和准备是至关重要的。我们要提前向员工明确高峰期的具体安排，不仅要讲清楚可能带来的工作压力，还要重点强调这段时间对个人成长的积极意义，比如能够快速提升处理事务的能力，为职业发展打下扎实基础。

同时，要为员工安排专项培训，针对如何高效应对紧急事务或优化客户沟通技巧进行指导，让他们熟悉高峰期的业务流程，提升工作效率和信心。

对于刚入职的新员工，更需要详细介绍大促业务周期的特点，帮助他们了解工作节奏，提供应对挑战的技巧，消除心理上的不安，让他们更快适应岗位要求。

（二）建立专项激励机制

针对高峰期间的加班或超额完成的任务，制定专项奖励机制，比如绩效奖金、加班津贴等，确保员工的努力得到公平且及时的回报。除了薪资激励，还可以通过提供额外的福利，比如实物奖励或大促结束后的调休，让员工感受到公司对他们的重视和关怀。

（三）加强员工关怀措施

高峰期最容易引发的就是员工的情绪波动，因此，员工关怀显得尤为重要。

班组长要特别留意员工的情绪状态，定期与他们沟通，及时了解并解决他们遇到的困难。对于业绩暂时落后的员工，班组长需要给予更多的业务支持，帮助他们调整状态，减轻工作压力，避免他们感到被忽视或被淘汰的危机感。

在条件允许的情况下，尽量根据员工的实际需求调整工作安排，避免过度强制，增强工作的灵活性和人性化管理。同时，要确保高峰期员工的基本需求，比如提供零食、加班餐或咖啡，既能补充体力，也能提升员工的工作体验。

（四）营造积极向上的团队氛围

一个积极的团队文化能够让员工在工作高峰期更加团结、充满动力。在高峰期，通过日常晨会、午会等，及时沟通目标和进展，确保团队之间的协作无缝衔接。在高峰期间安排一些简短的团队互动，比如小游戏或下午茶时间，给大家一个放松的机会，缓解紧张情绪。此外，班组长要及时表扬表现突出的员工，通过正面的激励方式让团队士气保持高涨，形成积极向上的文化氛围。

（五）班组长示范，树立正面榜样

在高峰期，班组长的表现会直接影响整个团队的士气。班组长在面对高强度工作时，要表现出从容和乐观的态度，用自己的行动为团队树立榜样，让员工感受到信心和力量。在高峰期，班组长可以多参与到一线任务中，与团队成员一起并肩作战，让员工感受到领导对他们的支持和认可。

业务高峰期的压力是不可避免的，但通过提前沟通、优化薪酬、加强关怀、营造良好的团队氛围，以及领导的正面示范，我们可以显著降低员工的流失风险。

七、春节特殊时间前后的员工防流失措施

作为一年中最重要的传统节日，春节前后往往是员工流失率的高峰期。如果处理不当，不仅会影响团队的稳定性，还可能导致业务连续性受阻。为此，需要采取一系列人性化的管理和关怀措施，确保员工合理休息、顺利返岗，同时增强他们对公司的归属感和满意度。

春节期间，合理的假期安排是管理工作中的重中之重。在春节前6周，我们需要启动假期调研，了解员工的休假需求，比如是选择返乡还是留守工作。排班计划需在春节前21天完成，确保员工有充足的时间规划自己的假期安排。

如果调研结果显示超过预期比例的员工申请休息，需要根据申请事项的紧急程度和重要性进行合理调整，优先考虑婚嫁、家庭变故等特殊情况。对于因排班限制无法休假的员工，直接上级应每日关注他们的需求，协助解决个人事宜，比如与员工家属沟通，共同寻找最佳解决方案，缓解员工的心理压力。

春节期间，员工的按时返岗对于团队运转非常重要。组长需随时了解所有休假员工的返岗交通情况，包括购票提醒、返程安排及票务动态，及时为他们提供支持，确保员工顺利返岗。针对可能出现的突发情况，比如交通延误或其他返岗障碍，组长需协助员工协调解决，避免因返岗问题导致的情绪波动或流失风险。此外，对于能够准时返岗的员工，可以设置返岗奖励，比如现金红包或绩效加分，确保团队的快速回归和运转。

春节值班的员工通常需要更多的关怀和认可，以下措施可以帮助我们提升他们的满意度：

·对于无法休假的员工，班组长要与他们的家属沟通详细的值班安排，并从职业发展、运营需求、节假日激励等方面进行解释。如果沟通遇到困难，可以升级至主管、经理或员工关怀专员来协调解决。

·对于春节期间留守岗位的员工，可以发放留守奖励，比如饺子、红包、抽奖活动等，让他们感受到节日的氛围和公司的关怀。

·向留守员工的家属发送节日慰问和答谢信息，感谢他们对员工工作的支持，进一步增强员工家庭对公司的认同感。

·针对留守员工的工作表现，班组可以进行评比排名，并给予相应的奖励，比如礼品卡、奖金等，以表彰他们在特殊时期的辛勤付出和卓越贡献。通过公

开表彰优秀员工，营造积极向上的团队文化，激励更多员工在节日期间保持高昂的士气和积极性。

春节期间，合理的假期安排、贴心的员工关怀、及时的奖励机制，都可以帮助我们有效降低人员流失率。

第八章
重要业务场景的潜在风险防范

本章我们来探讨班组管理中如何避免被动应对的"救火式管理"方式。救火式管理往往是在问题已经发生后才匆忙寻找解决办法,这不仅效率低,还可能导致资源浪费、风险扩大,甚至让管理陷入恶性循环。

特别是在面对特殊业务情况,比如大促活动、批量新人上线,或临时人员批量加入等阶段,这种被动管理方式往往会让我们手足无措。因此,我们必须转变观念,采用前瞻性管理策略,从被动应对转变为主动防范,确保班组管理的有序和高效。

在管理工作中,采取前瞻性管理策略的第一步是预测可能出现的问题。可以运用逆向思维,先假设某种不良状态可能发生,然后追溯导致这些问题的诱因。比如,在大促活动期间,我们可以假设员工因为工作压力过大而效率下降或流失意愿上升,接下来需要具体分析可能引发这些问题的原因,比如是因为任务安排不合理、沟通不畅或缺乏支持等。

接着是明确诱因并细化分析。将这些可能的问题来源逐一梳理清楚是制定解决方案的基础。例如,如果诱因包括工作强度过高或休息不足,那么我们需要结合实际情况提出针对性的调整措施,以减少问题发生的概率。

最后,针对潜在问题要制定预防策略和应对策略。预防策略是事前干预,把风险控制在源头,比如为新人优化培训内容、增加模拟环节,或上线初期安排导师跟进。同时,也要准备应对策略,以应对无法避免的问题。比如,如果临时出现人手不足的情况,可以提前制定灵活的排班机制或准备备用人力,以确保业务的连续性。这种未雨绸缪的管理方式,能让我们在面对挑战时更从容、更高效。

前瞻性管理并不是额外增加工作量,而是为了让我们在应对挑战时更加从容、自信。通过提前识别问题、分析诱因，制定预防和应对措施，我们不仅可以提高管理效率，还能减少资源浪费，避免在关键时期手忙脚乱。

一、新业务推出的潜在风险防范和应对

在新业务的推出过程中，班组管理者和员工常面临多重挑战，若处理不当，将直接影响新业务的上线质量和客户满意度。典型问题包括：员工对新业务理解产生偏差、培训覆盖不完整、缺乏有效的业务操作指引，以及由此衍生的客户投诉与纠纷。这些问题一方面源自于时间紧迫和培训准备不足，另一方面也体现了对新业务上线前后环节管理的缺失。

（一）防范员工因新业务理解偏差而导致的服务质量问题

全体管理人员必须参加新业务的先期培训，并邀请部分优秀员工提前参与，建立"种子力量"。这支团队可在新业务正式上线前，先行消化和实践知识点，并在后续培训中针对遇到的风险和不明确问题做出反馈及确认，从而不断完善培训材料和方法。

在新业务发布后，应合理评估培训所需的时间和强度，并制订详尽的培训计划。为确保学习效果，建议在培训中预留约20分钟的"富余时间"用于集中答疑，让员工及时消化新知识。同时，以情景模拟进行培训验收，通过实际案例演练帮助员工在安全环境中巩固学习成果。

对于培训时间有限的情况，需要提前规划岗后补充培训和复盘环节。通过制定激励政策，鼓励员工积极参与后续学习，让学习成为持续性的过程，从而实现对新业务的深度理解和熟练运用。

针对新业务运行可能遇到的问题，应及时梳理并发布标准化的操作指引和常见问题解答手册，让员工在遇到特殊情况时有据可依。清晰明确的操作手册可有效减少执行偏差，并提高服务响应速度。

（二）防范因无法有效应对新业务突发的客户需求而导致的服务质量问题

新业务的执行过程中，我们经常会遇到一些突发的客户需求或特殊情况，这些需求往往不可预测，但如果处理不当，可能会影响我们的服务质量和客户满意度。因此，我们要提前做好充分准备，提升班组应对突发事件的能力，确保新业务平稳落地。

要想高效解决突发情况，沟通是关键。需要提前建立一个跨部门沟通群组，确保涉及新业务的所有相关部门都有关键对接人员加入。这样，当突发情况发生时，群内可以第一时间进行信息共享和实时沟通，避免"找不到人"或者"信息传递慢"的情况。

一旦遇到客户提出的紧急需求、特殊案例或业务普遍性问题，立刻在跨部门群组中通报，大家一起讨论并确认解决方案。方案确定后，要迅速传达给前线团队执行，确保问题得到及时解决，服务不中断，客户不等待。

在班组内部，要建立健全报备制度。当前线员工遇到难以解决的问题时，要及时向班组长报备。同时，可以指定现场支持人员，专门负责快速响应和协调问题，保障服务的连续性，避免客户问题被拖延。

服务过程中，如果因为我们操作失误或其他原因导致服务缺陷，影响了客户体验，班组要及时评估情况，决定是否启动服务补救程序。比如提供补偿措施或者后续跟进，以最大限度地提升客户的满意度。

最后，班组长在日常管理中要保持高度警觉，特别是对潜在风险、客户投诉倾向、资金损失或订单流失等问题。发现苗头时，必须第一时间向项目负责人汇报，确保我们能够快速采取措施，防止问题扩大，减少不必要的损失。

通过构建跨部门沟通机制、提升问题响应速度、强化现场支持、补救服务缺陷，以及及时上报风险等措施，我们可以有效防范新业务执行中突发客户需求无法解决的情况。

二、大促期间的潜在风险防范和应对

大促期间业务量激增，客户咨询密集，问题一旦集中爆发，就会影响客户体验和业务稳定性。所以，我们需要提前布局、精细管理，确保高峰期平稳度过。

（一）防范业务流量突增，避免响应效率下降

大促期间，业务流量会大幅增加，接起率和服务效率容易受到影响。

在活动前，召开风险讲解会议，让每位员工充分理解大促的重要性和可能出现的风险。并制订详细的人力调配计划，设置第一、第二、第三梯队，明确启动条件和时间节点，确保人力储备充足。

提前发布出勤规范，强调大促的紧急性和重要性，收紧请假政策，所有请

假均需项目经理审批。设立激励机制，如全勤奖金、餐补、加班费等，鼓励大家保持高出勤率和工作积极性。根据员工需求，提前准备快餐食品、饮料等物资，确保员工在高峰期可以快速补充能量。实施加班奖励政策，提供交通补贴等，让大家有动力高效工作。

需要提前部署智能客服机器人，优化常见问题解答，提高响应速度。同时建立分级响应机制，例如合理控制小休时间，分批安排就餐，必要时动员管理岗支援前线，确保服务不中断。

此外，在大促前一个月，可以组织模拟演练，提前让大家熟悉高峰期的工作节奏，识别潜在问题并进行优化。

（二）防范批量共性问题的出现

大促期间，批量共性问题（如系统下单异常、价格错误、恶意退单等）容易集中爆发，影响服务质量和品牌声誉。我们需要提前识别问题，做好预防和应对准备：

提前与品牌方沟通，详细审查大促文案内容，确保促销信息准确无误。检查所有促销链接，确保价格和方案一致，避免因为失误引发退差投诉。一旦发现异常，及时通知相关方，动态更新客服话术，确保信息统一。

组织全员培训，确保每位员工对活动规则、优惠细节、常见问题等有全面理解。通过培训后的抽测，检查掌握情况，针对薄弱环节进行补充培训。

基于历史大促经验，梳理共性问题，制定标准化的解决方案和话术模板。大促期间，动态收集新出现的问题，及时更新解决方案和话术库，保障服务效率。

严格监控退款商品的发货流程，防止已退款订单仍发货的情况。对于异常批量退货，如黄牛操作，及时与相关方沟通限购措施，减少损失。

大促期间的压力不可小觑，但只要我们提前做好预判和准备，合理安排人力、强化团队培训，优化系统支持，就能有效应对这些挑战。

三、批量短期工入组的潜在风险防范和应对

批量短期工的引入虽然可以帮助我们应对业务高峰期或人力资源短缺的情况，但也带来了业务差错、技能掌握不足等潜在风险。

（一）防范技术问题和指标问题，确保服务红线不被触碰

由于短期工的培训周期有限，技能掌握程度较低，容易导致服务质量下降。因此，要做到以下两点。

一是根据业务内容，把短期工需要掌握的技能进行细致划分，让他们专注于最基础、最容易熟练的业务领域。同时，设计针对性的培训方案，确保他们在短时间内快速掌握核心技能，降低业务差错率。

二是对于临时工不易掌握或未培训的复杂业务，要明确业务转接标准，将这些问题交由具备全技能的老员工处理。配备标准化的转接话术和操作指引，确保客户体验不会受到影响。

（二）保障信息安全，杜绝私自超范围工作

临时工在业务操作中如果没有严格管理，可能会出现信息安全问题或者私自接触不属于其职能范围的工作。为此，我们要做到以下两点。

一是确保每位临时工都配备详细的业务资料包，包括操作指南、工具使用说明、问题应对流程和标准话术，让他们按照规范流程操作，避免误触业务红线。

二是在日常工作中，安排现场管理人员定期检查临时工的操作流程，及时纠正违规行为，并通过实时监控和反馈机制，保障业务合规性。

（三）防范因团队融合度低导致的协同问题和情绪不稳定

临时工由于入职时间短、对团队不熟悉，容易产生疏离感，影响工作稳定性和效率。为此，首先要设定清晰的阶段性承接目标，并根据工作完成情况提供合理的绩效激励，比如绩效奖金或灵活薪酬，激发他们的工作积极性，增加他们的成就感。

接着要将短期工的管理措施与批量新人入组的标准保持一致，确保他们享受到同等水平的支持和服务，包括心理疏导、技能培训等，帮助他们快速融入团队，降低流失风险。

最后通过精细化的技能培训、优化业务转接流程、提供全面的资料支持、实施激励措施和保持一致性的管理标准，确保批量短期工能够快速适应岗位，减少业务风险。临时工不仅是我们的支援力量，也是我们团队的一部分，只有做好他们的管理，才能真正保障业务高峰期的稳定运行。

四、新项目班组需要防范的问题

新项目开展过程中，由于团队和管理人员业务基础薄弱，可能会引发服务质量问题和投诉风险。我们不仅要认清这些潜在问题，还要通过具体策略来防范和解决。下面，将从四个方面展开讲解。

（一）防范因管理人员专业能力薄弱而导致的项目目标偏差和执行偏差

如果班组长和管理人员对业务的理解不足，目标制定和流程执行容易出现偏差，直接影响服务质量，甚至引发客户投诉。

因此，班组长等管理岗要参与更全面、更深入的培训，包括跨业务领域的交叉培训。在参与业务培训后，班组长等管理岗要主动总结培训中的关键问题，结合自身工作经验进行梳理，及时与业务培训讲师沟通，确保领先于团队掌握关键信息。

（二）防范因班组管理不到位而导致的培训质量参差不齐

如果新员工的培训推进不均衡，员工的理解程度不同，容易出现工作质量参差不齐的现象，甚至引发业务错误。

班组长要确保每日培训高质量推进。在培训结束后，带领团队回顾总结当日培训内容，强化吸收效果。对于业务考试未达标的员工或错误频发的知识点，组织专项总结和二次培训，确保问题得到彻底解决。

此外，还要通过实际案例强化关键红线和信息安全要求，帮助员工更好理解项目的关键风险，并设置明确的违规惩罚措施，提高员工警觉性和责任心。

（三）防范因团队协作不足和沟通不畅而导致的执行效率低下

新项目启动初期，如果团队协作和沟通不足会导致员工情绪不稳定，业务执行效率低下。

需要建立定期团队会议，确保信息及时传达和讨论。同时，借助线上沟通工具，保持团队成员之间的联系，营造开放透明的沟通氛围，鼓励员工提出问题和建议。每天安排质量追踪和复盘会议，关注团队的共性问题，确保问题得到有效解决。同时，重点关注低质量指标的员工，给予个性化辅导，提升整体业务表现。

（四）防范因新项目初期压力过大而导致的团队士气和稳定性下降

新项目上线初期工作压力较大，新老员工容易出现适应不良的情况，进而导致团队士气下降，甚至造成流失。

上线前，班组长要先对员工进行心理建设，提前讲解可能遇到的难题和可用的应对资源，帮助大家树立信心。同时，通过情景模拟的方式，让员工提前熟悉工作场景，做好心理准备，增强适应能力。为确保新员工能够快速上手，每位新员工都会配备一位小师傅，按1∶3或1∶5的比例进行带教，提供及时的业务支持和指导。此外，为了激励老员工积极参与带教工作，设立带教奖励机制，表彰带教效果突出的员工。在新项目初期，班组长要为团队设定阶段性、可实现的短期目标，逐步提高工作难度，并通过正向反馈和小奖励来缓解团队压力，激发大家的积极性和成就感。

为防范新项目启动阶段团队因业务薄弱而引发的风险，我们要通过提升管理人员专业能力、高效推进培训、优化沟通机制，以及强化心理建设与团队激励，全方位保障项目顺利推进，确保服务质量稳定提升。

五、班组长新上任时需要防范的问题

针对新任班组长可能出现的问题及相应防范策略，接下来把关键点与应对措施讲给大家，帮助新任班组长快速适应角色，顺利带领团队走向稳定和高效。

首先，我们要认识到新任班组长上任可能会面临哪些问题：①团队缺乏对新任班组长的认可和信任，工作配合度低。一方面是团队成员对新管理者的工作能力存在怀疑，另一方面是由于新班组长缺乏经验，无法迅速建立威信。②班组长的管理能力尚不成熟，容易受到团队老员工的挑战。部分老员工可能习惯了过去的管理模式，对新领导的管理方式存疑，甚至会进行挑战。③团队融合困难，新班组长与员工之间容易产生沟通摩擦。新班组长与团队成员之间尚未形成默契，沟通风格或管理节奏不适配。④工作角色的转变不适应，导致管理定位不清。新晋升的班组长可能习惯于过去的执行角色，未能快速完成从执行者到管理者的角色转换。

针对这些问题，建议采取以下防范和应对策略。

（一）上任前的团队摸底与角色铺垫

新任班组长在上岗前，要与上级沟通了解团队情况，全面掌握团队成员的业务能力、绩效表现和个人特点。比如：谁是业务骨干？谁需要重点关注和提

升？这些信息能帮助你快速进入角色，有的放矢地管理团队。

此外，请求上级进行正式介绍非常关键，让主管强调你过往的成绩和专业能力，提前在团队中树立你的威信，让大家对你充满期待。

（二）渐进式管理与团队磨合

刚上任的班组长，千万不要急于改革或推出新的管理制度。建议先观察团队现状，了解现有流程，找到改进空间后，再逐步提出改进建议。如果有新政策的推行，记得邀请资深员工参与讨论，增加他们的认同感，减少阻力。

在此期间，你的专业形象特别重要！亲自参与业务操作，展示你对工作的熟练度，主动解答员工遇到的难题，让大家看到你的业务能力和担当，进而赢得他们的信任。

（三）促进团队融合与关系建设

作为新任班组长，除了业务管理，日常关系建设也很重要。要多关注员工的状态，比如主动询问他们的工作困惑或个人需求，提供适当的帮助与支持。在工作稳定后，可以组织一些团队建设活动，比如团建、聚餐或小游戏，拉近大家的距离，促进团队的协作与融合。

（四）加速角色转换与管理能力提升

对于新晋升的班组长，角色的转换是一个难点。从执行者到管理者，你需要学会"放手"和"领导"。要主动学习管理技能，比如如何进行团队激励、绩效管理和有效沟通，确保管理定位清晰。同时，向有经验的领导请教，持续获取反馈，不断调整和优化自己的管理方法。

新任班组长上任初期的关键是赢得信任、稳住团队、展示专业，逐步推行适合的管理方法。同时，通过了解团队、精进管理能力、关心员工福祉，逐步树立自己的威信，带领团队走向高效协作与成长。只要做到这些，新任班组长的过渡期就会变得更加顺利。

六、春节和国庆等长假期间需要防范的问题

面对春节和国庆等长假期间，我们需要提前做好充足的准备，防范运营现场和人力资源管理中可能出现的问题，确保项目的平稳运行和团队的稳定性。接下来，将围绕这两大核心问题，结合具体策略做详细讲解。

（一）运营现场业务相关问题的防范策略

在长假期间，业务需求波动明显，运营现场可能面临人力不足、服务质量下降等问题。为此，可以采取以下措施。

一是根据历史数据和客户需求预测业务高峰，提前进行人员规划，确保值班人员能够满足业务需求；建立应急梯队，安排核心成员在岗待命，确保突发事件能得到快速响应；对于客户反馈和投诉，指派专责人员进行处理，保障客户满意度。

二是针对节假日常见问题，设计专门的培训课程，包括应对客户需求变化、系统故障等特殊情况的处理；编制常见问题解答手册和标准化问题解决流程，让一线员工在遇到问题时能够快速定位解决方案，提高服务效率。

三是提前分析历史数据，预测咨询、投诉和售后需求的变化，并提前调整工作流程、人员部署和物资准备，确保能够快速应对高峰压力。

四是建立预警机制，监测运营现场的异常情况，及时预警并启动应急响应措施；制定紧急情况的上报流程，确保值班人员在遇到突发问题时，能够迅速汇报上级，保障问题得到快速解决。

（二）人员出勤和流失问题的防范策略

长假期间，人员出勤率低和流失风险高是我们需要重点关注的问题，具体可以从以下四个方面入手。

一是通过一对一面谈，了解员工的假期安排、职业规划和潜在离职意向，针对不稳定因素及时沟通和干预，提前做好预案。在摸排过程中，将员工分为有离职意向的、愿意出勤的、暂时不愿出勤的三类，并针对不同情况采取对应措施。

二是提前制定节假日期间的薪酬激励政策，如加班奖金、全勤奖励等，确保政策具有吸引力，并通过多种渠道进行充分沟通，让员工理解并接受。对于计划请假的员工，协商将假期前置或后移，分散请假时间，既满足员工的需求，又保障节假日的出勤率。

三是提前收集员工的返程地点和车票信息，协助解决返程问题，确保员工按时返岗。结合节日传统文化，如春节的拜年活动等，营造温暖氛围，增强团队凝聚力。

四是在长假结束后，关注员工的社交媒体动态或日常表现，了解他们的情绪状态，及时提供关怀和支持，帮助他们尽快调整回工作状态。

面对长假期间的运营现场和人员管理挑战，班组长必须提前布局，通过科学的人力资源规划、有效的激励政策和完善的应急机制，确保运营平稳和员工稳定。大家一定要提前行动，做好充分准备，把问题消灭在萌芽状态，确保长假期间业务顺利开展！

第九章

班组管理中的问题发现和解决

在班组管理中，发现问题和解决问题是推动工作顺利开展、提升团队绩效的核心环节。作为一名班组长，你的职责不仅仅是被动应对问题，更要主动发现问题、分析问题并采取有效措施加以解决。只有这样，才能保证班组的稳定运行，激发员工的积极性，推动服务质量的持续提升。

一、具备发现问题的意识和能力

大家要清楚一点：问题不被发现，就无法解决，我们连解决的起跑线都没站上。所以，作为管理者，一定要敏感察觉任何异常，凡是有异常的地方，都要核查到位。今天给大家分享一下，班组长在日常工作中如何高效自查，确保问题能够及时发现并解决。主要有以下六点。

第一点，要每天检查我们的实际工作成果与既定目标之间是否存在差距。比如，我们设置的目标完成度是90%，但实际结果只有70%，这说明在目标推进上出现了问题。我们要及时找到差距的原因，看看是因为流程执行不到位，还是员工个人能力需要提升。

第二点，要关注班组中的各种变化，因为变化往往预示着问题的存在。比如，业务量突增，导致压力增大或者工作节奏变乱。这些情况都需要我们敏锐捕捉，并提前做好应对方案，不能让变化成为问题的导火索。

第三点，要审视班组工作的流程执行是否顺畅，特别是新流程的实施。比如，新流程刚刚上线，员工出现了普遍性的执行错误，说明流程设计可能有问题，或者培训不到位。流程顺畅度直接影响到工作的效率，大家一定要及时发现并解决。

第四点，要关注员工的标准执行情况，看看是否符合公司的要求。比如，员工休息时间与规定不符，可能是排班安排不合理；服务质检标准本应严格执行，但近期不达标的案例增多，这表明执行过程中可能存在标准松懈情况。及时把控此类细节，才能确保工作的高标准和稳定性。

第五点，要评估实际效果与我们事先的预期是否有差异。比如，我们制定了激励措施，预期是能够提升团队士气，但实施后发现效果并不明显，反而士气下滑。这种时候，我们要反思执行过程中出现了什么问题，及时调整策略。

第六点，要有风险预判的意识，提前发现可能的隐患。如果当前问题没有得到解决，未来可能会导致更严重的后果，比如出现客户满意度下降、员工流失等情况。对于一些看似小的问题，也要谨慎核查，因为"小问题往往是大问题的前兆"。

总的来说，作为班组长，我们每天都要自查这六个方面：目标与现状、变动情况、工作流程、标准执行、预期效果、潜在风险。发现问题要立刻面对并解决。大家只有养成这种敏锐发现问题的习惯，才能真正做到把问题消灭在萌芽状态，让我们的班组管理更高效、更稳定。

二、警惕"伪问题发现"

我们必须明确一个原则：问题发现的目的，是推动问题的解决。如果发现问题却没有采取任何有效行动，这就成了"伪问题发现"。这种情况不仅无法帮助班组提升，反而可能让问题越拖越大，甚至造成更严重的后果。因此，班组长必须警惕以下四种"伪问题发现"的常见表现。

表现一：看到问题却不汇报，不干预。

有些班组长看到问题发生了，比如服务质量下降、员工表现波动等，但选择视而不见，既不及时汇报也不主动干预。这种做法会让小问题积累成大隐患，最终影响整个团队的稳定性和绩效。

正确做法：在发现问题后要勇于站出来，第一时间汇报给上级，同时积极采取措施进行干预。哪怕问题还没有完全解决，也要表明自己在行动、在推动。

表现二：只进行负面评价和抱怨。

有时，班组长明知道某个问题存在，但没有采取实际行动，而是把精力放在负面评价和抱怨上。比如："这个人总是做不好！""团队配合就是有问题！"只停留在批评的层面上，对解决问题毫无帮助，甚至会影响团队士气。

正确做法：发现问题后，要把精力用在找原因、找解决方案上，而不是抱怨。比如，当员工表现不佳时，可主动沟通了解原因，提供支持和指导，助力员工提升表现。

表现三：明知风险存在，但不提前准备。

有些问题是可以预测到的，比如，高峰期业务量暴增、节假日出勤率可能不足等。如果班组长明知道这些风险，却没有提前做预防性工作，那么一旦问题爆发，将措手不及，影响团队工作和客户体验。

正确做法：对于可预见的风险，要有前瞻性思维，提前布局，做好防范措施。比如，在业务高峰期前规划人力配置，组织专项培训，提高员工应对突发状况的能力。

表现四：只汇报问题，不思考解决方案。

有时候，班组长发现了问题，仅向上级汇报"我们班组有这个问题"，却未思考解决方案或提出具体建议。这种做法会给上级带来困扰，也反映出班组长主动解决问题的能力不足。

正确做法：在汇报问题时，要带着初步的思考和解决方案去汇报。即便方案不是完美的，也要表现出自己的主动性和责任心。例如，面对人员出勤率不足的问题，可以提出"调休分批轮岗"的初步建议。

班组长在日常管理中，必须始终以解决问题为目标，把"发现问题"和"解决问题"作为一体化的工作去落实。只有这样，方能真正提升班组的管理水平，减少隐患，增强团队的稳定性和执行力，推动班组的健康、稳定发展。

三、问题解决的优先级判断

在判断问题解决的优先级时，需要从重要程度和紧急程度两个方面综合考虑。

重要程度主要是看问题的影响力有多大。首先，问题是否会影响团队整体的绩效、服务质量，或者业务目标的完成，这是最直接的影响因素。其次，问题是否会引起客户的不满，影响客户的体验和满意度。最后，要看问题是否会影响其他部门或工作环节，导致流程不顺畅，甚至浪费资源。简单来说，就是要先找出那些影响全局、客户高度关注、或者可能影响其他工作的关键问题。

紧急程度则是看问题需要多快解决，主要有三个方面：①评估问题的紧迫性，也就是如果不马上处理，会不会带来更严重的后果；②考虑问题的处理周期，看它是否能在短时间内解决；③关注问题的连锁反应，也就是如果问题拖着不解决，会不会引发其他问题，进一步加重风险。

如图9-1所示，班组长在解决问题时，要结合重要程度和紧急程度，优先处理那些既重要又紧急的问题，把资源和时间用在最需要的地方。这样才能确保问题得到高效解决，同时也保证团队的工作顺利开展，服务质量稳定提升。

```
                        重要性（高）
                            ↑
   第二象限：重要但不紧急    │  第一象限：既重要又紧急
   处理方式：制定计划，稍后去做 │  处理方式：优先解决，立即做
   处理原则：重视和推进       │  处理原则：越少越好
   思考：如何避免升级到第一象限 │  思考：真的有这么重要和紧急吗
   影响：忙碌但不盲目         │  影响：增加压力，产生危机
                            │                          紧
   ─────────────────────────┼───────────────────────→  急
                            │                          性
   第四象限：不重要也不紧急    │  第三象限：紧急但不重要   （强）
   处理方式：持续关注，减少做  │  处理方式：安排别人去做
   处理原则：延后处理         │  处理原则：放权交给别人去做
   思考：有潜在风险吗         │  思考：如何减少本象限事务
   影响：打乱工作执行，浪费时间 │  影响：忙碌且盲目
```

图 9-1 问题解决的优先级判断及处理思路

在判断问题优先级时，除了紧急程度和重要程度外，我们还需要特别关注以下三点，以免忽视一些关键问题。

第一，影响大但不紧急的问题容易被忽视。这些问题虽然眼前看起来并不急迫，但如果长期不解决，可能会导致更大的后果。例如，一些系统稳定性的潜在隐患或流程中的低效环节，如果不重视，可能会在业务高峰期爆发，带来更大的风险。所以，班组长在日常工作中需要有前瞻性，对这类问题进行跟踪处理，防患于未然。

第二，复杂且耗时的问题需要提前优先考虑。有些问题虽然不是眼下的紧急事项，但因为解决起来过程复杂、耗时较长，如果推迟处理，可能会错过最佳的解决窗口。

第三，顾客反馈的问题必须优先处理。如果顾客提出的问题得不到快速解决，不仅会影响客户体验，还可能导致投诉甚至流失。

综上所述，班组长在管理中要学会权衡和判断问题的轻重缓急，特别关注那些容易被忽视的高影响问题、复杂问题，以及与顾客直接相关的问题。

四、问题拆解和分析方法

对班组问题进行分析和拆解的时候可以使用多种方法，如鱼骨图分析法、5W分析法、对比差异分析法和假设分析法等。这里我们重点来说明一下对比差异分析法和假设分析法，这两种方法对锁定班组问题根本原因尤为有效。

（一）对比差异分析法

对比差异分析法是将发生问题的对象与其他没有发生问题的对象，先做一番比较，然后找出彼此之间的差距。班组管理中有诸多场景均可以用这种方法：员工之间比较、小组之间比较、不同时间对比等。具体推进步骤如图9-2所示。

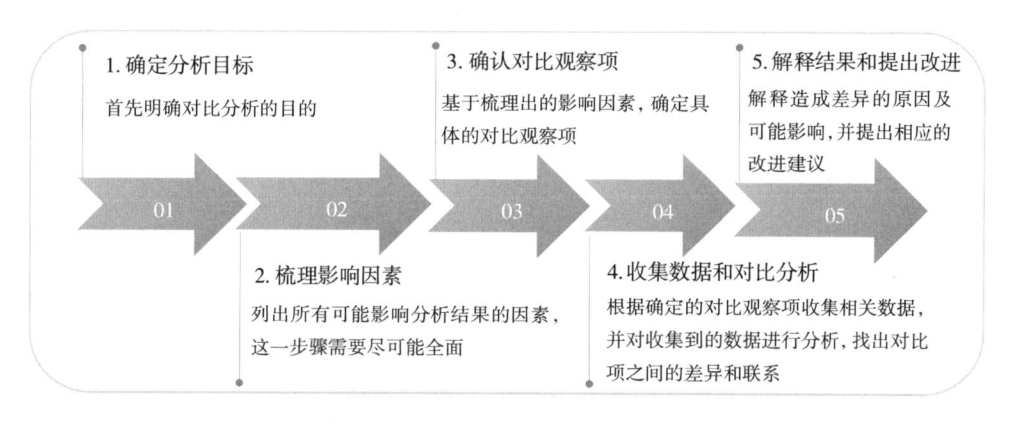

01. 确定分析目标
首先明确对比分析的目的

02. 梳理影响因素
列出所有可能影响分析结果的因素，这一步骤需要尽可能全面

03. 确认对比观察项
基于梳理出的影响因素，确定具体的对比观察项

04. 收集数据和对比分析
根据确定的对比观察项收集相关数据，并对收集到的数据进行分析，找出对比项之间的差异和联系

05. 解释结果和提出改进
解释造成差异的原因及可能影响，并提出相应的改进建议

图9-2　对比差异分析法推进的一般步骤

接下来通过一个案例来看一下对比差异分析法在班组管理中的应用。

> **案例**
>
> 在我们的班组管理中，有时候会遇到一些员工具体工作效率偏低的情况。表面上看，这些员工在日常考核中成绩不错，规则都懂，质量也没有问题，但他们的审核速度却比其他人慢，导致下班后还要额外加班1个小时来完成任务。那么我们要怎么找出问题的根源，并制定有效的

提升策略呢？

我们选取了一个速度较慢的员工A作为分析对象。员工A的工作质量合格，但速度明显慢于其他同期入职的员工。为了更好地发现原因，班组长将员工A与一位同批入职但速度更快的员工B安排在一起工作，然后观察两人的工作过程和节奏。

对比分析的步骤与方法如下。

1. 选取对比对象

找一位入职时间、工作内容、技能水平相似的员工——也就是员工B。这是关键，因为对比才能看出差异。

2. 设定观察维度与周期

·观察维度：每小时审核单量和审核每单所需的时间。

·观察周期：4小时的连续观察期。这样可以避免短期内偶然因素的干扰，也可以减少因为任务类型差异而造成的偏差。

3. 现场实操观察

在这4个小时里，班组长详细观察员工A与员工B的审核流程，记录他们的处理速度和操作习惯。观察结束后发现，员工A和员工B在审核质量方面都不错，但有一个工作习惯上的区别：

·员工A：审核完成后会在提交之前再整体自检一遍。这意味着员工A在完成每单审核后，还会花额外的时间进行全盘复查，确保无误后才提交。

·员工B：在审核过程中就谨慎仔细，逐步确认无误，一旦审核完成就直接提交，没有重复检查的步骤。

通过这种不同操作习惯的对比，我们看到员工B能够每小时多审核3~4单，而审核质量并未明显下滑。

针对这种差异，班组长没有简单地让员工A"别浪费时间"，而是取长补短，将员工A在提交前的全面自检优势与员工B在审核过程中的谨慎操作相结合，制定出新的审核操作细则。具体而言，将审核过程中的重点检查项提前落实，使实际提交环节更为精简；在提交前不再对已审核的内容进行全面复审，而只对高风险、易出错的关键点进行快速复查。

同时，班组长还对全员进行统一的新流程培训，让每个人都能按照优化后的标准和细节执行，从而减少个人操作习惯差异带来的效率问题，最终整体提升审核团队的工作效能。

运用对比差异分析法，我们可以快速锁定影响绩效的关键差异点。在本案例中，选择条件相同的对比对象有助于精准发现问题根源。此外，对比分析的思路不仅适用于个人之间的比较，还适用于不同班组间的对比，从而找到团队管理或执行过程中的共性问题，进一步提升整体管理水平，提高工作效率。

（二）假设分析法

假设分析法是一种高效的业务问题解决方法，其核心就是提出一个或多个假设，然后通过验证、排除和确认，找到问题的真正原因。对于班组长来说，运用假设分析法的关键在于如何提出有效的假设，而要求班组长具备对业务的深入理解。

那么，如何提出有效的假设呢？首先，要拆解影响结果的因素和方面，比如是人员的能力问题，还是流程的执行问题，或者是外部环境的变化。通过细化问题，分解每个可能影响业务结果的环节，逐步提出假设。比如，如果发现客户满意度下降，我们可以假设问题可能出在响应速度、服务态度，或者流程的复杂性上。

其次，要深刻理解业务流程的逻辑。业务流程就像一条链条，每一个环节都可能影响最终的结果。班组长需要清楚地知道从业务输入到输出的每一步是如何衔接的，只有这样，才能在每个环节中找到可能存在的问题。

最后，还需要掌握业务结果指标与业务过程指标之间的关联逻辑。换句话说，不仅要知道最终结果如何，更要明白这个结果是如何一步步形成的。例如，如果订单完成率下降，我们不仅要关注完成率这个结果，更要去看订单处理时间、系统异常率等过程指标，通过这些关联逻辑提出假设，找到问题的根源。

总结来说，假设分析法的本质是把复杂的问题拆解成可控的部分，通过逐步验证找到真正的原因。而做到这一点，离不开班组长对业务的深刻理解和逻辑思维能力的培养。这样，我们才能更加精准、高效地解决业务中的各种问题。

接下来通过一个案例来看一下假设分析法在班组管理中的应用。

> **案例**
>
> 本月,我们的质检通过率明显下降,而过去几个月一直保持较高水平。面对这种突然的变化,我们需要明确到底是哪一环节出了问题。
>
> 首先来看分析思路与步骤。为此,我们先列出了几种可能导致审核出错的假设,然后逐一进行验证。这里的关键是先提出假设,再根据实际情况和数据一条条检验,而不是盲目猜测。
>
> 四个初步假设如下:
>
> ・新增的审核规则理解不清?假设是由于新添加的审核规则,员工没有完全掌握,从而导致审核出错。
>
> ・没有正确接收规则变化信息?假设员工没有及时了解新规则的更新信息,仍旧沿用旧规则审核。
>
> ・规则明白但操作不到位?假设员工对新规则清楚,但在操作执行中出现了差错,比如遗漏了某个必须打勾的选项或检查步骤。
>
> ・未形成自检习惯?假设员工虽然明白规则,也会操作,但没有在提交前做好自检,导致小错误未及时发现,从而影响质检结果。
>
> 接下来,我们对这些假设一一进行验证:
>
> ・验证1、2号假设(规则理解与信息接收):首先,我们回顾了本月的培训记录,发现所有员工都参加了新规则培训,而且考试验收的分数都是满分。接着,我们当面询问了员工相关规则内容,他们回答得非常正确,没有出现理解偏差。此外,让员工再次审核同一案例时,他们能清晰辨识到错误点,这说明员工不但知道新规则,而且在练习中能正确执行。因此,1和2这两个假设均被排除。
>
> ・验证3、4号假设(操作失误与自检不足):在现场观察员工工作时,发现他们在审核完毕后,没有形成提交前的自检流程。也就是说,尽管他们审核过程中清楚规则,但没有在点击提交之前进行"最后一遍关键点核对"的习惯,导致一些小错误未及时被发现。这就是我们问题的根源。因此,通过验证,我们发现问题集中在假设4上:缺乏提交前

的自检习惯。

经过这一轮有针对性的验证，我们确定：本月质检通过率下降的主要原因不是规则不清楚，而是缺乏提交前的快速自检，导致小问题遗漏。

接下来，我们制定了相应措施，比如，强化提交前自检的流程和要求。提供自检关键点清单，帮助员工在提交前快速检查。对重点错点进行再培训，确保提交前有明确的核对步骤。通过这些改进，将有效减少错误发生，提高整体质检通过率。

简言之，这个过程给我们的启示是：遇到问题时，可以利用假设分析法，但是不要直接猜原因或想当然，要多列出几个可能性，然后通过数据、观察、访谈和实际操作验证，最后才能找到真正的症结点，并制定有针对性的改善措施。

五、问题解决对策制定和实施

图 9-3 展示了问题解决对策制定和实施的步骤和重点。

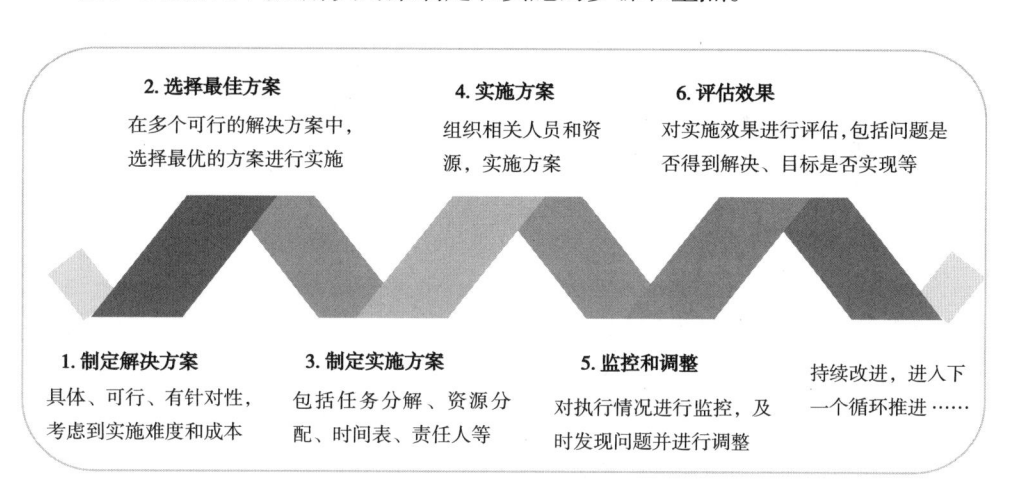

2. 选择最佳方案
在多个可行的解决方案中，选择最优的方案进行实施

4. 实施方案
组织相关人员和资源，实施方案

6. 评估效果
对实施效果进行评估，包括问题是否得到解决、目标是否实现等

1. 制定解决方案
具体、可行、有针对性，考虑到实施难度和成本

3. 制定实施方案
包括任务分解、资源分配、时间表、责任人等

5. 监控和调整
对执行情况进行监控，及时发现问题并进行调整

持续改进，进入下一个循环推进……

图 9-3　问题解决对策制定和实施总览

（一）问题解决方案制定的原则

在解决问题时，制定科学有效的解决方案是管理岗的重要职责。为此，班组长需要遵循两个核心原则，这样才能确保问题的处理更加有条理、高效。

第一个原则：判断问题是"新问题"还是"旧问题"。

在面对问题时，首先要明确这个问题是新问题还是旧问题。

新问题：对于新出现的问题，需要从头开始分析，弄清问题的成因和背景，再去制定针对性的解决方案。比如，新上线的业务流程突然出现异常，需要从流程设计、实施环节、操作情况等方面逐一分析，找到问题的源头。

旧问题：对于历史上曾经发生过的问题，要查看以往的解决方案是否有效，是否存在遗漏或者需要改进的地方。如果之前的方案行之有效，可以直接复用或稍作调整，这样能够节省时间，提高效率。

第二个原则：优先依靠工具和流程，再考虑依赖人的能力。

在制定解决方案时，应优先考虑工具和流程，因为其具备稳定性和可复制性；只有在确实无法完全依赖工具和流程时，才考虑借助人的能力和经验。具体方法包括以下几种：SWOT分析、鱼骨图、PDCA循环、SMART准则等。

依靠团队的力量。当工具和流程无法完全解决问题时，可以通过团队头脑风暴集思广益。班组长应鼓励团队成员提出多种可能的解决方法，从中筛选出最优的方案，并根据实际情况进行优化后实施。

在问题解决过程中，核心职责是高效、科学地制定方案。通过明确问题性质（新问题还是旧问题），并优先依靠工具和流程，能够使解决方案更加标准化和可执行。而团队的智慧则是补充力量，为问题解决提供更多的视角和创新性思路。这样才能确保问题处理得当、工作推进顺畅。

（二）用对标法，想出对策

在班组管理中，解决问题和实现持续提升的一个有效方法就是对标法。对标法通过借鉴优秀班组的经验，找出自身的不足，并针对性地制定改进措施。这是一个从分析到行动的系统过程，下面来详细说明如何运用对标法。

第一步，立标，找到标杆。

首先，要选择一个标杆班组作为对标的对象。标杆班组应该在我们想要提升的领域表现出色，比如工作流程高效、KPI表现突出或者员工满意度较高的班组。有了明确的标杆，我们才能知道努力的方向，避免盲目改进。

举例来说，如果班组的接起率偏低，就可以对标接起率高的班组，看看他们的排班策略、沟通机制、现场管理等，找到值得学习的地方。

第二步，对标，找到差距和关键要素。

接下来，需全面分析标杆班组的成功经验，并与自己班组进行对比，找出关键差距。

在对标过程中，数据的收集与分析是关键环节。首先，需要全面收集标杆班组的相关信息和数据，重点关注他们的工作流程是否更加简化、是否有独特的改进措施，工具使用是否更加高效，培训方式是否更系统化、频率是否更高，以及班组长如何通过管理动作组织和激励团队。这些信息可以为我们提供清晰的参考框架。

同时，也需要对自己班组进行同样维度的数据收集，包括量化数据（如KPI）和非量化信息（如员工满意度等）。通过将标杆班组的数据与自身班组的数据进行全面对比，我们可发现当前班组的优势与不足，尤其是那些能够影响绩效的关键差距。

最后，结合对比结果，要提炼出标杆班组在特定领域做得好的关键要素。例如，标杆班组可能通过优化排班策略和实时监控来提升接起率，这正是我们班组亟须改进的方向。锁定这些关键要素后，便能够有针对性地制定改进方案，帮助班组缩小差距并持续提升。

第三步，定标，制定清晰的提升目标。

最后一步是设定目标并制定改进方案。设定目标时，可以用SMART原则来确保目标清晰明确：具体、可衡量、可实现、相关性强、并有明确的时间限制。

比如，可以定一个目标——"将接通率提高到95%以上"，这样的目标不仅具体，而且能用数据来衡量。同时，目标需要结合班组的实际情况和资源，确保可以实现，并且要和班组的整体方向一致。此外，还要为目标设定明确的时间，比如"在3个月内完成"，这样可以帮助有条不紊地推进工作。

为了实现目标，需要制定一个清晰的行动计划，并通过PDCA循环处理一步步落实。首先，制定一个详细的方案，比如优化排班方式、加强实时监控等；接着，把任务分解到每位成员的日常工作中，让每个人都知道自己的职责；然后定期检查目标的进展，通过数据对比来评估效果；最后，根据检查结果不断优化方案，调整策略，直到实现目标。这样，整个改进过程将更具方向性和高效性。